沈忻昕 著

中国与世界银行

贷款项目社会创新机制研究

生活·讀書·新知 三联书店

图书在版编目（CIP）数据

中国与世界银行：贷款项目社会创新机制研究 / 沈忻昕著. —北京：生活·读书·新知三联书店，2022.1
　ISBN 978 - 7 - 108 - 06879 - 8

　Ⅰ. ①中…　Ⅱ. ①沈…　Ⅲ. ①世界银行贷款-贷款项目-研究-中国　Ⅳ. ①F832.6

　中国版本图书馆 CIP 数据核字（2020）第 171258 号

著　　者　沈忻昕
责任编辑　麻俊生　何凤珍
封面设计　海未来
出版发行　生活·讀書·新知 三联书店
　　　　　（北京市东城区美术馆东街 22 号）
邮　　编　100010
印　　刷　常熟市人民印刷有限公司
排　　版　南京前锦排版股份有限公司
版　　次　2022 年 1 月第 1 版
　　　　　2022 年 1 月第 1 次印刷
开　　本　635 毫米×965 毫米　1/16　印张　24
字　　数　270 千字
定　　价　98.00 元

目　录

前　言

　　自 1981 年世界银行向中国提供第一笔贷款支持大学发展项目以来，截止到 2020 年 5 月 30 日，世界银行对中国的贷款总承诺额累计超过 652 亿美元，共支持了 442 个发展项目，还在执行中的项目有 103 个，贷款规模在世界银行借款国中位居前列。世界银行支持的项目几乎遍布中国各省、市、自治区和国民经济的各个部门。贷款项目主要集中在环境、交通、城市发展、能源、水资源管理、人类发展等领域，但各个领域的项目重点都根据中国项目发展需求的变化而进行调整。①

　　2020 年正值中国与世界银行合作 40 周年，双方的关系也迈向一个新阶段。鉴于中国现已进入上中等收入国家的行列，并超过世界银行"毕业讨论收入"，2020—2025 财年《中华人民共和国国别伙伴框架》（以下简称《国别伙伴框架》）（CPF）对世界银行业务进行了重新定位，以保持与中国强有力的合作，但随着贷款的减少，这一合作将越来越具有选择性，重点关注中国仍然面临的某些制度缺失，以及中国对全球公共产品的贡献。这种转变与中国自身的发展战略相符。②

---

① 世界银行官网：《世界银行集团中国业务概览》，2018 年，https：//www.worldbank.org/。
② 世界银行官网：《中华人民共和国国别伙伴框架》，2019 年，https：//www.worldbank.org/。

为落实这一转变方式，世界银行新的对华资金合作需符合相关选择标准，IBRD 贷款[①]将逐步减少。世界银行对华业务还将至少强调以下四个标准：（1）应对区域或全球公共产品问题；（2）促进私营部门发展；（3）支持欠发达地区的关键服务；（4）战略性试点优先发展，特别是在与其他发展中国家有相关性的领域。根据《国别伙伴框架》所示，IBRD 贷款将平均每年保持在 10 亿至 15 亿美元左右，并将逐步减少；知识合作——包括有偿咨询服务（RAS）——预计将会增加。[②]

1. 有效弥补中国经济建设资金的缺口

改革开放以来，中国确立并坚持了以经济建设为中心的发展道路。改革开放之初，当时的中国可以说是百业待举，急需大量的经济建设资金，单靠自身的资金积累难以满足发展需要，而且农业、交通、能源、环保、教育、基础设施等领域是私人资金没有能力介入的。世界银行的资金主要投入在这些部门和领域，如黄土高原水土保持项目、结核病防治项目、综合性妇幼保健项目、贫困及少数民族基础教育项目、可再生能源项目、碘缺乏症控制项目、森林资源发展与保护项目等等。截至 2018 年 6 月 30 日，据统计，中国在世界银行各类项目的贷款中，对农业项目的贷款有 135.17 亿美元，约占贷款总额的 22%；对交通项目的贷款有 189 亿美元，约占贷款总额的 30%；对能源项目的贷款有 91.44 亿美元，约占贷款总额的 15%；对城市建设项目的贷款有 121.58 亿美元，约占贷款总额的 19%。其余为工业、环境保护、教育、供水与环境卫生、技术援助、卫生

---

① IBRD 贷款，即国际复兴开发银行贷款。IBRD 的资金来源为世界资本市场发行债券，因此 IBRD 的贷款称为"硬贷款"。
② 世界银行官网：《中华人民共和国国别伙伴框架》，2019 年，https://www.worldbank.org/。

及其他项目的贷款，共计有 81.89 亿美元，约占贷款总额的
14%。世界银行援助贷款对于弥补中国经济建设资金缺口特别
是当时外汇缺口，以及调整产业结构、发展经济起到了重要
作用。[1]

2. 培养中国大批经济建设人才

中国与世界银行贷款以及合作的过程，加速了中国的人才
培养，特别是有利于涉外人才的培养与提高，主要体现在以下
几方面。首先，世界银行对每个项目的贷款，都包括人才培训
的部分。其次，中国在利用世界银行贷款的项目中，有些项目
是直接进行咨询和技术援助的项目，如环境技术援助项目、财
税技术援助项目、辽东湾石油评价与技术援助项目等，在接受
技术援助的同时，中国的自有技术得到了提升，人才得以培养
和提高。第三，世界银行贷款虽然有着优惠的贷款条件，但是
从申请、鉴定、准备、评估、谈判、批准、采购、招标、支付、
报账执行、监督、项目后评价等，都有一套复杂的程序规定。
为了更好地执行世界银行贷款项目，从中央财政到地方财政，
项目主管部门、执行单位都成立了贷款项目办公室，参与项目
的工作人员在项目执行中得到了锻炼和提高，培养了一批涉外
的谈判、金融、财务、管理、外语、工程、法律人才，特别有
利于提高中国项目管理的水平和项目的效益。[2]

3. 带动中国相关产业的发展

截至 2020 年 5 月 30 日，中国引进世界银行贷款承诺额累计
超过 652 亿美元，贷款规模在世界银行借款国中位居前列，共支
持了 442 个发展项目，目前还在执行中的项目有 103 个，几乎覆

---

① 李莉：《世界银行贷款项目对我国的影响》，《价值工程》，2006 年第 12 期。
② 同上。

盖中国所有省、自治区、直辖市。1984 年 2 月，中国与世界银行鲁布革水电项目批准实施。该项目引进的先进管理经验，包括首次在土建工程中采用国际竞争性招标方式，选聘国外公司参与项目土建施工等，在中国引发了"鲁布革冲击波"。世界银行贷款项目在中国运行 40 年来，在项目竞标、采购中，中国一批承包商伴随着项目成长壮大起来，并且走出国门，参与国际竞争。一些国内采购带动了如车辆、机器、拖拉机、农用机械、化肥、运输设备、电机和电站、工业设施、硬件、通信系统、电信系统、信息系统、教科书、家具、零配件、原材料等方面的发展，促进了中国企业竞争力的提升。[①] 另外，世界银行贷款项目中的土建部分，几乎都是由中国的承包商中标，也为中国相关行业的发展壮大提供了机会。

4. 促进中国经济体制改革

中国不仅利用世界银行的贷款填补了经济建设和社会发展资金缺口，还以世界银行贷款为载体，吸收世界先进知识、理念、经验和技术，促进了中国的经济体制改革。世界银行项目往往与投资、研究、培训相结合，能够产生较佳的实际效果。世界银行与中国的知识合作，为中国提供了可借鉴的宝贵经验。如果将世界银行对华贷款比作改革开放之初向资金短缺的中国"输血"，那么世界银行项目所带来的先进知识、发展理念和制度创新为中国提供了长久发展的"造血功能"。

世界银行还在中国进行经济调研，为中国提供经济分析和政策咨询。1980 年 5 月，中国刚一恢复在世界银行合法席位后，世界银行便和中国合作撰写了《中国：社会主义经济的发展》报告，为中国与世界银行开展贷款合作奠定了基础。1985 年，中

---

① 李莉：《世界银行贷款项目对我国的影响》，《价值工程》，2006 年第 12 期。

国与世界银行联合举办了"巴山轮会议"，形成了关于中国经济体制改革的目标、过渡步骤、宏观调控的手段，以及条件的专题报告，积极推动了中国经济体制改革。[①] 截至 2010 年，中国与世界银行合作开展了上百项经济调研，编撰了近 200 篇调研报告，为推动中国进一步深化改革和重大体制创新提出了不少有益的政策建议。

5. 树立中国国际舞台新形象

作为世界上最大的多边发展援助机构，世界银行在向中国敞开合作之门的同时，也为中国提供了参与国际事务、亮相国际舞台的机遇。40 年来，中国作为世界银行的重要成员国，积极参与世界银行内部治理改革，引导世界银行的政策和业务向着更加客观公正的方向发展。

2009 年，为支持世界银行应对金融危机，中国积极参与国际金融公司全球贸易融资计划，购买 15 亿美元私募债券，用于支持发展中国家的贸易融资，为加强南南合作，共同应对国际金融危机发挥了积极作用。2010 年 4 月 25 日，世界银行落实 20 国集团匹兹堡峰会共识和 2009 年世界银行年会有关治理结构改革的决定，就投票权从发达国家向发展中国家和转轨国家转移 3.13 个百分点达成一致。中国的投票权由 2.77% 增加到 4.42%，跃升为第三大股东国。[②]

世界银行前行长佐利克指出，中国在帮助世界实现消除极度贫困的千年发展目标方面做出了重要贡献。从 1981 至 2004 年，中国成功让 5 亿多人摆脱了极度贫困，这显然是有史以来反

---

① 新华网：《平等合作　互利共赢——中国与世界银行合作 30 周年述评》，2010 年 9 月 14 日，http://www.mof.gov.cn/zhuantihuigu/cw30/cfwzc/201009/t20100914_339052.htm。
② 同上。

贫困斗争取得的最伟大的飞跃。[①] 中国的努力确保了世界千年发展目标中减贫目标能够实现。中国在与世界银行的合作过程中，可以通过世界银行向其他发展中国家传播成功的发展经验，为这些国家摆脱贫困提供有效的途径。作为世界银行的第三大股东国，中国将带来更多的机会、责任和期待。

[①] 世界银行前行长佐利克：《世界银行将继续与中国合作》，《中国证券报》2010年9月15日。

第一章
中国世界银行贷款项目的基本内涵

第一次和第二次世界大战后，各国历经动荡和经济衰退，都希望能够建立一个新型全球金融体系，稳定汇率促进和平。1944 年 7 月 1 日，包括中国在内的 44 个国家代表聚集在美国新罕布什尔州的布雷顿森林小镇华盛顿山酒店，召开了影响全球金融体系的重要会议"布雷顿森林会议"。会议历时 22 天，参加会议的各个国家同意建立一个国际货币制度，决定成立两个新机构：国际货币基金组织（IMF）和国际复兴开发银行（IBRD）——后者也被称为世界银行。会议通过了美国的提案《国际货币基金协定》，并由新成立的国际货币基金组织及其辅助机构国际复兴开发银行（世界银行）来加以管理。[①]

一、 世界银行

世界银行是世界银行集团的简称，国际复兴开发银行的通称；也是联合国的一个专门机构。世界银行成立于 1945 年 12 月

---

① 1973 年，布雷顿森林体系解体，国际货币基金组织和世界银行作为重要的国际组织仍得以存在，并发挥重要作用。而创建布雷顿森林体系时所秉持的"国际合作"和"多边主义"初心。

27 日，1946 年 6 月开始营业运作，由国际复兴开发银行（IBRD）、国际开发协会（IDA）、国际金融公司（IFC）、多边投资担保机构（MIGA）和国际投资争端解决中心（ICSID）等五个成员机构组成。世界银行集团有 189 个成员国，员工来自 170 多个国家和地区，在 130 多个地方设有办事处。世界银行集团是一个独特的全球性合作伙伴，作为面向发展中国家的世界最大的资金和知识来源，所属五家机构共同致力于寻求在发展中国家减少贫困和建立共享繁荣的可持续。

（一）组织机构

世界银行就像一个合作社，由 189 个成员国构成。这些成员国或股东国的集体代表为理事会，所有理事是世界银行的最终决策者。理事一般为成员国的财政部长或发展部长，他们每年在世界银行集团和国际货币基金组织理事会年会期间集中一次。理事会把具体职责委任给 25 名执行董事，在世界银行总部办公。世界银行 5 个最大的股东国均委派一名执行董事，其他成员国则由 20 名当选者为执行董事代表。世界银行集团行长主持执行董事会会议，并负责世界银行的总体管理工作。行长由执行董事会选出，任期为 5 年，可连任。执行董事构成了世界银行执行董事会。通常，他们每周至少开两次会，对世界银行业务进行监督，其职责还包括审批贷款和赠款、新政策、管理预算、国别援助战略以及借款和财务决策。世界银行在行长、高层管理人员以及主管全球发展实践、跨部门解决方案、各地区和职能机构副行长的领导和指导下开展日常工作。①

---

① 世界银行网站：https：//www.worldbank.org/。

世界银行集团是全球发展中国家资金与知识的最大来源之一，它包括五个共同致力于减少贫困、推动共享繁荣和促进可持续增长与发展的机构：①

1. 国际复兴开发银行（International Bank of Reconstruction and Development，IBRD）

【成立】　于 1944 年 7 月 1 日与国际货币基金组织同时成立，1946 年开始运作，1947 年 11 月 15 日起成为联合国专门机构。是世界银行集团下属五个机构之一。

【宗旨】　通过向中等收入国家和信用好的贫困国家提供贷款和分析咨询服务，促进公平和可持续的发展，创造就业，减少贫困，应对全球和区域性问题。

【成员】　目前包括 189 个成员国。

【负责人】　戴维·马尔帕斯（David Malpass），美国人，2019 年 4 月上任，任期 5 年。2016 年 1 月，世界银行宣布任命时任中国财政部国际财金合作司司长杨少林担任世界银行首任常务副行长兼首席行政官。

【总部】　美国华盛顿。网址：http：//www. worldbank. org。

【组织结构】　理事会是最高权力机构，执行董事会负责处理日常业务。

【主要活动】　与国际货币基金组织每年联合召开一次春季会议和一次年会。春季会议和年会期间还召开发展委员会会议。

【股本和资金来源】　所需借贷资金主要从国际资本市场筹措。

---

① 中国外交部网站：https：//www. fmprc. gov. cn/web/wjb _ 673085/zzjg _ 673183/gjjjs _ 674249/gjzzyhygk _ 674253/sjyhjt _ 674423/jtgk _ 674425/。

2. 国际开发协会（International Development Association, IDA）

【成立】　于 1960 年成立，是世界银行集团下属五个机构之一。

【宗旨】　通过向世界上最贫困国家提供无息贷款和赠款，促进其经济发展，减少不平等现象，提高人民生活水平。

【成员】　目前包括 173 个成员国。

【负责人】　戴维·马尔帕斯（David Malpass），美国人，2019 年 4 月上任，任期 5 年。

【总部】　美国华盛顿。网址：http：//ida. worldbank. org。

【组织结构】　理事会是最高决策机构，执行董事会负责处理日常业务。

【主要活动】　同国际复兴开发银行每年同期举行一次春季会议和一次年会。

3. 国际金融公司（International Finance Corporation, IFC）：　提供贷款、股权投资和咨询服务，以刺激私营部门对发展中国家投资。[①]

【成立】　于 1956 年成立，是世界银行集团下属五个机构之一。

【宗旨】　帮助和促进发展中国家私营部门发展。

【成员】　目前包括 185 个成员国。

【负责人】　戴维·马尔帕斯（David Malpass），美国人，2019 年 4 月上任，任期 5 年。

【总部】　美国华盛顿。网址：http：//www. ifc. org。

---

① 何丽：《国际组织在华金融扶贫经验和启示》，《甘肃金融》，2018 年第 10 期。

【组织结构】　理事会是最高权力机构，执行董事会负责处理日常业务。

【主要活动】　同国际复兴开发银行每年同期举行一次春季会议和一次年会。

4. 多边投资担保机构（Multilateral Investment Guarantee Agency，MIGA）：向投资者和贷款机构提供政治风险保险和信用增级，以促进新兴经济体的外国直接投资。

【成立】　于 1956 年成立，是世界银行集团下属五个机构之一。

【宗旨】　向外国私人投资者提供政治风险担保，包括征收风险、货币转移限制、违约、战争和内乱风险担保，并向成员国政府提供投资促进服务，加强成员国吸引外资的能力，从而推动外商直接投资流入发展中国家。

【成员】　目前包括 182 个成员国。

【总部】　美国华盛顿。https：//www. miga. org。

【组织结构】　机构设置理事会、董事会、总裁和职员，以履行机构所确定的职责。

5. 国际投资争端解决中心（International Centre for Settlement of Investment Disputes，ICSID）：对投资纠纷提供国际调解和仲裁。

【成立】　于 1966 年成立，是世界银行集团下属五个机构之一。

【宗旨】　国际投资争端解决中心的宗旨和任务是：制定调解或仲裁投资争端规则，受理调解或仲裁投资纠纷的请求，处理投资争端等问题，为解决会员国和外国投资者之间争端提供便利，促进投资者与东道国之间的互相信任，从而鼓励国际私人资本向发展中国家流动。该中心解决争端的程序分为调停和仲裁两种。

【成员】 目前包括 163 个成员国。其成员包括世界银行成员国和其他被邀请国。

【总部】 美国华盛顿。网址：https：//icsid. worldbank. org/en/。

【组织结构】 理事会，为最高权力机构，由各成员国派 1 名代表组成，每年举行一次会议，世界银行行长为理事会主席；秘书处，由秘书长负责，处理日常事务。

（二）主要业务

世界银行的主要业务活动是对发展中国家提供长期贷款，即对成员国政府或经政府担保的私人企业提供贷款和技术援助，支持对教育、卫生、公共管理、基础设施、金融和私营部门发展、农业以及环境和自然资源管理等诸多领域的投资。[①] 部分世界银行项目由政府、其他多边机构、商业银行、出口信贷机构和私营部门投资者联合融资。世界银行也通过与双边和多边捐助机构合作建立的信托基金提供或调动资金。

从贷款性质上看，世界银行贷款共有三种：投资贷款（IPF）、发展政策贷款（DPL）和结果导向型贷款（ROL）。投资贷款资助众多部门经济与社会发展项目建设所需的货物设备、土建工程和咨询服务，其执行期一般为 5 到 10 年。这是世界银行资助的主流贷款模式。发展政策贷款通过向借款国提供非指定用途的一般性预算支持和加速支付型外部资金，促进政策与

---

① 何勇，潘良君，王蔚：《世界银行贷款项目管理实务精解》，东南大学出版社，2017 年，第 1—6 页。

制度改革，其执行期一般为 1 到 3 年。发展政策贷款原限制在为
贸易政策和农业改革等宏观经济政策改革提供支持。[①] 近年来世
界银行又开发出结果导向型的贷款模式（ROL），其主要特点是
注重结果导向，每个项目有清晰完整的结果指标体系。这类贷
款仅限于中低风险项目，依赖于借款国的环境和社会体系对项
目的环境和社会影响进行管理。

　　除资金帮助外，世界银行还在所有的经济发展方面提供咨
询服务和技术协助。世界银行的经济和部门工作（Economic and
Sector Work，ESW）是为了全面了解借款国的发展问题、对外
融资的需要和外部资金的可得性以及对发展战略和捐款方的援
助活动进行评估提供分析框架，它因而可以向借款国提供政策
和公共支出咨询。另外，经济和部门工作的一个重要目标是事
先找出穷人能够直接受益的高收益的项目，从而为贷款项目和
其他业务的开发奠定分析基础。[②]

　　历经 76 年的发展，世界银行的运行机制也在不断顺应时代
发展的要求而进行不断更新和完善。当前，世界银行正在推进旨
在增强包容性、促进创新、提高效率、增强效果和促进问责的多
项改革，并加大同联合国、国际货币基金组织、其他多边发展银
行、捐款方、公民社会及基金会的合作力度。同时，为了能反映
21 世纪国际经济发展实际情况、承认更多利益攸关方的作用和责
任、赋予发展中国家更大话语权，世界银行还要进一步深化改
革。所有这些改革旨在提高服务质量、促进成员国社会经济发
展，同时也为创新成员国与世界银行的合作模式开辟新的途径。

---

① 何勇，潘良君，王蔚：《世界银行贷款项目管理实务精解》，东南大学出版社，2017 年，
　第 1—6 页。
② 同上。

二、 世界银行的发展理念

（一）消除极端贫困

世界银行集团的使命刻在华盛顿总部的石头上："我们的梦想是一个没有贫困的世界。"[1] 这一使命是世界银行在超过 145 个借款国开展的所有分析、运作和召集工作的基础，也是他在一代人的时间内消除极端贫困、在全球范围内以可持续方式促进共同繁荣目标的支撑。

过去几十年，减贫取得了显著进展。世界实现了第一个千年发展目标，即到 2015 年将 1990 年的贫困率降低一半，比预定计划提前了 5 年，即 2010 年已完成目标。尽管在减少贫困方面取得了进展，但全球生活在极端贫困中的人数仍然高得令人无法接受。根据全球增长预测，减贫速度可能不足以实现到 2030 年消除极端贫困的目标。

由于世界上 60％以上的极端贫困人口生活在中等收入国家，所以世界银行宣布到 2030 年前消除极端贫困，不仅只关注低收入国家，而且还关注最贫困的人，无论他们生活在哪里，并与所有低收入水平的国家合作，投资于他们的福祉和未来。

世界上仍然有许多人难以获得良好的教育、医疗、电力、安全用水和其他关键服务，这往往取决于社会经济地位、性别、种族和地理位置。此外，对于那些能够摆脱贫困的人来说，进步往往是暂时的：经济冲击、粮食不安全和气候变化可能会夺走

---

[1] 王君：《重塑布雷顿森林体系》，《银行家》，2009 年第 2 期。

他们来之不易的成果，迫使他们重新陷入贫困。所以在迈向 2030 年的过程中，世界银行在不断地探索解决这些问题的方法。

（二）建立共享繁荣

世界银行消除极度贫困的目标与促进共同繁荣的目标是相辅相成的，后者的重点是提高每个国家底层 40％ 人口的收入增长。从广义上讲，促进共享繁荣意味着改善每个国家最不富裕人群的福利，其中包括大力强调解决持续存在的、使人们世世代代处于贫困之中的不平等问题。

世界银行的工作以强有力的国家主导、改善人民生活条件的项目为基础，这些项目旨在推动增长、提高收入中值、创造就业机会、使妇女和年轻人充分融入经济、应对环境和气候挑战中去，并为每个人建设更强大、更稳定的经济提供支持。这并非一条容易的道路，但世界银行以其为工作核心，持续推进与各国密切合作的工作，帮助他们找到改善公民生活最好的方法。[1]

三、 中国与世界银行的合作

（一）中国参与世界银行的基本情况[2]

1. 中国参与世界银行情况

中国是创始国之一，于 1980 年恢复世界银行集团的合法席位。截至 2019 年 11 月，中国在国际复兴开发银行的投票权为

---

① 世界银行官网：2020 年，https：//www.worldbank.org/。
② 中国外交部网站：https：//www.fmprc.gov.cn/web/wjb ＿ 673085/zzjg ＿ 673183/gjjjs ＿ 674249/gjzzyhygk ＿ 674253/sjyhjt ＿ 674423/zzgx ＿ 674427/。

119 363 票表决权，占总投票权的 4.8%，居第三位。截至 2011
财年底，国际复兴开发银行对华承诺贷款累计约达 392 亿美元。

2. 中国参与国际开发协会情况

1980 年，中国恢复了在世界银行集团的合法席位，并同时
成为国际开发协会的成员国。截至 2019 年 11 月，中国在国际开
发协会的投票权为 639 287 票表决权，占总投票权的 2.25%。截
至 1999 年 7 月，国际开发协会共向中国提供了约 102 亿美元的
软贷款。从 1999 年 7 月起，国际开发协会停止对中国提供贷款。
2007 年 12 月，中国向国际开发协会捐款 3 000 万美元。2016 年
12 月，中国承诺向国际开发协会第 18 次增资捐款 6 亿美元，并
首次使用部分中国气候变化南南合作基金和用人民币捐款。

3. 中国参与国际金融公司情况

1980 年，中国恢复了在世界银行集团的合法席位，并同时
成为国际金融公司的成员国。截至 2019 年 11 月，中国在国际金
融公司认购股份 61 756 股，占国际金融公司法定股本总额的
2.41%。中国在国际金融公司的投票权为 62 571 票表决权，占
总投票权的 2.3%。自国际金融公司 1985 年批准第一个对华项
目起至 2011 财年底，国际金融公司在中国共投资了 218 个项目，
并为这些项目提供了 54.3 亿美元的资金，其中 41.5 亿美元为自
有资金，10 亿美元来自世界银行集团中的其他银行，2.8 亿美
元为国际金融公司所提供的担保。

（二）世界银行支持中国发展的理念

1. 使中国融入世界经济

世界银行寻求支持中国更多地参与多边经济机构，增加中

国的贸易和海外投资，并增加中国参与官方发展援助。在世界银行集团内部，中国 2007 年成为国际开发协会的出资国，2010 年成为第三大股东。在亚洲，中国向亚洲发展基金捐款 3 500 万美元，2010 年向亚洲开发银行增资扩股提供资金，向东盟与中日韩信贷担保和投资提供了 2 亿美元。在非洲，跟进其在 2006 年对非洲开发银行（AFDB）的贡献，中国主办非洲开发银行和非洲发展基金年会，2007 年设立中非发展基金。[①] 该基金已向大约 30 个非洲项目投资 11 亿美元，另外承诺了 10 个项目，预计还将批准另外一个项目，2012 年用于非洲项目的资金为 20 亿—30 亿美元。在拉丁美洲，中国成为美洲开发银行（IADB）的成员，两家中国银行加入了美洲开发银行贸易融资。2010 年，中国进出口银行在拉丁美洲投资 10 亿美元与美洲开发银行合作，在拉丁美洲进行股权投资。在增加中国的贸易和海外投资方面，2006 至 2011 年，中国进出口继续快速增长，分别增长了 133％和 113％（累计），而对外直接投资增长了 3 倍。中国有 14 个自由贸易协定（自贸协定）伙伴包括 31 个经济体系，其中 10 个已签署。2007 年，中国与东盟签署了《中国—东盟自由贸易区服务贸易协定》。在增加中国对官方发展援助的参与方面，2004 至 2009 年（取得的最新数据），中国对外援助每年增长 29.4％。为了加强管理对外援助的主要机构（商务部、外交部和财政部）之间的协调，中国在 2008 年建立了部际沟通机制，2011 年升级为部际协调机构[②]。

---

① 周景春：《中国对非洲投资战略及支持政策体系研究》，硕士学位论文，中山大学，2009 年。

② 世界银行官网：2012 "CPSCR Review Independent Evaluation Group" Accessed October 26. https://www.worldbank.org/.

2. 减少贫困与不平等

自 20 世纪 90 年代以来通过世界银行项目引入的社区参与方式，越来越多地被作为减贫规划的一个基本概念。中国贫困地区的教育范围和文化程度都有所增加，城乡贫困人口获得卫生服务的机会都有所改善，农村互联互通的加强促进了农村生产率和收入的提高，在改善农民工基本社会服务方面也取得了一些进展。在消除绝对贫困方面，中国在多个领域努力实现减贫目标，国务院扶贫开发领导小组办公室负责协调扶贫开发工作项目，所有的直线部门都必须将减贫目标纳入其工作策略，动员全社会共同抗击贫困。在扩大农村贫困人口的经济机会方面，政府减贫战略的一个关键要素是通过发展农村基础设施（道路、水电）和农村企业，改善贫困村民的创收机会。在"十一五"期间，中央财政对农村公路投资年均增长 30％以上，发展水平提高了近两倍，许多大中型灌区和节水灌溉项目得以完成，改善了农业用水状况。其中一项重要的政策支持是发展领先的农业企业，以此作为延伸农业价值链和促进农业商业化和现代化的支柱。世界银行集团在所有这些领域提供了资金和知识支持，一些地方一级的项目正在试验新方法，AAA 级的项目则将重点放在改革步骤上。①

3. 应对资源短缺和环境挑战

世界银行集团旨在帮助中国建设资源节约型社会，改善自然资源管理，改善土地管理和环境管理，履行中国在国际环境公约中的承诺。国际复兴开发银行和国际金融公司在中国的能效、可再生能源开发、能源融资、节水和污水管理项目方面都

① 世界银行官网：2012 "CPSCR Review Independent Evaluation Group" Accessed October 26. https：//www.worldbank.org/。

有大量投资。国际复兴开发银行超过 76% 的新贷款（81% 包括全球环境基金）都有环境目标，其中大多数都涉及与能源和水相关的问题。亮点包括中国可再生能源发展规划（CRESP）（FY99 和 FY07），帮助完善了中国在可再生能源方面的法律和监管框架、风力涡轮机的国家标准及风力和水电的发电能力，以及国际金融公司的中国能效项目（CHUEE）（FY07）。该项目提供综合投资，并改善能效融资。全球环境基金共同资助了许多国际复兴开发银行项目。此外，世界银行提交了大量 AAA 级报告，涉及的主题从能源、煤炭开采、水质、稀缺性和管理、气候变化到交通，为中国项目提供支持。

国际复兴开发银行支持中国的包括向水和城市环境项目以及农业和林业项目提供若干贷款。这些项目试验了综合资源管理方法、地方社区参与模式、气候变化适应措施以及城市污水处理和减少污染的方法。世界银行的分析工作涉及中国的环境保护行政管理体系、农村用水改革、森林政策和废物管理。国际金融公司为中国提供了若干行业的环境和社会标准。①

4. 为提高有效增长提供资金

世界银行旨在帮助中国提高金融服务的可及性和配置效率，深化金融市场，降低金融领域的系统性风险。国际复兴开发银行的支持包括几项 AAA 评级，包括协助中国证监会制定长期愿景、加强监管能力、发展抵押贷款市场，还就国家控制的金融机构的管理和向国际标准转变会计惯例向政府和中央银行提供了援助。已经完成的金融部门评估计划（FY12）审查了债券、股票和保险市场以及金融机构的信贷风险政策和做法。国际金

---

① 世界银行官网：2012 "CPSCR Review Independent Evaluation Group" Accessed October 26. https：//www. worldbank. org/。

融公司投资于保险行业，发行"熊猫"债券，并通过投资和 AS 帮助中国改善特定金融机构的治理。

在世界银行的援助下，中国金融体制改革改善了金融部门的结构、绩效和监管。中国扩大了融资渠道，增加了对中小企业的贷款，加强了农村信贷机构。资本和保险市场的法律和监管环境已取得进展，但需要进一步加强。通过公司债券为基础设施融资也取得了进展，但市政债券发行仍未得到发展。有三家金融监管机构都颁布了符合经合组织原则和国际最佳实践的公司治理准则，但没有关于合规的信息。世界银行集团在金融领域的支持力度很大，但在管理系统性金融风险方面相对有限。[①]

5. 完善公共和市场制度

世界银行集团的援助还旨在帮助加强企业和区域竞争力，改革公共服务部门，理顺政府间财政关系，提高预算绩效。在提高企业和区域竞争力方面，世界银行在 2006 财年对中国国有企业投资组合和国有企业股利政策进行研究，在 2007 财年对中国 120 个城市的投资环境进行评估，以及对中国和印度的创新体系进行研究。世界银行也在理顺政府间财政关系方面做出努力，并且支持这一目标，在 2006 财年开展了经济改革实施信托基金贷款业务，其中包括若干公共财政组成部分。世界银行还发表了一份关于农村地区公共财政的报告，一份关于农村地区第 11 个财政年度的监测和评价框架的报告，以及一份关于宏观财政问题的政策说明。

中国已经推进了体制改革，包括国企改革和吸引私人投资，

[①] 世界银行官网：2012 "CPSCR Review Independent Evaluation Group" Accessed October 26. https：//www. worldbank. org/。

尤其是外国直接投资，分类工作取得了良好进展，并且推进了事业单位改革试点和全面改革公共服务体系。中央政府增加向地方政府转移资金，以资助扩大的社会保障网络，同时在年度预算过程中注入了更多的严谨性，以改善绩效和问责制。但是，在简化反竞争商业条例方面进展有限，政府间财政关系没有根本改变，也没有关于预算改革结果的资料。[①]

① 世界银行官网：2012 "CPSCR Review Independent Evaluation Group" Accessed October 26. https：//www. worldbank. org/。

第二章
中国世界银行贷款项目的历史背景

一、 中国世界银行贷款项目的发展阶段

（一） 20 世纪 80 年代初到 90 年代： 支持中国基础设施建设

1980 年 4 月，时任国务院副总理邓小平在北京会见来访的时任世界银行行长罗伯特·麦克纳马拉，开启了中国与世界银行合作的序幕。20 世纪 80 年代，是中国与世界银行合作初次探索的一个阶段，主要还是通过利用世界银行的贷款进行国内基础设施等重点项目的建设，以后随着双方合作的进一步推进，逐步进入到稳定发展时期。那个时期中国利用世界银行的资金从量上来说几乎相当于利用外商直接投资的 50% 左右，最高的时候利用量将近 30 亿美元。

与世界银行合作之初，是中国改革开放的初期，经济基础薄弱、资金匮乏。中国与世界银行的合作首先从资金合作开始。世界银行第一笔贷款向中国提供了 2 亿美元，支持中国高校更换落后的教学科研设备。在 1980 至 1990 年 10 年间，世界银行

共资助中国 25 项农业贷款项目、13 项工业贷款项目、4 项石油
贷款项目、11 项铁路和公路贷款项目、7 项港口项目、9 项教育
项目。1984 年 2 月，中国水电建设第一个世界银行贷款项
目——鲁布革水电项目批准实施。该项目引进的先进管理经验，
包括首次在土建工程中采用国际竞争性招标方式，选聘国外公司
参与项目土建施工等，在国内引发了"鲁布革冲击波"。世界银行
在这 10 年间，提供给中国的这些贷款很大程度上弥补了国内建设
资金的不足，对刚刚实行改革开放的中国基础设施建设起到了强
有力的推动作用。

（二）20 世纪 90 年代初到 21 世纪：推动中国扶贫事业发展

20 世纪末以来，中国与世界银行在扶贫领域的合作力度进
一步加大，先后合作实施了多个大型直接扶贫项目。从 1995 年
起，中国政府利用世界银行贷款先后实施了中国西南扶贫项目、
中国秦巴山区扶贫项目、中国内蒙古和甘肃扶贫项目、中国农
村贫困社区发展项目、中国贫困社区可持续发展项目共五期扶
贫项目，累计利用世界银行贷款资金约 8 亿美元，覆盖中国中西
部最贫困的 10 个省区、145 个国家扶贫开发工作重点县，870 多
万贫困人口受益。同时，中国还利用世界银行赠款资金的支持，
合作开展了多个具有试验意义的试点与探索项目，特别是"社
区主导型发展（CDD）"和"社区发展基金"的引进和试点，
进一步创新了中国的扶贫开发机制，为下阶段中国扶贫和农村
发展提供了有益的借鉴和经验。与世界银行的合作对增加中国
扶贫开发投入总量、缓解项目区的贫困程度、推动中国扶贫的

制度创新、提高项目管理水平、加强国际交流与合作起到了重要作用。通过与世界银行的良好合作，不仅壮大了中国减贫的力量，而且对借鉴国际先进经验，学习先进的减贫理念和管理方法，提高中国扶贫工作的整体水平发挥了积极作用①。

从西南扶贫项目开始，世界银行项目中都单独安排了独立外部评估监测的分项目活动。这是中国第一个引进并建立外部贫困监测的项目。外部监测独立于项目管理系统之外，通过对项目区、项目村和对照村的连续跟踪监测，采用回归分析方法对在农户和村一级采集的数据进行分析，对项目活动的覆盖面和对象瞄准的针对性进行评价，客观全面地评估项目对缓解贫困的效果和影响。更重要的是，世界银行项目外部贫困监测评估工作的开展，对中国确立贫困监测概念、引进贫困分析技术、培养贫困监测和调查分析队伍、改进在贫困地区的调查模式做出了很大贡献。经过在西南、秦巴项目中的实践和完善，国家统计局从20世纪90年代后期开始在全国开展贫困监测，并在新时期扶贫开发中建立了对592个国定贫困县的定期跟踪监测，从多个方面全面评价贫困地区及贫困人口的变化，评价扶贫的有效性和影响。这些评价报告成为研究中国贫困和扶贫开发工作的重要数据来源，也为国家扶贫开发方针、政策的制定和调整提供了可靠基础。

（三）21世纪开始到2010年：推动中国区域协调发展

进入21世纪，随着中国实施"西部大开发""振兴东北老工业基地""促进中部地区崛起"等区域协调发展战略的实施，中国

① 中国财经报:《在合作中创新　在创新中发展——世界银行与中国扶贫合作记略》，2010 年 9 月 6 日，http://www.mof.gov.cn/zhuantihuigu/cw30/cfwzc/201009/t20100906_337639.htm。

积极引导世界银行加大贷款向中西部地区和东北地区倾斜的力度，重点用于加强上述地区的基础设施建设、改善民生和加快发展。目前，中国每年利用的世界银行贷款，70%以上用于支持上述地区经济社会发展，为支持中国区域协调发展发挥了积极作用。

在 2000 至 2010 年这 10 年间，世界银行与中国合作的重点在于，帮助中国实施区域均衡发展以及建设资源节约型和环境友好型社会。中国利用世界银行贷款进行了系列相关项目建设，其中，农村发展、能源、城建环保是世界银行对华援助规模较大的三个领域，贷款额分别占全部贷款承诺额的 23.35%、15.69% 和 15.52%。在农村发展领域，建设了包括大型水利灌溉系统、引水工程、农村公路和粮食流通系统等在内的一批大规模的农业基础设施。在能源行业，建设了石油、水电、火电、煤炭、天然气等项目，提高了中国能源供应能力和能源效率，优化了能源战略结构，加强了节能减排和可再生能源领域的合作。在城建环保领域，实施了城市环境治理、污水处理和农村供水项目，为建设资源节约型和环境友好型社会发挥了积极作用。目前，世界银行对华贷款 70% 的项目都将以促进环境可持续发展作为目标。此外，世界银行在中国还实施了一批工业、教育、卫生、社会保障等领域的项目，加快了中国企业的技术改造与重组，为改善民生和促进经济社会协调发展做出了积极贡献。

在此期间，中国与世界银行的关系也在慢慢地发生着转变。2007 年，中国政府首次承诺向世界银行国际开发协会捐款 3 000 万美元，标志着中国由单一借款国向借款国和捐款国双重角色转变。

（四）2010 至 2020 年：中国与世界银行携手共发展

2010 年对于中国是意义不平凡的一年，中国经济总量超越日本，成为世界第二大经济体和"制造第一大国"。中国取得的成就与世界银行提供的贷款援助是分不开的。在 2010 至 2020 年间，取得进步的中国与世界银行携手共发展。

2010 年 4 月 25 日，世界银行落实 20 国集团匹兹堡峰会共识和 2009 年世界银行年会有关治理结构改革的决定，就投票权从发达国家向发展中国家和转轨国家转移 3.11 个百分点达成一致。中国的投票权由 2.77% 增加到 4.42%，跃升为第三大股东国。① 30 年来，从单纯向世界银行借款到主动为其捐款，从向世界银行引进"外脑"到共享中国经验，从普通成员国到第三大股东国，中国与世界银行的合作见证了中国经济高速发展的奇迹，也推动了中国在世界舞台上扮演越来越重要的角色的进程。

正如世界银行前行长佐利克所说："中国在世界银行投票权的增加在一定程度上体现了中国国际地位的提升，也标志着世界银行与中国的合作迈入一个新的历史时期。"② 站在新的起点上，近 10 年来，中国与世界银行合作重点放在推动强劲、可持续和平衡的增长，着重实现"三个转变"，即从重贷款数量向重贷款质量与效益转变，从重贷款筹借向重贷款使用与偿还转变，从重资金引进向资金与智力引进并重转变。同时，中国要以世界银行改革为契机，更好地发挥股东国作用，不断扩大对世界银行战略方向和重大决策的影响，推动世界银行分享和借鉴各国成功的发展道路和经验，不断丰富和完善自身的发展理论，使世界银行更好地履行其减贫与发展的宗旨。

---

① 新华网：《平等合作　互利共赢——中国与世界银行合作 30 周年述评》，2010 年 9 月 14 日，http：//www.mof.gov.cn/zhuantihuigu/cw30/cfwzc/201009/t20100914_339052.htm。
② 新华网：《访世界银行行长佐利克》，2010 年 9 月 7 日，http：//www.mof.gov.cn/zhuantihuigu/cw30/cfwzc/201009/t20100909_338283.htm。

二、　中国世界银行贷款项目的总体情况

（一）　贷款规模

1980 年中国恢复在世界银行合法席位后，中国与世界银行的合作首先从资金合作开始。至 20 世纪 90 年代初，世界银行贷款资金是中国引进外资的主要渠道之一，有些年份世界银行贷款额相当于当年中国利用外商直接投资额的 50% 以上。截至 2018 年 6 月 30 日，中国引进世界银行贷款承诺额累计超过 619 亿美元，贷款规模在世界银行借款国中位居前列，共支持了 422 个发展项目，目前还在执行的项目有 83 个，几乎覆盖中国所有省、自治区、直辖市。在积极引进资金的同时，针对中国当时技术缺乏、设备落后的局面，还引进了大量国际先进技术与设备，提高了中国的生产技术水平，有效地促进了经济发展。如图 2-1 所示，近 15 年，世界银行对中国的贷款总额相对稳定，大多数年份的贷款额度都在 1 300 百万美元至 2 000 百万美元之间。2017 年世界银行对中国的贷款总额高达 2 420 百万美元，是这 15 年世界银行对中国贷款额度之最，而 2005 年世界银行对中国的贷款总额为 1 030 百万美元，是这 15 年最低的贷款总额。

国际金融公司（IFC）是世界银行集团成员之一，是最大的专注于新兴市场私营部门发展的全球性发展援助机构。中国是吸引国际金融公司投资的第二大国。1985 年以来，国际金融公司在中国投资了约 390 个项目，累计投资额近 134 亿美元。2018 财年，国际金融公司在华投资了近 20 个项目，承诺投资额超过

单位：百万美元

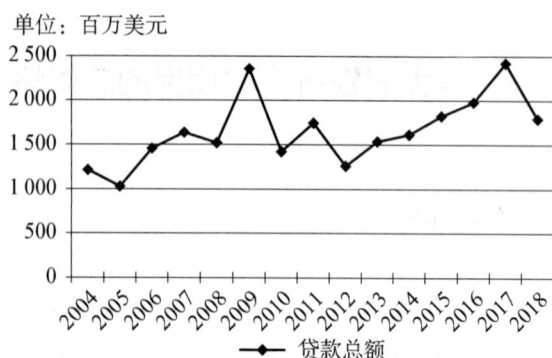

图 2 - 1   2004 至 2018 年中国利用世界银行贷款总额

数据来源：据《世界银行在中国业务概览》整理而来

9.4 亿美元。

多边投资担保机构（MIGA）成立于 1988 年，其宗旨是向外国投资者和借款人提供政治风险担保，促进发展中国家的外国直接投资。1993 年以来，多边投资担保机构积极支持中国吸引外资，共担保项目 36 个，总承担额超过 5.94 亿美元，项目主要在水务、污水和固废等行业。2000 年以来，多边投资担保机构希望通过吸引外资，为中国开展 PPP 项目和实施西部地区、东北地区发展战略提供支持，同时配合中方合作机构促进海外投资，支持中国企业"走出去"和"一带一路"倡议。近几年中国的银行界和企业界对多边投资担保机构为海外投资提供担保服务的兴趣也在增大。多边投资担保机构的担保帮助促成项目投资总额共计 20.8 亿美元，中国工商银行、工银亚洲、中银香港、中国银行新加坡分行、中国建设银行和国家开发银行均得益于多边投资担保机构为这些海外基础设施投资项目提供的担保。此外，多边投资担保机构目前正在筹划一些外商对华投资和中国海外投资的项目。

（二）贷款类别与部门分类

截至 2018 年 6 月 30 日，世界银行对中国贷款数额已达619.134 亿美元，其中硬贷款和软贷款占比分别为 84％和 16％。中国在 1980 年正式恢复了在世界银行中的成员国席位，当时世界银行的贷款分三部分：第一部分贷款是由世行所属"国际开发协会"提供的无息长期贷款，每年收 0.75％的手续费，还有 10年还款宽限期，还款期可长至 50 年，通称为"软贷款"，由于中国当时的人均国民生产总值只有 312 美元，符合向世界银行借用"软贷款"的条件（平均每人每年国民生产总值低于 400 美元）；第二部分是有息长期贷款，又称为"硬贷款"，用于经济情况尚好的开发建设项目；第三部分是混合贷款。按部门划分的世界银行对中国项目贷款情况如表 2－1 所示：

表 2－1　按部门划分的世界银行对中国贷款项目一览表（1981—2018）

部门	单位：百万美元		
	硬贷款	软贷款	总额
农业	8 228.57	5 288.60	13 517.17
工业	2 773.40	239.30	3 012.70
能源	9 107.73	37.00	9 144.73
交通	18 271.00	629.60	18 900.60
教育	865.30	1 442.10	2 307.40
卫生	1 004.00	786.60	1 790.80
城建与环境	11 029.30	1 128.80	12 158.10
技术及其他	687.40	394.70	1 082.10
总计	51 966.70	9 946.70	61 913.60

数据来源：《世界银行在中国业务概览》，世界银行网站

如图 2－2 所示，世界银行对华贷款主要集中在交通部门（占比 30%）、农业部门（占比 22%）、城建与环境部门（占比 19%）、能源部门（占比 15%）、工业部门（占比 5%）、教育部门（占比 4%）、卫生营养及人口部门（占比 3%）、技术援助部门（占比 2%）。在交通行业，建设了沪杭高速公路、天津港等一大批高等级公路、铁路、港口、航运和城市交通设施，提高了中国的交通运输能力。在农村发展领域，建设了包括大型水利灌溉系统、引水工程、农村公路和粮食流通系统等在内的一批大规模的农业基础设施。在能源行业，建设了石油、水电、火电、煤炭、天然气等项目，提高了中国能源供应能力和能源效率，优化了能源战略结构，加强了节能减排和可再生能源领域的合作。在城建环保领域，实施了城市环境治理、污水处理和农村供水项目，为建设资源节约和环境友好型社会发挥了积极作用。

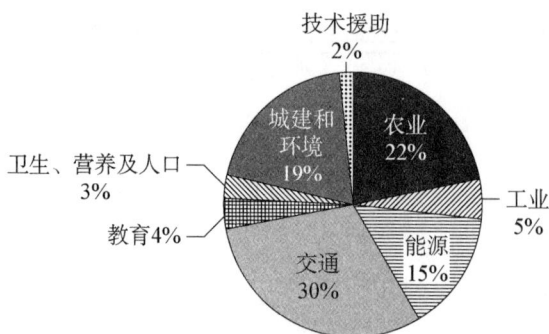

图 2－2 中国利用世界银行贷款部门占比

数据来源：据《世界银行在中国业务概览》整理而来

（三）地区分布

截至 2018 年 6 月 3 日，中国利用世界银行贷款的省份按资金总额排名前 10 位的分别为四川、河南、浙江、湖北、江苏、安徽、辽宁、广西、湖南、江西（如图 2-3 所示）。这 10 个省份在中国利用世界银行贷款总额中的占比达 43％。从所在区域来看，中东部地区，尤其是东部沿海地区利用世界银行贷款额度较大。在中国东部地区，世界银行贷款有选择地支持了交通、能源、环保等领域的项目，对促进东部地区率先发展发挥了积极作用。20 世纪八九十年代，世界银行用于东部地区的贷款分别达到 49.24％和 42.24％。

单位：百万美元

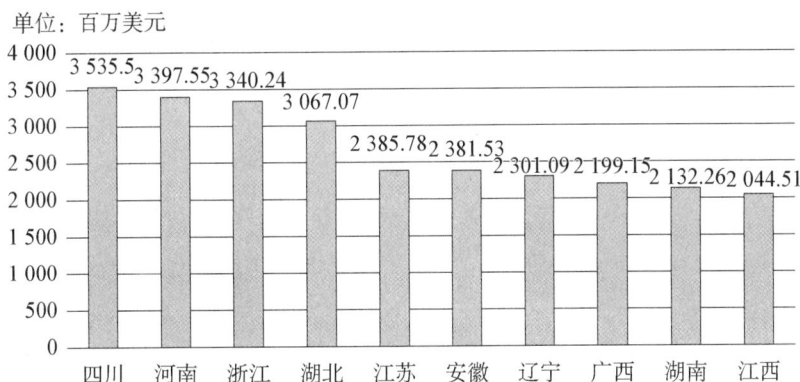

图 2-3　1980 至 2018 年中国利用世界银行贷款前十位省份

数据来源：据《世界银行在中国业务概览》整理而来

三、　中国世界银行贷款项目的区域比较

世界银行以促进减贫与发展为宗旨，重点支持欠发达地区，同时兼顾区域平衡。随着中国"西部大开发""振兴东北老工业基地"等区域协调发展战略的实施，中国积极引导世界银行加

大向西部地区和东北地区贷款倾斜的力度,重点用于加强上述地区的基础设施建设、改善民生和加快发展。以下着重对西部地区和东北地区的世界银行贷款情况进行比较分析。

(一) 贷款规模对比

"西部大开发"是中华人民共和国中央政府的一项政策,目的是把沿海地区的剩余经济发展能力,用以提高西部地区的经济和社会发展水平、巩固国防。西部大开发的范围包括12个省、自治区、直辖市:四川、陕西、甘肃、青海、云南、贵州、重庆、广西、内蒙古、宁夏、新疆、西藏。还有恩施土家族苗族自治州、湘西土家族苗族自治州、延边朝鲜族自治州。截至2018年6月30日,中国西部引进世界银行贷款承诺额累计超过146.76亿美元(不包含未能分账项目贷款规模),共支持了339个项目,其中支持陕西33个项目、四川52个项目、云南40个项目、贵州31个项目、甘肃32个项目、青海11个项目、宁夏15个项目、新疆31个项目、内蒙古30个项目、广西40个项目及重庆24个项目。其中四川和广西两省区在世界银行贷款规模中位居全国前十,分别居第一和第八位,属于拥有世界银行贷款规模的大省区。

如图2-4所示,从1980到2018年,中国西部地区每年利用世界银行贷款规模的波动相对较大,其中在1996年利用世界银行贷款规模达到1 117.31百万美元,达到西部地区利用世界银行贷款规模的最大值。一般来说,西部地区每年获得世界银行贷款规模大于200百万美元是大概率情况。但有些年份,西部地区也有没获得世界银行贷款支持的时候,如2006年等年份。

单位：百万美元

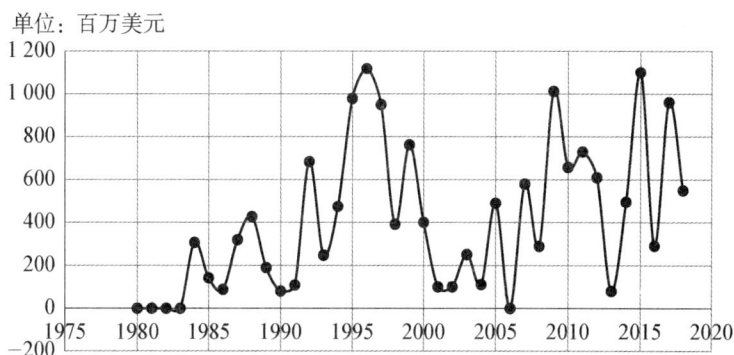

图 2 - 4 中国西部地区每年利用世界银行贷款规模波动图

数据来源：据《世界银行在中国业务概览》整理而来（数据不包括未能分账项目）

2003 年 10 月，中共中央、国务院发布《关于实施东北地区等老工业基地振兴战略的若干意见》，明确了实施振兴战略的指导思想、方针任务和政策措施。随着振兴战略实施，东北地区加快了发展步伐。振兴东北老工业基地战略的提出，旨在加快东北地区经济社会发展水平，缩小自改革开放以来逐年被拉开的地区发展差距，赶上全国平均增速。此战略主要包括的地区有黑龙江省、吉林省和辽宁省。截至 2018 年 6 月 30 日，较西部地区而言，中国东北地区引进世界银行贷款规模相对较小，承诺额累计超过 41.43 亿美元（不包含未能分账项目贷款规模），共支持了 95 个项目，其中支持黑龙江省 29 个项目、吉林省 23 个项目和辽宁省 43 个项目。辽宁省以 23.01 亿美元的贷款规模位居全国各省区排名的第七位，并且是东北地区利用世界银行贷款规模最大的省份。

如图 2 - 5 所示，较西部地区而言，东北地区利用世界银行贷款规模波动情况较为稳定。其中东北地区利用世界银行贷款规模最大的一年是 2014 年，贷款额度高达 520 百万美元，但这远远小于西部地区利用世界银行贷款的最大规模，东北地区利用世界银行贷款的规模普遍小于 200 百万美元。

单位：百万美元

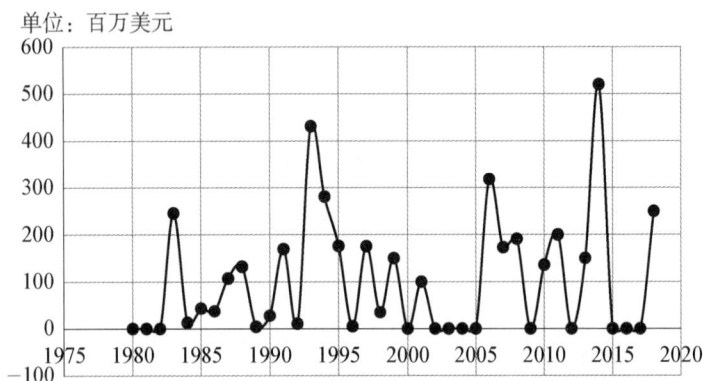

图 2 - 5　中国东北地区每年利用世界银行贷款规模波动图

数据来源：据《世界银行在中国业务概览》整理而来（数据不包括未能分账项目）

（二）贷款类别对比

截至 2018 年 6 月 30 日，中国西部地区引入世界银行贷款规模达到 16 182.05 百万美元，其中硬贷款总额达到 13 339 百万美元、软贷款总额达到 2 680.63 百万美元、混合贷款总额达到 162.42 百万美元（见表 2 - 2）。在这三项贷款中硬贷款总额约占贷款总额度的 82.43%、软贷款总额约占贷款总额度的 16.57%、混合贷款约占贷款总额度的 1.00%。而如表 2 - 3 所示，截至 2018 年 6 月 30 日，中国东北地区引入世界银行贷款规模达到 4 142.97 百万美元，其中硬贷款总额达到 3 227.54 百万美元、软贷款总额达到 779.56 百万美元、混合贷款总额达到 135.87 百万美元。硬贷款总额约占贷款总额度的 77.90%、软贷款总额约占贷款总额度的 18.82%、混合贷款约占贷款总额度的 3.28%。据此可知，虽然中国西部地区在利用世界银行贷款规模上远超于东北地区，但是东北地区在利用世界银行软贷款和混合贷款比重方面要高于西部地区。

表 2-2　西部地区利用世界银行贷款情况（单位：百万美元）

省份	硬贷款	软贷款	混合贷款	贷款总额
陕西	1 231.11	364.65	35.50	1 631.26
四川	3 311.25	561.92	23.04	3 896.21
贵州	739.11	174.54	22.11	935.76
甘肃	1 227.89	435.38	0.47	1 663.74
青海	406.71	16.30	0.27	423.28
宁夏	453.97	66.88	0.08	520.93
新疆	1 679.05	333.83	——	2 012.88
内蒙古	980.60	320.84	33.33	1 334.77
广西	2 062.81	314.40	47.62	2 424.83
重庆	1 246.50	91.89	——	1 338.39
总额	13 339.00	2 680.63	162.42	16 182.05

数据来源：据《世界银行在中国业务概览》整理而来（不包含未能分账项目）

表 2-3　东北地区利用世界银行贷款情况（单位：百万美元）

省份	硬贷款	软贷款	混合贷款	贷款总额
黑龙江	1 005.83	179.17	1.54	1 186.54
吉林	321.42	268.72	65.20	655.34
辽宁	1 900.29	331.67	69.13	2 301.09
总额	3 227.54	779.56	135.87	4 142.97

数据来源：据《世界银行在中国业务概览》整理而来（不包含未能分账项目）

（三）贷款部门对比

截至 2018 年 6 月 30 日，中国西部地区利用世界银行贷款各部门情况分布如下（如图 2－6）：农业部门的贷款规模为 4 492 百万美元（约占 27.76％）、工业部门的贷款规模为 846.83 百万美元（约占 5.23％）、能源部门贷款规模为 1 612.85 百万美元（约占 9.97％）、交通部门贷款规模为 4 108.47 百万美元（约占 25.39％）、教育部门贷款规模为 523.37 百万美元（约占 3.23％）、卫生营养及人口部门贷款规模为 542.19 百万美元（约占 3.36％）、城建与环境部门贷款规模为 3 816.2 百万美元（约占 23.58％）、技术及其他部门贷款规模为 240.14 百万美元（约占 1.48％）。西部地区与世界银行的合作项目中农业部门项目 102 项，交通部门项目 39 项，城建与环境部门项目 39 项，这三个部门的贷款规模在西部地区利用世界银行贷款各部门排名中位于前三名（参见表 2－4）。世界银行贷款推动了中国减贫事业

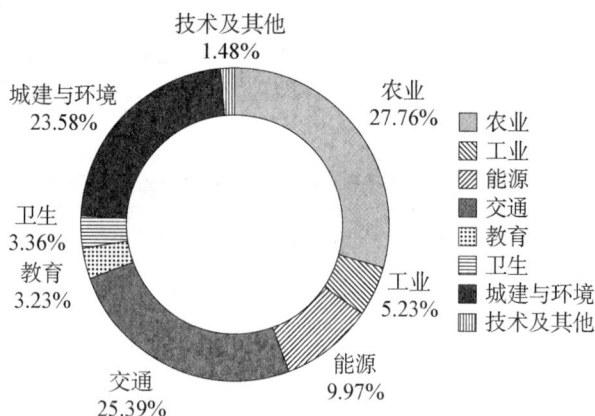

图 2－6 中国西部地区利用世行贷款各部门比例图

数据来源：据《世界银行在中国业务概览》整理而来（不包含未能分账项目）

的发展，在世界银行的支持下，中国贫困农村社区发展项目在四川、云南、广西三省区实施，在中国农村地区探索、开发和推广了参与式扶贫模式，同时通过各种工程建设及其他项目活动投资，改善了三省区 18 个贫困县约 140 万农村贫困人口的生计保障和基本服务提供。

表 2-4 中国西部地区利用世界银行贷款项目部门分布情况（单位：个）

	农业部门	工业部门	能源部门	交通部门	教育部门	卫生部门	城建和环境部门	技术及其他部门
四川	17	5	5	0	11	6	9	0
云南	10	2	1	5	11	6	5	1
贵州	10	1	0	6	7	6	1	0
甘肃	10	0	1	3	6	8	4	0
青海	0	0	1	1	4	3	2	0
宁夏	4	0	0	2	6	3	0	0
新疆	8	1	2	7	7	4	1	0
内蒙古	8	2	3	5	7	4	2	0
广西	15	2	1	4	6	5	7	0
重庆	9	1	0	1	2	5	5	1
陕西	11	1	0	5	8	5	3	0
合计	102	15	14	39	75	55	39	2

数据来源：据《世界银行在中国业务概览》整理而来（不包含未能分账项目）

东北地区利用世界银行贷款规模较大的部门分别是农业部门、交通部门和工业部门，截至 2018 年 6 月 30 日，东北地区利用世界银行贷款各部门情况分布如下：农业部门的贷款规模为 1 144.44 百万美元（约占 27.62%）、交通部门贷款规模为 946 百万美元（约占 22.83%）、工业部门的贷款规模为 388.5 百万

美元（约占 9.38%）、能源部门贷款规模为 196.98 百万美元
（约占 4.75%）、教育部门贷款规模为 74.82 百万美元（约占
1.81%）、卫生营养及人口部门贷款规模为 28.45 百万美元（约
占 0.69%）、城建与环境部门贷款规模为 1 363.78 百万美元（约
占 32.92%），如图 2-7 和表 2-5 所示。在项目数量方面，东北
地区在与世界银行合作项目中农业部门项目 29 项，城建与环境
项目 10 项，交通部门项目 5 项。这三个部门的贷款规模在东北
地区利用世界银行各部门贷款排名中位于前三名。东北地区作
为中国最大的粮食生产中心，世界银行的贷款援助帮助中国提
高了农产品的质量，为保护中国人民的"饭碗"做出了有益的贡
献。在 2010 年，世界银行与中国合作的吉林省农产品质量安全项
目，通过试点示范的作用，提高了农产品质量安全水平，减少了
食品安全风险，助力中国政府保障人民食品安全。项目引进良好
农业规范，实施农产品质量安全相关规定，建立农产品质量安全
监测体系，使农户、农产品加工企业、消费者乃至全社会受益。

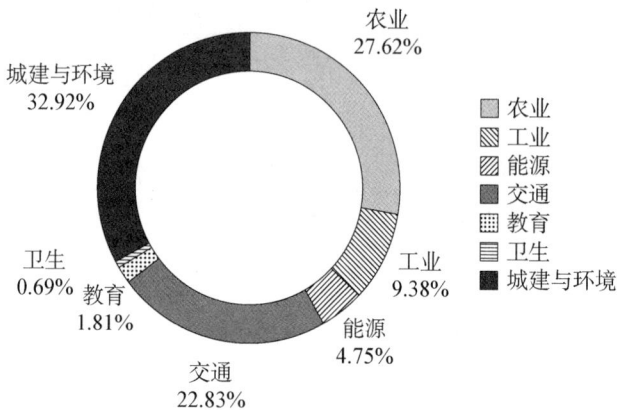

图 2-7　中国东北地区利用世行贷款各部门比例图

数据来源：据《世界银行在中国业务概览》整理而来（不包含未能分账项目）

表 2-5　中国东北地区利用世界银行贷款项目部门分布情况（单位：个）

	农业部门	工业部门	能源部门	交通部门	教育部门	卫生部门	城建和环境部门	技术及其他部门
黑龙江	11	3	1	2	8	3	0	1
吉林	6	3	0	1	8	4	1	0
辽宁	12	5	2	2	9	4	9	0
合计	29	11	3	5	25	11	10	1

数据来源：据《世界银行在中国业务概览》整理而来（不包含未能分账项目）

第三章

中国世界银行贷款项目的效益分析

一、 总体成就

（一） 中国在世界银行的身份转变

中国与世界银行的合作开始于 1980 年改革开放之初。中国初期是作为世界银行面向最贫困国家的国际开发协会的受援国，1999 年中国从国际开发协会"毕业"。在此期间，世界银行的贷款几乎覆盖中国所有省、自治区、直辖市，产生了良好的经济效益和社会效益。2007 年，中国政府首次承诺向世界银行国际开发协会捐款 3 000 万美元，从此，中国完成了从单一借款国向借款国和捐款国双重角色的转变。2010 年，世界银行就投票权从发达国家向发展中国家和转轨国家转移 3.13 个百分点达成一致，中国在世界银行的投票权由 2.77％增加到 4.42％，成为第三大股东国，仅次于美国和日本。

随着中国的需求和发展水平的变化，世界银行在中国的业务性质也在不断演变。在早期阶段，世界银行帮助中国引进国际经验、设计经济改革战略、改善项目管理、解决阻碍经济增长的瓶颈问题。近年来，这一关系发生了变化，世界银行开始提供国际专业知识，助力中国应对面临的关键发展挑战，通过项目和计划进行改革试点。中国的发展经验也丰富了世界银行的全球知识宝库，提升了世界银行帮助其他发展中国家的能力，尤其在消除贫困方面，中国在帮助世界实现消除极度贫困的千年发展目标方面做出了重要贡献。如果说世界银行和中国的关系过去类似于老师和学生的关系，那么现在已经成为利益攸关的合作伙伴关系，中国改革开放取得的成功经验，对世界银行的工作发挥了巨大的推动作用。[①]

（二）研究成就

开展联合研究对于深化政策对话和推进世界银行业务计划发挥了重要作用，为其他中等收入国家提供了一个样板。世界银行与国务院发展研究中心联合撰写的《2030 年的中国：建设现代、和谐、有创造力的社会》报告为中国的未来发展提出六大战略方向：（1）完成向市场经济转型；（2）加快开放型创新步伐；（3）推进绿色发展，变环境压力为绿色增长，使之成为发展动力；（4）增进机会均等，扩大面向全民的卫生、教育和就业服务；（5）加强国内财政体制及其现代化；（6）将中国的结构性改革与国际经济变化联系起来，建立与世界的互利共赢关系。

世界银行与国务院发展研究中心的联合报告《中国：推进高效、包容、可持续的城镇化》建议，改革征地制度以遏制城市

---

① 世界银行官网：《中国与世界银行：推动创新的伙伴关系》，2007 年，www.worldbank.org/。

空间的过快蔓延，建立居住证制度向外来人口提供均等化的基本公共服务，改革地方财政开辟稳定的财政收入来源，允许地方政府在中央严格限定的框架内直接举债。

世界银行与世界卫生组织、财政部、卫计委、人社部的联合研究报告《深化中国医药卫生体制改革，建设基于价值的优质服务提供体系》，提出了深化医疗改革的八项建议，包括建立"以人为本的优质一体化服务"新模式，加强基层卫生服务的核心地位；持续改进医疗服务质量；让患者熟悉并了解医疗卫生服务以增加信任度；改革公立医院；改变服务提供者的激励机制；提高医务人员，特别是基层卫生服务人员的地位；允许合格的民营医疗机构提供经济有效的卫生服务；确定卫生领域公共资本投资的优先顺序。

世界银行与财政部、国务院发展研究中心的联合研究报告《创新中国：中国经济增长新动能》提出解决生产率的挑战，需要促进增长新动能的三个要素，即消除经济中的资源配置扭曲（Distortion），加速先进技术和创新成果的扩散（Diffusion），促进新技术、新产品和新工艺的发明创造（Discovery），从而拓展中国的生产力边界。报告从7个领域提出促进"三要素"的建议。这些建议包括：加强竞争，为所有投资者创造公平的竞争环境，完善国家创新体系，加强人力资本建设，更高效配置金融和人力资源，推动区域协调发展，提高国际竞争力，改进监管和治理方式以更好地处理政府与市场的关系。

（三）项目成果

世界银行贷款项目引进创新理念，试点创新方法，为知识

交流提供了平台。很多项目也将环境和气候变化作为一个重点。下面是近年来世界银行贷款项目取得的一些成果:

(1)财政可持续性政策贷款项目(2018财年批准):助力湖南省和重庆市大渡口区推进改革使公共财政走上健康可持续之路。项目支持的措施包括开发债务和财政可持续性分析工具,采用新的综合性方式编制中期资本预算,提高预算信息透明度,协助湖南省加强对省以下地方政府财政健康状况的监测监管,协助重庆市大渡口区进一步明晰政府预算与公益性国有企业的边界。在湖南省和重庆市大渡口区开展的这些改革试点为中国正在进行的预算改革提供了借鉴。

(2)京津冀空气污染治理创新融资计划(2016—2021):支持华夏银行为企业提供贷款资金,通过提高能源效率、发展清洁能源和加强空气污染防控,减少空气污染物和碳排放,重点放在北京、天津、河北及其周边的山东省、山西省、内蒙古自治区和河南省。该计划年均减排二氧化碳154万吨,相当于在投资期内避免了新建将近10吉瓦的燃煤电厂,为京津冀重现蓝天和遏制气候变化做出了贡献。

(3)河北省大气污染防治结果导向型规划(2016—2019):助力河北省治理空气污染,打赢蓝天保卫战。项目支持实施了一系列具体措施,包括建立烟气排放连续在线监测系统、淘汰高污染的老旧柴油车换上电动公交车、淘汰燃煤炉灶置换清洁的天然气炉灶等。

(4)宁夏荒漠化防治和生态保护项目(2012—2020):协助宁夏7个县(市区)遏制荒漠化和土地退化趋势,恢复自然植被,改善当地社区的环境和生活条件,促进农民就业增收。

(5)贵州农村发展项目(2014—2020):支持中国贫困地区

农村发展和减贫，带动广大小农户组建农民专业合作社，融入农业产业价值链，给农村留守妇女、老人和返乡农民工提供就业增收机会。

（6）贫困片区产业扶贫试点示范项目（2015—2021）：在四川、贵州、甘肃三省建立发展农民专业合作社 400 个，投资农业基础设施建设及服务，惠及农村人口 94.6 万人，其中建档立卡贫困人口 34.3 万人，少数民族人口 24.1 万人。

（7）吉林省农产品质量安全项目（2010—2017）：通过试点示范提高农产品质量安全水平，减少食品安全风险的措施和方法，助力中国政府保障人民食品安全的努力。项目引进良好农业规范，实施农产品质量安全相关规定，建立农产品质量安全监测体系，使农户、农产品加工企业、消费者乃至全社会受益。

（8）广东城乡社保一体化和农民工培训项目（2013—2020）：在这个外来务工人员最多的省份建立覆盖全省的、统一的社保管理信息平台，采用最新技术使老百姓办理社保业务更加便捷，也为建立全国统一的社会保障信息系统提供了一个样板。

（9）昆明城市轨道交通项目（2011—2018）：作为世界银行在中国的首个地铁项目，支持轨交、公交和自行车一体化多模式城市交通体系建设，促进绿色、紧凑和公交导向的城市发展。

（10）江西上饶三清山机场项目（2013—2018）：引进绿色机场理念，体现出规划建设运营环境实现可持续机场的可行性，同时改善了区域连通性，促进了旅游业发展，并且带动了就业和扶贫。

二、　经济效益

（一）　促进中国经济持续高速增长之路

改革开放以来，中国的国内生产总值从 1978 年的 3 645 亿元增长至 2019 年的 990 865 亿元，世界排名从第 10 位上升到第 2 位，经济发展成果显著。经济总量连上台阶，是因为中国的经济增长速度创造了奇迹。在中国经济发展历程中，世界银行贷款援助起到了重要的推动作用。自 1981 年世界银行向中国提供第一笔贷款支持大学生发展项目以来，截至 2018 年 6 月 30 日，世界银行对中国的贷款总承诺额累计超过 619 亿美元，共支持了 422 个项目，中国的贷款规模在世界银行借款国中位居前列。

世界银行支持的项目几乎遍布中国各省、市、自治区管理国民经济的各个部门。贷款项目主要集中在环境、交通、城乡发展、能源、水资源管理、人类发展等领域，这些领域大都属于投资周期长、社会效益显著、对国家经济具有战略性长期性影响，而这些领域偏偏是外资和私人投资不太愿意涉及的领域。通过对农业、农村发展、基础设施、教育、卫生、环境保护、能源、城市设施建设等部门的公共投资，一方面直接促进这些领域的发展，另一方面贷款项目本身具有示范效应和消费效应，对私人投资也存在拉动作用，项目的应用为私人投资创造了良好的投资环境，激发了投资者的信心，吸引了更多的私人投资。除了对中国公共领域的贷款援助外，世界银行也为中国私营企业进行贷款援助与投资，帮助他们解决融资难的问题。国际金融公司（IFC）是世界银行成员之一，是最大的专注于新兴市场私营部门发展的全球性发展援助机构。中国是吸引国际金融公司投资的第二大国家。1985 年至 2018 年，国际金融公司在中国投资了约 390 个项目，累计投资额近 134 亿美元。2018 财年，国际金融公司在华投资了近 20 个项目，承诺投资额超过 9.4 亿美元，其中包括佳禾食品、满帮集团、正泰集团、京东金融、国富绿景和慕容香港等私营企业。国际金融公司独立的金融和咨询产品结合了自身丰富的全球经验和深入的本地知识，能够给双方带来最大化的投资回报和社会效益。在与世界银行合作的 40 年中，世界银行给中国带来了丰富的项目经验和雄厚的资金援助，还通过对中国的融资，在促进中国经济可持续高速增长方面，做出了巨大贡献。

（二）促使中国迈向财务可持续之路

近几十年来，地方政府在中国的成功发展中发挥了非常重要的作用。地方政府也为促进经济快速增长提供了大量基础设施。然而，随着中国经济增长减速和公共基础设施投资平均回报率下降，地方政府投资持续处于高位，导致债务迅速增加、资本错配、宏观经济风险上升。地方政府积累的债务主要是在公司实体，称为"地方政府融资平台"。由于债务积累的原因，越来越多的地方政府出现财政困难。2014 年，中国政府认识到有必要进行重大财政改革以遏制地方债务的快速增长，促使地方政府官员和预算部门转向财政和债务的可持续性。

由于世界银行与中国在预算改革领域多有合作，拥有丰富的地方政府财政改革经验，中国政府向世界银行提出对湖南省和重庆市大渡口区进行两个地方层面的发展政策贷款项目，实施改革以提高地方财政的可持续性与效率。世界银行提供两笔各 2 亿美元的贷款，助力湖南省和重庆市大渡口区政府将财政建立在健康可持续的基础之上。这是中国首次利用世界银行的发展政策贷款工具，通过预算融资，支持体制和政策改革。

世界银行通过这两个项目帮助中国引进国际最佳实践，并提供技术援助，根据中国地方政府独特的制度环境进行量身定制，包括开发综合性债务可持续性评估工具，不仅纳入预算内债务，还涵盖了通过地方政府融资平台、政府和社会资本合作（PPP）以及其他融资工具发生的债务，还包括加强规划和预算部门的有效合作促进以综合方式规划和实施公共投资项目。

在项目支持下，湖南省和重庆市大渡口区建立起财政和预算管理的新型制度机制，包括债务可持续性分析、中期财政框架、综合性资本融资计划、强有力的省级联席会议制度以及对财政政策透明度的更高标准，提高了财政可持续性。通过这些措施，减少了发生财政困难的风险，同时也将公共资金集中到最优先和回报率最高的项目上。湖南省还加强了省政府的债务监测能力，并鼓励下级政府审慎融资。这两个项目还帮助增强了公共部门的信息透明度和问责，创造了及时公开披露财务报表和地方政府债务状况的有效模板。湖南省和重庆市大渡口区采用了超过国家现行要求的信息公开标准，大渡口区还率先对政府及地方政府融资平台的资产与债务进行剥离，这一试点有助于推进国家层面在这一领域的改革。①

---

① 世界银行官网：《迈向财政可持续之路：中国湖南省和重庆市大渡口区的经验》，2019 年 3 月 11 日，https：//www. worldbank. org/zh/results/2019/03/11/road-to-fiscal-sustainability-experience-of-chinas-hunan-province-and-chongqing-dadukou-district。

（三）推动中国数字化发展之路

利用数字技术，世界各国正在加速社会经济发展，将公民与服务和机会联系起来，建设更美好的未来。通过引入新的商业模式、新产品、新服务，以及最终创造价值和就业机会的新方式，数字创新正在改变几乎所有经济领域。这种转型的结果已经显而易见：2016 年全球数字经济价值 11.5 万亿美元，占全球 GDP 的 15.5%。预计在不到 10 年的时间里，这一比例将达到 25%。世界银行提供了广泛的服务和解决方案，以确保借款国能够利用数字发展的力量。世界银行在该领域的活动集中于五个关键要素，这些要素结合起来构成了强大和包容性数字经济的基础：

（1）数字基础设施（固定和移动宽带、光纤电缆等）是数字经济的支柱，实现数字连接应该是普遍的和负担得起的；

（2）数字金融服务和数字身份允许个人、企业和政府进行交易；

（3）数字创新和创业需要一个由政府监管和融资渠道构成的支持性生态系统；

（4）包括电子商务和电子政务在内的数字平台推动了使用并促进了经济活动；

（5）数字素养和技能造就了精通数字的劳动力，提高了竞争力。[1]

在 2004 年 9 月，中国首次使用世界银行贷款资助进行"数字城市"建设研究的两个项目之一的"数字邯郸"项目，就在

---

[1] 中国财经报：《"数字邯郸"为古城插上新翼》，2010 年 9 月 9 日，http://www.mof.gov.cn/zhuantihuigu/cw30/cfwzc/201009/t20100909_338405.htm。

财政部、河北省财政厅的支持和帮助下，紧锣密鼓地启动了 962
万元的巨额投资，其中世界银行贷款 566 万元，国内配套资金
396 万元。这是一次"政府部门＋软件公司＋研究机构"的新型
合作方式。国务院信息化办领导、全国信息化领域有关专家给
予了这样的高度评价：该项目研究成果对提高邯郸市信息化水
平、加快"数字邯郸"建设，具有十分重要的意义，将会指导、
规范邯郸未来的信息化建设，并对其他城市有较大的借鉴意义。
其研究规模、深度和水平都居国内领先。该项目实现了城市各
种数据的整合，使之便于共享和容易使用，使政府管理部门、
企业、社区和个人都能方便有效地进行网上办公、网上查找信
息、网上学习、网上工作、网上交易、网上休闲等等。让城市
信息化、数字化，这是中国加快实现工业化和现代化的必然选
择，是一次深刻的社会经济革命。它不仅是一个庞大的系统工程，
更是一场思想观念、传统管理方式和工作习惯的大变革，它还是
中国城市融入全球化浪潮的首要和必要条件。[①]

三、 社会效益

（一） 推动中国人力资源水平的提升

中国在世界银行恢复合法席位后通过审批的第一个项目就
是教育项目。截至 2018 年，世界银行在中国的教育部门提供项
目贷款总额为 2307.4 百万美元，其中硬贷款为 865.3 百万美元，
软贷款为 1442.1 百万美元。在 40 年的合作中，世界银行帮助中

---

① 中国财经报：《"数字邯郸"为古城插上新翼》，2010 年 9 月 9 日，http：//www.
　 mof. gov. cn/zhuantihuigu/cw30/cfwzc/201009/t20100909 ＿338405. htm。

国提高了本科理工教育和职业教育的质量和相关性，包括对课程改革、提高师资水平、教学技能和实验室设备进行投资。世界银行成功地试点和推广课程改革，帮助促进教师和管理人员的专业发展，改善学生资助计划，加强竞争性融资机制，并包括在全国范围内发展高质量的远程医疗教育，以及加强专业培训机构能力等。例如，2009年世界银行与中国合作的"职业技术教育与培训项目"，为适应市场对技术技能型人才不断增加的需求，广东省与世界银行合作，通过推广能力本位培训和加强体系建设，提升了职业技术教育的质量和人才培养的相关性，使9 000多名学员及教师和管理人员直接从中受益，从项目实施中获得的经验得到传播，并为职业技术教育相关政策的制定提供了借鉴。这促使中国有效地利用教育资源，提升中国人力资源水平，从而增强社会凝聚力。

世界银行还支持中国政府改善卫生服务，特别强调向农村人口和弱势群体提供服务。截至2018年，世界银行在卫生、营养及人口方面向中国提供贷款总额为1 790.60百万美元，其中硬贷款为1004百万美元，软贷款为786.60百万美元。贷款项目主要集中在边远落后地区传染病控制、妇幼保健以及基础卫生服务等方面。项目在与当地政府的发展重点保持一致的前提下，为当地政府此类公益事业的发展提供了需要的资金和技术，并为中国带来其他国家成功的经验和知识指导。与世界银行在这方面的项目合作使得受益群体比重相当高，对人口素质的改善发挥了较大的作用，从而推动了中国人力资源水平的提升。

（二）改善公共部门管理和服务

首先，改善监管环境和激励机制：世界银行支持的领域包括采购、审计、公共服务和法律行业等。世界银行的贡献包括加强中国的采购法规、程序和能力，加强财政管理、报告和审计系统以及公共服务标准。在经济法改革项目中，世界银行帮助建立和实施了律师和法院统一考试制度，对国家法官学院的课程进行改革，开展法院管理改革，以及建立一个面向公众的网上法律信息系统。世界银行还帮助一些城市开展试点，征求市民对服务提供的意见反馈。[1]

其次，改善基础设施服务和公共事业绩效：在长期参与的基础上，世界银行通过将政策与示范项目相结合，在行业改革中做出重大贡献。在城市公共事业方面，世界银行致力于帮助中国公共部门和私营部门合作的投资框架，并改善供水和环境卫生服务的管理与定价。在能源公共事业方面，世界银行致力于帮助中国实施电力行业改革。截至 2018 年，世界银行在电力方面共贷款援助了中国 25 个项目，其中水电项目 12 项，火电项目 13 项。世界银行帮助中国成立独立的新企业，继续实行发电与输电分离，发展竞争性电力市场，其中包括输电电价制定原则、更好的发电电价和更合理的消费者电价，对山东电力行业的投资在市一级建立了可以推广的私有化改制和提高效率的模式。在交通方面，世界银行对国家层面的交通部门改革取得了重大进展，该项目内容涉及铁路现代化的法律和监管框架方案选择，铁路劳动生产率、补偿和重组。在公路和交通服务领域，世界银行开展了大量的分析研究工作，在对国家层面影响不大的情况下进行公路收费。这些项目更好地为道路养护、道路管理能力建设、农村道路改造和道路交通安全等计划提供资金。[2]

---

[1] 张鑫琦：《世界银行对华援助战略研究》，硕士学位论文，吉林大学，2007 年。
[2] 同上。

（三） 加强欠发达地区的交通联系

世界银行通过公路、铁路和内河航运等部门的干预项目，帮助中国政府扩大贫困省份的交通基础设施，其中主要在解决关键交通瓶颈，示范更加高效、财务与环境可持续建设和管理方法的投资项目。截至 2018 年，世界银行在交通部门为中国提供贷款援助共 18 900 百万美元，其中硬贷款共 18 271 百万美元，软贷款共 629.6 百万美元。世界银行平均每年支持两个新的公路项目以及一个或更多的铁路、城市交通或内河航运项目，大多数位于中部和南部地区。世界银行坚持各种交通模式平衡发展的做法，已在项目省的贫困地区产生了显著的效果，包括创造非农就业、提高农村收入、发展旅游等企业以及提高基础设施服务的可获得性。世界银行的技术援助内容涉及物流服务、交通安全与交通技术和管理方面，有利于提高项目所在地的政策和对话水平。在支持多式联运交通物流或提高集装箱使用率方面取得了一定的成功，如国际金融公司投资改造长江船队，满足日益扩大的集装箱运输船舶需求。[①]

四、 环境效益

（一） 助力中国抗击空气污染

过去 40 年，中国经济以世界最高速度增长，但在环境上已付出了沉重代价。中国的很多城市跌落为世界污染最严重的城

① 张鑫琦：《世界银行对华援助战略研究》，硕士学位论文，吉林大学，2007 年。

市之列，中国也是世界最大的温室气体排放国。随着低碳经济在全球范围内的大力提倡，世界银行开始重视能源项目目标和生产方式的转型，控制项目造成对空气的污染，通过项目附加条件，督促当地政府出台改善环境的政策和有效监管机制，从而协助中国减少大气污染。截至 2018 年，世界银行在能源部门为中国提供的贷款援助为 9 144.73 百万美元，其中硬贷款为 9 107.73 百万美元，软贷款为 37 百万美元，共支持 15 个贷款项目。世界银行支持中国政府扩大使用天然气、洁净煤、可再生能源，帮助中国专项使用可再生能源和洁净燃料，从而提高能源效率和减少大气污染。京津冀地区空气污染程度全国最高，2014 年的细颗粒物（PM2.5）年平均浓度达到 93 微克/立方米，远高于世界卫生组织 PM2.5 年平均浓度 35 微克/立方米的限值。尤其是在冬季，京津冀地区频频雾霾围城，经久不散，严重威胁着居民的健康。为了控制和减缓严重空气污染对健康和环境的影响，中国政府对空气污染宣战，出台了一系列减排措施。2013 年，国务院发布了《大气污染防治行动计划》，为了配合《大气污染防治行动计划》的实施，世界银行执行董事会于 2016 年 3 月批准了 5 亿美元贷款支持京津冀空气污染治理创新融资计划，在中国和能源领域首次使用结果导向型融资工具。结果导向型贷款工具（PforR）是世界银行的一种新型贷款工具，将资金支付与项目实地取得的结果直接挂钩。该计划支持由政府指定的商业银行华夏银行为企业提供贷款资金，通过提高能源效率、发展清洁能源和加强空气污染防控，减少空气污染物和碳排放，重点放在北京、天津、河北及其周边的山东省、山西省、内蒙古自治区和河南省。

中国是消耗臭氧层物质排放最大的国家，在过去的 20 多年里，世界银行与中国合作逐步淘汰消耗臭氧层物质（以下简称ODS）。世界银行作为蒙特利尔议定书多边基金（MLF）的四家国际执行机构之一，也是中国第四批消耗臭氧层物质项目（以下简称ODS-IV）的执行机构。世界银行协助中国制定了ODS行业战略并设计了ODS淘汰方案，协助政府提高项目管理能力，并为中国加快ODS替代品和替代技术的研究开发提供了技术援助。ODS-IV项目（1997—2013）帮助中国全面淘汰了10万吨以上ODS生产量和11万吨ODS消费量，确保中国提前完成了《关于消耗臭氧层物质的蒙特利尔议定书》的履约义务，为缓解气候变化做出了巨大贡献。自2016年9月启动以来，京津冀空气污染治理创新融资计划取得了良好的进展。此项目目前投放了13个子项目，总投资额达到6.6亿美元，世界银行和华夏银行的贷款额达到2.9亿美元。更可喜的是这13个项目都取得了很好的社会效益，减煤量达到56万吨，二氧化硫、氮氧化物减排量也非常显著。这个项目不仅为京津冀的蓝天保卫战做出了重要贡献，而且还对缓解气候变化产生了重要效益，年均减排二氧化碳154万吨，相当于在投资期内避免了新建将近10吉瓦的燃煤电厂。

世界银行集团的国际金融公司也通过其中国效能融资项目，支持中国发展清洁能源和高效能源。2008年5月28日，世界银行批准了三个中国贷款项目：能效融资项目（同时获得全球环境基金赠款1350万美元）、山东烟气脱硫项目和辽宁中等城市基础设施项目。三笔贷款总额为4.41亿美元，占世界银行2008财年对中国贷款计划额度的近三分之一，旨在帮助中国提高能源使用效率，减少排放大气污染物。

（二）　参与中国水资源管理

在城市水务基础设施方面：世界银行帮助推动中国城市和环境基础设施服务发展，聚焦于改进城市自然资源管理，扩大城市供水、污水以及固废管理服务范围，帮助各项目中的县市建设关键城市环境服务基础设施。在世界银行贷款援助的云南城市环境项目中，世界银行通过两笔贷款向本项目提供了 1.307 亿美元资金支持，通过投资建设污水、供水、固废、河流环境以及文化遗产管理系统，帮助云南省提高了关键城市基础设施服务效果，扩大了服务覆盖面。项目向 40 万城市人口提供了更好的水源，向 32.06 万城市人口提供了更好的环卫服务。此外，世界银行还带来了全球知识并提供了技术援助，助力云南制定政策行动和建立监测系统。

在改善供水与污水治理方面：世界银行帮助中国建立完善自主经营的公用事业、加强制度建设、制定工业废水污染防控政策法规和改革措施，并且项目还在改进供水规划、供水价格、公用事业监管等方面为中国提供技术援助。在 2005 年宁波市水环境项目中，在世界银行贷款和全球环境基金赠款的支持下，宁波市水环境项目为宁波市 250 万居民确保安全可靠的供水，将宁波市的污水处理率从 10% 提高到 65.4%，惠及 100 万居民，改善了环境和生活质量，恢复了杭州湾的天然湿地，促进了经济快速发展。在同一年，世界银行还协助柳州市开展工业废水污染防治的监管改革，投资污水管网、污水处理厂、公共厕所、垃圾转运站、垃圾收集站等工程建设，保障了柳州市 120 万居民的主要水源安全。

在流域治理方面：从法律、政策、制度、操作等层面，为流域、子流域和县一级实施水资源与水环境综合管理制定了从上至下、从下至上、水平与横向相结合的合作方式。在 2007 年的广东省珠江三角洲城市环境二期项目中，世界银行为项目提供 7 092 万美元贷款，并且采取一揽子关键措施，包括污水管理和污泥处理处置能力、水质监测、河道底泥疏浚、防洪和岸线整治等，帮助广东省治理珠江流域的水污染，提升佛山市和江门市的污水收集和处理能力，减少源自两市污染物流入珠江水系，使项目区 170 万居民直接受益，为中国应对在环境问题上面临的严峻的挑战做出贡献。

（三）促进中国土地资源可持续发展

土地退化是中国土地资源管理方面面临的严峻考验，在世界银行的贷款项目中，将重点放在退化山地的植被恢复和盐碱地的防护林营建、提高森林覆盖率减少水土流失、保护生物多样性，建立能够抵御气候变化影响的稳定森林体系。2012 年，世界银行为山东省生态造林项目提供贷款 6 000 万美元，在退化山地植被恢复区和滨海盐碱地改良区造林 66 915 公顷，提高了森林覆盖率，减少了水土流失，改善了生态环境和生物多样性。此项目开发示范了适宜环境退化地区的可应用推广的造林模式，通过营造经济林和经营活动，增加了项目区 26 556 户农户的收入，通过植树管护为当地社区创造了就业机会，并提供了一个森林碳汇的示范案例。

世界银行还致力于改善中国的生态环境提升防洪抗灾能力。在此方面世界银行在项目实施中采取了综合性的参与式方法，包括：（1）全流域防洪及环境管理，内容包括水土保持措施、河道治理、污水收集管网建设、河岸景观改善和建立洪水预警信息系统。（2）参与式生计发展，广大农民既是项目实施的主体，又是项目的受益人，所有项目信息公开透明，调动当地农村社区和广大农民参与项目设计、施工和管理的全过程，自主决策，使项目的活动内容更加符合农民的意愿。（3）可持续发展管理，项目制定了全面的运营和维护计划，内容包括人员安排、技术支持、资金配备及其他安排。在西宁市防洪及流域管理项目（2009—2015）中，世界银行提供贷款 1 亿美元，提高了西宁市的防洪标准，保护 41 万多市民生命财产免受洪水危害；加强城市污水收集处理，每年减少排入河道的污水近 500 万吨；开展流域综合治理，减少水土流失年均逾百万吨，改善了生态环境，提高了居民生活质量，促进了中国土地资源可持续发展。

五、　脱贫攻坚

（一）关注贫困人口

中国在过去 30 多年取得的扶贫开发成就举世瞩目。据国家统计局在 2019 年 2 月 15 日发布的数据显示，2018 年年末，中国贫困人口 1 660 万，相较 2017 年贫困人口减少了 1 386 万人。人均收入是 10 371 元。中国在扶贫方面能取得如此成就与世界银行的帮助与引导是分不开的。世界银行作为多边发展援助机构，其第一个千年发展目标就是消除极端贫困。自 1984 年以来，世界银行针对中国的贫富分化与穷人边缘化的问题发表了多篇研究报告，如《中国的农村改革、非农业部门的发展和农村现代化》《农村的转型与发展》《改善道路，摆脱贫困》等研究报告。此外，世界银行还发行了大量涉及以人为本、公平发展、有利于穷人改善理念等的出版物，引起了中国政府对发展中存在问题的思考与重视。新的发展理念更成为诸多中国学者为贫困人口争取权益的理论引述，"以人为本""公平发展"等理念逐步成为共识，"弱势群体""贫富差距"等概念正式写入政府工作报告。世界银行可以说是中国扶贫路上的启示者。

（二）提高非农和农业人口就业机会及生产率水平

世界银行努力协助中国政府，通过投资项目，示范如何采取更好的方式，推动高价值、多元化的农业发展，改善自然资源管理和小流域治理，开展针对中国具体需求的农业科研。与此同时，世界银行计划继续提供支持，解决相关的税收和财政政策、公共和私人金融业务以及土地租赁等问题，并通过世界银行和国际金融公司的业务活动，推动经济欠发达地区的私有投资。[①]

世界银行的目标是支持创造非农就业机会，吸纳农村剩余劳动力，其途径是促进区域发展、中小企业成长和城市投资环境建设，同时推动政策改革，建立更灵活的土地、劳动力和资本市场。国际金融公司通过对农业综合企业和林业的投资，为数以万计的农民创造了就业机会，通过提高农民能力以满足需求的技术援助项目，为创造非农就业机会提供了支持。2009 年，在世界银行贷款援助下，启动实施的中国农民工培训与就业项目协助中国向超过 52.2 万年轻人提供技能培训并向 420 多万求

---

① 张鑫琦：《世界银行对华援助战略研究》，硕士学位论文，吉林大学，2007 年。

职者提供就业服务。世界银行为该项目提供了 5 000 万美元贷款。本项目还对农村职业教育和培训学校进行了投资，加强了校企合作，帮助逾30.8万名毕业生找到了工作。好的就业岗位为人们依靠自身努力摆脱贫困提供了途径，而脱贫反过来有助于国家经济社会稳定并最终受益于中国经济增长。

为提高农业生产率，世界银行将致力于支持中国实现农业多元化发展，增加高价值农产品生产，发展土地市场，推动小流域治理，改善灌溉用水管理。中国在非国有实体销售农产品的改革方面也取得了重大进展，其中世界银行为推动农民协会发展提供了帮助。[①]

（三）社区主导型发展模式和社区发展基金使农民受益

中国政府发布的《中国农村扶贫开发纲要（2001—2010年）》，目标之一是到2010年实现14.8万个贫困村全部脱贫。为实施这项计划，政府投入了大量资金。但是，由于对扶贫资金使用的制度限制，能够实际到村到户的资金有限，只有很少部分资金能够用于村级基础设施建设和公共服务，比如道路或饮用水系统建设。很多农村贫困人口居住在生态环境脆弱的边远山区，农业生产条件匮乏，替代生计有限，不适当的耕作方式和水土资源管理使得贫困人口容易遭受自然灾害和气候变化的影响。针对这一问题，世界银行贷款援助的项目——中国贫困农村地区可持续发展项目，首次在河南省、陕西省和重庆市的贫困农村地区引进和试点社区主导型发展（CDD）模式和社

---

① 张鑫琦：《世界银行对华援助战略研究》，硕士学位论文，吉林大学，2007年。

区发展基金（CDF）。CDD模式把对发展过程、资源使用的控制权和决策权直接交给社区。CDF向农民互助合作社提供整笔拨款，用于支持农户发展种养殖和其他的生产增收活动。CDD和CDF赋权给农村社区，让他们自主选择适合自身需要的项目活动，借此激发社区的自主性和责任感，促进村级民主管理和能力建设。①

CDD模式，特别是社区磋商已纳入国内扶贫计划和其他世界银行在中国的扶贫项目。土地可持续管理和气候适应试点的成功经验已融入中国的"精准扶贫计划"中，通过社区主导型发展和社区发展基金，改善道路、饮用水等农村基础设施和公共服务，增加贫困农户收入，受益人口逾95万人，并通过土地和水资源可持续管理措施，提高了农村社区应对气候变化的能力。②

（四）参与式扶贫让农民当家作主

中国剩余贫困人口大多零星分散在边远和交通不便的地区，剩余绝对贫困人口中大多数生活在农村，其中约80%在中西部省区。由于减贫对经济增长的反应逐渐减少，继续采用传统扶贫模式减贫的成本越来越高。在中国贫困农村社区发展项目中，世界银行提供项目贷款9971万美元，并提供了从中国和国际扶贫工作中获得的大量知识经验。项目帮助在三个项目省区探索和推广了包括参与式扶贫模式，让大量自然村广泛参与项目规

---

① 世界银行官网：《社区主导型发展和社区发展基金使农民受益》，2017年10月16日，https：//www.worldbank.org/zh/results/2017/10/16/piloting-community-driven-development-and-financing-with-chinese-farmers。
② 同上。

划和决策，达到前所未有的规模。广大农村社区居民通过参与方式从一个非常灵活的菜单上自主选择和决定项目内容。项目还特别关注女性，通过参与式模式有效地赋权和惠及贫困妇女。项目投资建设道路、供水和环境卫生、小型水利工程、能源、通电、通信等农村基础设施，改善教育卫生服务，在其他扶贫项目难以覆盖到的边远农村发展可持续山地农业，帮助贫困农户增产增收。这个项目是世界银行开展的规模最大的、瞄准少数民族的扶贫项目之一，惠及四川、云南、广西三个省区的少数民族贫困人口，同时项目还利用英国国际发展部的赠款为四川省岳西县的残疾人提供救助。

项目大规模推广了参与式扶贫模式，让广大边远自然村参与项目规划和决策。例如，广西88%的项目村直接参与了项目决策，成立了399个项目实施小组；在云南最贫困的自然村成立了893个项目实施小组。参与式扶贫在项目实施中得到了好评和人民的认可，潘内村饮水项目管委会成员粟球娥说："我们分片分组开会，讨论首先做哪样，选出代表，投票决定先做哪样后做哪样。在我们这个片，我们投票决定首先修路，然后是人畜饮水。"这个项目最大的亮点是，在项目选择上充分尊重农民的意愿，从项目规划到项目实施，都贯彻了参与式的理念。在世界银行和其他发展伙伴的支持下，中国贫困农村社区发展项目在四川、云南、广西三省区实施，在中国农村地区探索、开发和推广了参与式扶贫模式，同时通过各种工程建设及其他项目活动投资，改善了三省区18个国定贫困县约140万农村贫困人口的生计保障和基本服务提供。其中，项目区农户人均收入实现年增长12%，超过了非项目村农户人均收入年增长9%和全国农村农户人均收入平均年增长9.2%。随着收入增加，实际人均消费同期增加了 39.8%①。

六、 风险及挑战

（一）周期影响成本

世界银行贷款项目的周期时间长、环节多是其显著的特点。世界银行贷款项目的运行一般包括一个完整的周期，包括项目鉴别、项目准备、项目评估、项目谈判和执行董事会审批、项目实施和监督、项目完工和项目后评价这几个阶段。在中国，大多数世界银行贷款项目的持续时间大约为 5 年甚至更久。世界银行项目的周期时间长、环节多的特点使得借款国产生很大的成本控制压力，从而不利于提高项目的效率与效益。

从时间成本的角度来看，基于公平公开公正原则，世界银行贷款前期申请准备工作相较国内更为复杂，申请周期通常需要 1—2 年。目前中国正在进行整体宏观调控，国内外程序衔接度较低，项目申请成功后可能面临国内政策导向转变的风险，从而在一定程度上造成时间上的浪费。从材料寿命成本来分析，由于世界银行项目实施时间长，难免会造成材料的浪费，并且在项目实施期间对材料的保养、维护也会增大项目的总成本，影响项目的收益。从人力资源成本的角度来看，由于世界银行项目各阶段的复杂性，需要大量的各专业人才来为此提供知识与劳动，从而对项目成本控制产生巨大压力。

---

① 世界银行官网：《中国：参与式扶贫让农民当家作主》，2013 年 4 月 9 日，https：//www. worldbank. org/zh/news/all？ displayconttype _ exact ＝ Results&lang _ exact ＝Chinese&count _ exact ＝China。

（二） 资金问题多样

世界银行贷款项目要求一定比例的国内配套资金，通常要求国内配套资金约占 50％。配套资金一般由项目所在市、县分担。中国部分市县地方经济不发达，有相当数量的财政贫困市县，市县级地方财力薄弱，配套资金筹集难度大。而世界银行贷款实行的是提款报账制，用款单位必须先用国内配套资金垫付，再凭支付账单报账提款，如果国内配套资金不到位，项目将无法进行，从而导致资金缺乏地区在申请世界银行贷款时倍感压力。

在项目实施过程中也会产生一些资金问题。目前多地市县级就项目而成立临时性项目管理机构的方式，与国际上通行的专业工程师项目管理模式相比还很落后，与国际水平接轨能力较差。各级市县项目办对国际金融组织的规则、政策和程序尚不熟悉，某些市县级的项目办则刚刚接触国际金融组织贷款项目，在项目实施过程中走了不少弯路。对项目管理的效率较低，缺乏完善的贷款项目全过程监督管理机制，造成贷款资金使用的浪费。如在项目前期准备中缺少实地考察，提出的征地搬迁计划不合理导致承包商无法按计划施工，造成预算经费超支、工期延误等；对于世界银行、亚洲开发银行招标程序不熟悉，个别子项目没有充分引入竞争机制，导致合同价款预算超支等问题。

中国部分贫困地区在世界银行项目还款时还面临着巨大的压力，甚至制约了不发达地区对世界银行项目申请的积极性。按目前"谁借谁还"的机制，贫困地区还贷能力差，用不起贷款，有的甚至不敢用贷款，导致越是经济落后地区，支持的公益项目贷款融资需求越大，反而越不敢积极地申请世界银行贷款项目。

（三）贷款竞争激烈

中国在申请世界银行贷款项目时存在着巨大的竞争压力。目前世界银行在全球 140 多个国家开展业务，并且在多个客户国设立代表处。与世界银行有贷款合作项目的国家遍布非洲、东亚和太平洋、欧洲和中亚、拉美和加勒比、中东和北非、南亚等地区。2019 财年世界银行对各地区的贷款援助情况如下：世界银行对南亚地区批准贷款项目 54 个，总额 89 亿美元；世界银行对中东和北非地区批准贷款项目 19 个，总额 55 亿美元；世界银行对拉美和加勒比地区批准贷款项目 37 个，总额 61 亿美元；世界银行对欧洲和中亚地区批准贷款项目 40 个，总额 43 亿美元；世界银行对东亚和太平洋地区共批准贷款项目 49 个，总额 53 亿美元；世界银行共批准非洲贷款项目 152 个，总额 150 亿美元。通过以上数据可以看出，非洲在激烈的贷款竞争中占有优势，并且取得更多世界银行贷款援助的机会。

从中国自身的发展角度分析，改革开放后，中国经济日益发展，进入 20 世纪 90 年代，和许多发达国家一样，世界银行对华合作在贷款规模上开始下降，比如在贷款额度上，从早期的每年 30 亿美元项目下降到现在的每年 10 亿美元。国际上一直有这样的声音：中国发展到一定程度，世界银行就可以停止给中国贷款。世界银行的使命是消除极端贫困，尤其是在现如今全球经济面临萧条时，拉动经济增长有三驾马车：投资、出口和消费。各个会员国都希望通过取得世界银行的贷款援助，加大投资、扩大内需与促进消费，从而刺激经济增长。经济方面取得进步的中国在申请世界银行贷款项目时也将面临更大的竞争压力。

（四）债务风险升级

首先，在债务担保风险方面。虽然目前世界银行有意向中国乡村振兴与环境保护项目倾斜，然而市县财政资金缺口阻碍了向世界银行贷款的积极性。利用世界银行贷款项目大多要由政府财政资金提供担保，因此对项目的盈利能力有一定的要求。教育、医疗、环保及部分公共设施建设等项目经济效益较低，获得贷款担保难度大，因而失去了项目申请机会。世界银行在积极探寻与中国私营部门的合作途径，项目合作初衷是对中小企业发展的扶持，通过商业银行转贷与国内转贷利率差距不大，因此不具有成本优势，通常需要通过政府委托贷款。世界银行贷款申请周期较长容易错过中小企业发展黄金期，而中小企业通常缺乏担保物，致使各级政府部门陷入债务担保风险。

其次，在还款兜底风险方面。从规避项目风险的角度考虑，政府主权外债项目要求地方财政为项目提供担保及配套资金。中国欠发达的部分县和小城镇由于缺乏建设资金而急需外部援助，却因财力缺乏而越发困难，还贷能力不能满足项目需求。这导致越是经济落后地区，支持的公益项目贷款融资需求越大，财政所面临的还款兜底风险越大。某些市县级部门还款责任意识较弱，对用款单位监管力度不够，无法完成债务催缴工作，增加了财政部门还款兜底风险，制约了财政部门申请贷款积极性。

最后，在利率风险方面。外贷资金的利率风险对各级财政部门申请积极性有非常大的影响，利率的变动将直接影响还款成本。近期国际经济形势整体下滑，人民币兑美元汇率呈稳步上升趋势，造成美元在国内的购买力下降。在总体投资额不变的前提下，将需要更多的国内资金与之匹配，人民币强势将会提高还款成本，造成还款成本预算超支，增加还款压力。世界银行贷款采用 LIBOR（伦敦同业拆借利率）基础上每半年一次的浮动利率，变化的利息支出造成项目融资成本的不确定。当出现世界银行贷款的浮动利率高于国内银行贷款的固定利率时，便增加了贷款主体的融资成本，同时也为财政部门增加还款压力，产生利率风险。

（五）专业人才缺乏

在中国的世界银行贷款援助项目中，往往存在缺乏专业性人才，导致项目可行性研究不充分，从而没有为项目顺利进行奠定良好的基础。有些地方或部门缺乏世界银行贷款项目管理人才，临时抽调非专业人士或者委托没有世界银行项目经验的中介进行编制，易导致报告内容和翻译质量出现问题。可行性研究不充分容易造成项目建成后，不能发挥预期的经济效益和社会效益，经营性的项目无力偿还贷款。

世界银行有贷款申请项目周期长、申贷要求严格的特点，要求参与实施的关键岗位工作人员的稳定性，但有些贷款项目的财务人员多为兼职会计，人员的频繁更换，导致提款报账与回补资金严重影响项目进度与项目经济效益。在中国的一些项目中，由于缺乏专业的管理人才，对世界银行的规则、政策和程序尚不熟悉，某些市县级的项目办则刚刚接触世界银行贷款项目，在项目实施过程中走了不少弯路。项目管理的效率较低，缺乏完善的贷款项目全过程监督管理机制，造成贷款资金使用的浪费。当然，也存在着潜在的、优秀的国际项目管理型人才流失问题。如不抓紧时间加强人员和机构管理，不采取措施留住优秀人才，将会制约中国正在实施的项目和未来项目的执行进度及质量。

第四章
中国世界银行贷款项目的创新机制

一、 项目的申请机制

（一） 项目要求

1. 贷款对象

世界银行贷款是对发展中成员国提供的中长期贷款，主要面对政府即由政府担保的项目贷款，资助一些建设周期长，利润率偏低，但又为该国经济和发展必须的建设项目。世界银行贷款只贷给其会员国，参加国际复兴开发银行的成员国必须是联合国成员国，并且必须是国际货币基金组织成员。世界银行贷款主要分为"硬贷款"和"软贷款"两大类。

所谓"硬贷款"是指国际复兴开发银行的有息贷款，它所筹集的绝大部分资金都是要求付息的，因此其贷款的资金也收取利息[①]。"硬贷款"是以美元计，已经贷出部分收取利息，签订协议而尚未支取部分，每年收取 0.75％ 的承诺费。"硬贷款"

[①] 焦佳凌：《中国反贫困行动中国际资源利用问题研究》，硕士学位论文，复旦大学，2008 年。

的年利率大约为 7% 左右，并且随国际资本市场利率每半年浮动一次。世界银行贷款利率变动滞后于资本市场利率，变化也较为平缓。

所谓"软贷款"以特别提款权（SDR）计，每年只收取 0.5% 的手续费，它只借给贫穷的会员国政府，人均国民收入在 410 美元以下。人均国民收入在 410 至 835 美元之间的会员国，可提供混合贷款，既有"硬贷款"又有"软贷款"。

2. 政策与条件

世界银行的贷款政策与贷款条件同样是严密的，根据国际复兴开发银行协定、国际开发协会协定、国际复兴开发银行贷款协定一般准则和国际开发协会信贷协定通则等规定来制定。其中主要有以下几个要求[①]：

（1）世界银行贷款仅限于对有偿还能力的会员国，对无偿还能力国家，世界银行不考虑对其贷款。对非会员国贷款对象只为政府，贷款须要有会员国政府及中央银行或世界银行任何的机构进行担保，确保本金的偿还以及利息和其他费用的偿付。

（2）贷款必须用于特定工程项目，也就是说，世界银行贷款是与工程项目相连的，而这些项目须经严格的筛选，借款国须向世界银行提供与贷款项目有关的详细资料，包括有关的政治、经济和财政状况。申请国或项目要确实无法以合理条件从其他渠道取得贷款时，世界银行对其申请做出考虑或提供贷款保证。世界银行对项目的贷款通常只贷给项目投资的 50% 左右，而另外一半的投资则需要由借款国用国内配套资金自行解决。世界银行向工程建设项目提供的贷款中，通常项目单位只能拿到

---

① 华律网：《世界银行贷款条件及要求》，2019 年 11 月 12 日，https：//m. 66law. cn/laws/536490. aspx。

40％的外汇，其余部分由世界银行直接支付给项目招标采购中的物资供应商和劳务承包商。

（3）尽管世界银行贷款项目遍布世界许多国家和地区，但是世界银行对项目监管的严密是举世公认的。世界银行已形成一套严谨、科学的项目管理程序和与此相对应的项目周期。贷款只能用于批准的项目，不能挪作别种用途。世界银行对工程项目的监管细致到工程的进度、管理和物资的保管等等。世界银行定期派遣专家监管项目，这些专家不仅包括金融财务专家，还包括各种熟悉项目内容的工程技术专家，听取项目单位意见，检查项目实施情况，并要求借款国提供一些有关的实际资料。世界银行有权建议对工程项目做出修改。

（4）世界银行贷款允许任选货币支用，可在所有成员国和受赠国进行自由采购。这比使用其他贷款和出口信贷自由灵活得多，进口物品引入技术的选择余地也很大。世界银行对工程项目的承包商和供应商视情况使用不同的贷款货币，一般按所属国的货币支付，但是如果承包或供应商采购的是进口物资，则以物资出口国的货币支付。

（5）世界银行贷款还要满足非军事性和非政治性，不会对军事项目和以政治为目的的项目提供贷款。

3. 中国申请世界银行贷款的要求

在申报利用世界银行贷款项目时，为确保项目能够列入中国利用世界银行贷款 3 年滚动计划备选项目的命中率，应该充分考虑以下几个方面的具体要求①：

（1）项目发展目标必须符合世界银行的"中国国别伙伴战

---

① 何勇，潘良君，王蔚：《世界银行贷款项目管理实务精解》，东南大学出版社，2017 年，第 19—32 页。

略"要求。

（2）所选项目必须符合世界银行在中国贷款项目的重点领域。

（3）项目应符合中国政府国民经济和社会发展规划、国家利用外资战略、产业政策、重点发展领域和地方行业发展规划。

（4）项目应注重创新性、前瞻性、示范性和促进体制机制改革。

（5）项目应符合国家外债管理的原则和要求，充分考虑本地区外债偿还能力、配套资金能力和项目执行单位的组织实施能力，合理确定世界银行贷款的申请金额。

（6）项目规划必须符合相应行业部门的标准和规划的要求。

（二）竞争性的招标采购制度

20世纪80年代，在引进世界银行贷款之前，中国的招标采购制度发展还不完善。在计划经济下，土建工程和设备材料的采购是通过政府计划和行政指令或甲乙双方直接洽谈的方式完成，这种采购方式不但难以为合格的承包商提供公平竞争的机会，而且还经常造成工程大大超过预算、工程质量差而难以引进新技术和工艺。那个时期的招标采购制度还处于社会主义计划经济体制下的一种探索，招标投标主要侧重于宣传和探索，而有关招标采购方面的法规建设也才刚刚起步。

从世界银行贷款项目启动伊始，世界银行就要求必须按照其采购指南进行竞争性的工程、货物和咨询服务的采购，并按照项目预算和工程的复杂性，决定采用国际竞争性招标（ICB）、国内竞争性招标（NCB）、询价采购（SHOPPING）、基于质量和费用的咨询服务选择（QCBS）等方法，以合理的性价比，选择合格的承包人、供货商、设计院和咨询公司。对世界银行这种公平、公开、公正的竞争性的采购方式，当时中国上下均感陌生。随着几期世界银行项目的实施，中国的招标采购制度不断完善，并在实践中造就、锻炼出一批精通国际招投标和合同管理的专门人才，提高了项目管理水平。

采用竞争性的招标采购制度不但节省了项目费用，而且还提高了工程质量，对中国项目管理产生了深远的影响：（1）试点项目产生了极佳的示范效应，使得竞争性的招标采购制度得以大力推广，例如，鲁布革水电站项目采用国际竞争性招标（ICB）聘用外国咨询专家和承包商来优化项目设计和项目施工，取得了极佳的效果，形成了"布鲁革经验"。（2）中国政府于2000年先后出台了适用于基础设施建设投资项目的《投标招标法》和适用于经常性开支的《政府采购法》，将竞争性投标机制制度化、法律化。（3）中国投标商在竞标参与世界银行项目采购过程中的竞争力得到了大幅度的提升。[1]

（三）建设项目管理机构

在传统公共投资项目中，虽然政府是项目投资的主体，但限于人员力量和条件，投资主管部门往往难以直接履行项目的组织建设和监督管理职责。因此，传统公共投资项目通常由使用单位自行组织建设，全权负责项目设计、施工、采购、工程监理以及合同的洽谈与签订。使用单位一般为管理具体项目临时从单位内部和其他单位抽调人员组成筹建处。这种非专业性

---

[1] 谢世清，李丽霖：《世界银行在中国公共投资项目管理中的十大制度创新》，《财政研究》，2012年第11期。

和临时性的项目管理机构不仅缺乏经验丰富的管理人员和工种齐全的技术人员，而且其内部运作还需要经历较长的磨合期，导致项目的管理效率偏低。世界银行通常在每个贷款项目中加入机构建设的内容。首先，世界银行要求建立合理的项目管理机构，主要包括：（1）项目领导机构；（2）执行管理机构，主要包括各级领导小组相对应的各级项目办公室；（3）技术咨询机构，主要是为项目实施提供咨询服务和技术指导的各级技术委员会。其次，世界银行还制定了一套项目实施管理、财务管理和技术指导的各级技术委员会。财务管理和技术管理的程序、办法和制度，使得各项目管理工作程序化、规范化，为项目的顺利实施提供了可靠保障。最后，世界银行还通过大量的人员培训、增添办公设备和改善办公条件，来提升项目管理机构的管理能力。自从中国引入机构建设内容后，不但提高了项目管理的专业性，而且还提高了项目监督的有效性。[①]

二、 项目的运行机制

（一） 程序及准则

世界银行贷款项目的运行一般包括一个完整的周期，即一个项目从提出到完成的全部过程。项目周期因此成为项目运行的具体表现，从中体现出世界银行贷款业务的操作要求及程序规范。世界银行贷款项目周期一般包括 8 个顺序阶段，前一阶段是后一阶段的基础条件，而一个阶段结束之后才能开始下一阶

---

① 谢世清、李丽霖：《世界银行在中国公共投资项目管理中的十大制度创新》，《财政研究》，2012 年第 11 期。

段。项目周期中的每一阶段都有明确的任务和指标，目的是确保项目按贷款国的需要设计和实施，并达到预期的结果。世界银行对各个阶段的具体内容、工作流程和决策程序均有明确详细的规定[①]：

1. 国别援助战略

世界银行根据有选择性框架和有比较优势的领域，针对国别减贫工作的开展情况准备提供贷款和咨询服务。根据其现行发展政策规定，世界银行帮助各国政府牵头制定并实施减贫发展战略，认为由各国主导制定、实施并赢得利益相关方广泛支持的规划，更有可能取得成功。在各国政府制定的《减贫战略》的基础上，世界银行与贷款国一起编制《国别援助战略》（CAS）。在中等收入国家，世界银行与政府合作编制《国别伙伴战略》（CPA）。目的是根据贷款国的减贫和发展的需要，制定在一段时间内针对包括基础设施、农业、卫生、教育、公共支出和预算、财政管理等社会经济发展的战略框架。

2. 项目鉴别

项目鉴别阶段，要识别出能够支持各战略实施，满足财务、经济、社会和环境要求的项目，也要对发展战略进行分析。CAS中扼要描述的目标指导世界银行贷款计划重点内容的确定，而对世界银行今后潜在贷款领域感兴趣的利益相关方即各部门和地方而言，他们是很好的信息来源。在识别阶段，世界银行项目团队同相关政府一道识别各个领域中那些符合既定发展目标而可以得到资助的项目。一旦项目被确定，世界银行项目团队就着手编制《项目概念性文件》（PCN）。这是一项篇幅为四

---

① 何勇，潘良君，王蔚：《世界银行贷款项目管理实务精解》，东南大学出版社，2017年，第10—14页。

五页的内部文件，扼要描述项目的基本内容、建议目标、潜在风险、替代实施方案以及项目审批的大致时间表。此后世界银行方面要着手准备两个公开文件，即《项目信息文件》和《项目安全保障综合资料表》。前者篇幅通常为四五页，内含项目目标和项目简介等信息以及世界银行项目经理姓名。项目经理负责监督、检查项目实施，是感兴趣的项目投标商同世界银行联系的主要联系人。投标商的标书要符合有关项目的要求，《项目信息文件》是不可或缺的资料。后者《项目安全保障综合资料表》也在项目的首次正式审查后编写，也要对外公开。针对世界银行的十项关于环境和社会的安全保障政策，该表格确定项目与这些安保政策相关的主要问题，给出这些问题将如何在项目准备期间予以解决的信息。

3. 项目准备

世界银行提供政策与项目咨询建议以及资金援助，贷款国开展研究并编制最终项目文件。这一进程由世界银行与贷款国合作主导推动，而且视拟议项目的复杂程度，可能需要几个月至一两年时间。在此过程中，世界银行起支持作用，应要求提供分析与咨询。项目面临的技术、机构、经济、环境、社会和财务问题也将得到研究与处理。世界银行的各项业务政策，包括财务、采购和安全保障政策在此阶段都要求落实。从安保政策的角度讲，项目准备要开展环境评价和社会评价，以确保项目在环境上和社会发展方面避免和减少负面影响，增加正面效益和项目可持续性。环境评价和社会评价的范围取决于项目的范围、规模、复杂程度和潜在影响。环境评价需要准备《环境评价报告》，分析项目的潜在环境影响以及为缓解潜在危害而采取的步骤。如果需要，还要进一步准备《环境行动计划》，描述一国的主要环境问题，识别问题的主要致因，形成处理问题的政策和具体行动。社会评价如果发现负面影响包括征地拆迁和非自愿性移民，项目要根据世界银行 OP4.12 非自愿性移民安保政策准备《移民安置计划》，确保移民和受影响人群的权益得到保护、他们的生计得到恢复和发展。如果项目是在一些少数民族地区实施，社会评价要根据世界银行 OP4.10 土著安保政策，针对当地民族情况准备项目的《少数民族计划》等，识别项目对少数民族健康、生产资源、经济和环境的潜在影响，确保当地少数民族人群平等参与项目活动和从中受益。所有这些安保文件都要在当地公开，也要在世界银行的信息中心公布。

4. 项目评估

世界银行从经济、技术、机构、财务、环境和社会等各方面对项目进行评估，编制项目评估文件（PAD）及法律文件草案。这一阶段的工作将由世界银行主要负责。通常在项目正式评估前世界银行会安排一个预评估工作，派遣预评估代表团审查所有方面的工作是否达到了评估的水平。预评估实际上是很关键的时刻，它直接认定项目准备的情况及决定何时评估等。这个时候也是最后一次研讨项目准备的各个环节，把握和解决存在的问题和偏差，确定最终的设计和实施方案。预评估通过之后，评估便主要是完成相关的程序。世界银行项目团队由贷款国项目团队协作正式审查项目自识别和准备阶段以来开展的工作及完成的文件，最终确定项目准备的工作完成及评估。

5. 项目谈判和执行董事会审批

世界银行和借款国就《贷款协议》或《信贷协议》达成一致意见，然后将项目提交执行董事会审批。世界银行项目团队对拟议项目进行评估后，世界银行及贷款国就其最终架构进行谈判，双方就贷款的条款和条件达成协议。之后，《项目评估报告文件》（PAD）或《规划文件》同《行长备忘录》和法律文件一道被提交世界银行执行董事会审批。相关文件也要提交贷款国政府审批，而这种审批可能涉及国务院或部长委员会及贷款国立法机构的批准。上述文件获得批准后，由双方代表签署《贷款协议》。

6. 项目实施和监督

借款国负责项目实施，而世界银行负责项目检查。世界银行要确保贷款/银贷资金用于既定的项目，实现资金的经济和高效使用。一旦贷款获准，借款国政府用世界银行提供的技术援助，研究编制项目技术规范文件，评审项目货物和咨询服务采购标书。世界银行将对评标工作进行审查，以确保其《采购指南》得到执行。如果《采购指南》得到执行，世界银行将会支付贷款资金。世界银行财务管理工作组持续对项目财务管理工作进行监督，包括要求定期提交经审计的财务报表。如果项目涉及世界银行安全保障政策的实施，世界银行项目团队还要对项目安保政策文件的落实进行检查。世界银行项目团队一年一般来华进行两次检查，从各个相关方面监督项目实施的进度和质量。每次检查之后，世界银行项目团队要提出《检查备忘录》给贷款国业主参考并向世界银行管理层报告。每年世界银行管理层要编写《在建项目进展情况报告》，对上一财年的所有在建项目进行简要描述。

7. 项目实施和完工

项目业主和世界银行项目团队都要编制项目《实施完工报告》（ICR），评价世界银行和借款国绩效。在支付期末（支付期末为1到10年不等），世界银行项目团队将向世界银行管理层和执行董事会提交涉及项目成果、问题和经验教训的实施完工报告（ICR），评价该项目的完成情况供其参考。

8. 项目后评价

世界银行独立评价机构（业务评价局）编制审计报告，对项目进行后评价。审计工作包括对项目完工报告（ICR）的审查和一份独立报告的编写，根据项目既定目标来评价其成果。《实施完工报告》和《审计报告》最后将上呈世界银行执行董事会和贷款国，但不对外公开。另外，世界银行每年选取四分之一的已完工（或 70 个左右）项目编制《项目绩效评估报告》。报告由世界银行业务评价局工作人员编写，耗时约为六周。在报告编写过程中，一般要对借款国项目进行实地考察，对项目成果、成果的可持续性以及机构发展影响等进行评价（在评价项目成果时要考虑项目的相关性、有效性和效率）。此外，还有一种《影响评价报告》，评估项目的经济价值以及对人与环境的长期影响。这种对项目进行的"二次评价"在世界银行贷款关账后 5 到 8 年进行。除这些之外，世界银行还有一种特殊的《检查组织报告》。世界银行设有独立检查组，在项目受到投诉时，对受影响方的投诉进行评估，评判世界银行在其资助项目的设计、评估或执行方面，是否未能执行其业务政策和业务程序。

（二）提款报账制度

传统项目的资金支付与实际支出和特定产出无关，而是根据项目预算计划统一安排。这种做法导致资金监督困难、虚报项目预算、滥用财政资金等问题时有发生。世界银行贷款项目在项目财务管理中率先引入提款报账制度。制度要求借款人先用配套资金、自筹资金或投劳抵筹来垫付，通过特定的采购方式组织实施项目，验收合格后向世界银行申请支付资金，即采用"先垫付后报账"的方法来实施项目。世界银行要求申请的资金必须是用于规定的项目支出，且必须是项目实际发生的、符合世界银行采购要求的费用。提款报账制度具有以下三方面的积极作用：（1）先垫付后提款加大了资金风险和成本，促使项目执行方抓紧项目实施，加快资金周转，降低资金成本，提高资金使用效益。（2）由于项目年度计划与资金提款报账计划相适应，因而提款报账制度能够直观地反映项目的进展和成效，实现了资金支付与项目进展相挂钩，有利于对项目进行全过程监督。（3）落实配套资金是提款报账制度的前提条件之一，从而有利于兑换政府配套资金的承诺，确保项目的有效实施。现在中国政府也在内资项目中以政策法规的形式要求采用相同的提款报账制度[①]。

（三）　项目周期管理

中国传统的投资项目都是通过自建模式、国有企业建设模式和工程指挥部三种方式来进行建设和管理。这种模式助长了行政性垄断，妨碍了市场机制的建立。世界银行强调项目周期管理，将贷款项目周期划分为项目选定、项目准备、项目评估、项目谈判、项目执行与监督、项目评价等六个阶段。在项目准备阶段，世界银行通过要求受援方从技术、机构、经济、财务、环境和社会等六个方面对项目进行两到三年可行性研究；在项

---

① 谢世清，李丽霖：《世界银行在中国公共投资项目管理中的十大制度创新》，《财政研究》，2012 年第 11 期。

目执行阶段，世界银行会对项目的执行情况进行严格的监督；在项目评估阶段，世界银行会组织专家对项目完成情况进行全面的经济、社会和环境评价。[①]

世界银行所有贷款项目均按照项目周期严格执行，各个流程之间环环相扣、紧密相连。首先，世界银行依据标准审慎选择项目，并要求对选定项目进行充分的可行性研究。其次，从技术、经济、社会和组织等方面对项目进行可行性评估，评估通过后与借款国商谈贷款事宜。最后，通过定期的项目实施进度报告和实地考察方式严格监督项目的实施，并对完成结果进行总结，为后续工作提供参考意见。中国在借鉴和引用了世界银行项目周期管理后，提高了对项目全程的监督和控制，确保了项目准备和设计的合理以及项目实施的高效。

三、 项目的发展机制

世界银行追求可持续发展目标，社会发展和社会融入就至关重要。对于世界银行来说，融入意味着赋权，即让所有人参与到发展进程之中并获益。与赋权相关的政策通过提高所有人（包括弱势群体和穷人）的参与来提高公平性和非歧视性，确保服务于支持人们的教育、健康、社会保护、基础设施、可承担的能源、就业、金融服务和生产资料等方面的改进。需要采取行动去除将女性、儿童、残疾人、青年和少数民族排斥在外的发展过程中的障碍，确保所有人的声音都可被倾听。这就是社

① 谢世清，李丽霖：《世界银行在中国公共投资项目管理中的十大制度创新》，《财政研究》，2012 年第 11 期。

会安全保障策略的重要性和目标所在。社会安全保障政策包括：劳工和工作条件、社区健康与安全、非自愿性移民、原住民/撒哈拉以南非洲长期服务不足的传统地方社区、文化遗产、金融中介机构等利益相关方参与和信息公开。

（一）社会评价机制

在中国过去的项目运行过程中，没有给社会影响足够的重视，从而忽略了受项目影响的利益相关者，没有切身地为他们考虑项目实施给他们带来的负面影响，不利于人民群众感受因社会发展所带来的幸福感的提升。世界银行将社会评价列为项目可行性研究的一个重要的组成部分，要求在项目设计和评估中加以实行。

社会评价的主要内容包括：（1）移民安置和土地征收问题；（2）项目是否会改变当地群众的价值观和行为方式；（3）项目是否会带来大量失业等问题。世界银行在中国的社会安全保障措施主要是针对世界银行贷款项目，在项目设计和实施中按照惯例执行社会评价和安全保障政策。不过根据中国自身的政治目标，由于世界银行更加重视加强借款国的制度建设，世界银行也越来越多地支持中国政府完善国内的社会安全保障政策。

中国的社会评价能力逐步提高，从过去依赖世界银行总部人员和国际专家转向依靠国内专家。[①] 2004 年，世界银行、亚洲开发银行、中国社会科学院和国内知名社会发展实践者合作出版了适用于中国的中文版《中国社会评价指南》。世界银行社会

[①] 谢世清、李丽霖：《世界银行在中国公共投资项目管理中的十大制度创新》，《财政研究》，2012 年第 11 期。

发展部的工作人员编写了关于社会评价的一个章节，这一章节后来被纳入正式的可行性研究指南，用于指导所有国家开发项目的准备工作。世界银行推动了中国国内的社会评价能力建设，完善了中国的社会治理体系和提高了社会治理能力，同时，世界银行还帮助中国培养了许多有关社会评价方面的专业人才，如今已经有越来越多的国内专家和设计院能够担当此任。①

2018 年 8 月 4 日，世界银行执行董事会批准全新的环境和社会责任框架，以提高贷款项目环保和社会责任标准。具体内容如下②：

1. 劳工和工作条件

《环境和社会标准 2》认识到创造就业和创收机会在促进减贫和包容性经济增长方面的重要性。借款国还可通过确保项目工作人员得到公平对待，并为其提供安全健康的工作环境，而促进建立良好的工作人员与管理层关系，提升项目的发展效益。其目标是：

（1）提高工作中的安全和健康。

（2）促进对项目工作人员的公平对待，使其不受歧视，获得平等机会。

（3）保护项目工作人员，包括妇女、残疾人、青少年（符合《环境和社会标准》规定的工作年龄）和外来工、合同工、社区工作人员以及主要供应商工作人员（如适用）等弱势人员。

（4）避免强迫劳动或雇用童工。

（5）以符合国家法律的方式支持工人自由结社和集体谈判的原则。

---

① 世界银行官网：《推动新型的伙伴关系》，https：//www. worldbank. org/。

② 世界银行官网：《世界银行环境和社会框架》，2017 年，https：//www. worldbank. org/。

（6）为项目工作人员提供可用的方法来提高对工作场所的关注。

《环境和社会标准2》的适用性在《环境和社会标准1》中所述的环境和社会评价过程中确定。《环境和社会标准2》的应用范围取决于借款国与项目工作人员之间雇用关系的类型。术语"项目工作人员"是指：

（1）由借款国（包括项目提案者和项目实施机构）直接雇用专门从事项目相关工作的人员（直接工作人员）。

（2）由第三方雇用从事与项目核心功能相关工作的人员，不考虑他们的工作地点（合同工）。

（3）由借款国主要供应商雇用的人员（主要供应商工作人员）。

（4）受雇或参与提供社区劳动的人员（社区工作人员）。

《环境和社会标准2》适用于项目工作人员，包括全职工、兼职工、临时工、季节性工人和外来工。

2. 社区健康与安全

《环境和社会标准4》认识到项目活动、设备和基础设施建设可能增加社区遭受的风险和影响。此外，已经受到气候变化影响的社区，可能还会因项目活动使影响加速或加重。《环境和社会标准4》涉及受项目影响社区的健康和安全风险与影响以及借款国的相应责任，旨在避免或最大程度地减少上述风险与影响，并重点关注因特殊情况而导致的弱势群体。其目标是：

（1）预见并避免项目周期内因例行和非例行情况对受项目影响社区的健康与安全造成的不利影响。

（2）在包括大坝在内的基础设施设计、建设中提高质量和安全性以及与增加气候变化有关的考虑。

（3）避免或尽量减少社区暴露于与项目相关的交通和道路安全风险、疾病和危险材料。

（4）制定有效的措施来解决突发事件。

（5）保障人员和财产安全，避免或最大限度地降低受项目影响社区面临的风险。

在社区健康与安全方面：要求借款国应对项目周期内项目对受影响社区的健康与安全所造成的风险和影响进行评估，包括那些因其特殊情况而导致的弱势群体。借款国应根据管理及缓解措施排序识别风险和影响，提出缓解措施。

在人员安保方面：如果借款国直接聘用工作人员或合同工为其人员和财产提供安保，应评估这些安保安排给项目场地内外人员带来的风险。此类安排时，借款国应以相称性原则和良好国际行业实践以及适用法律为指导，对此类安保工作人员进行雇用、培训、装备和监督，并制定相关行为准则。除了根据所受威胁的性质和严重程度采取相应的预防和防御措施之外，借款国不得允许任何直接或合同安保工作人员使用武力。

3. 土地征用、土地使用限制和非自愿移民

《环境和社会标准5》认识到与项目有关的土地征用和土地使用限制将对社区和个人造成不利影响。项目相关的土地征用或土地使用限制可能导致搬迁移民（搬迁、失去宅基地或居所）、经济移民（丧失土地、资产或资产使用渠道，导致丧失收入来源或其他谋生手段），或兼而有之。术语"非自愿移民"指：受影响个人或社区无权拒绝土地征用或土地使用限制导致的移民，被视为非自愿移民。

经验和研究表明，如果无法缓解搬迁和经济移民，可能会

引起严重的经济、社会和环境风险：生产系统可能解体；如果人们的生产资源或其他收入来源丧失，将面临贫困；人们可能会搬迁到其生产技能不太适用且资源竞争更大的环境中；社区机构和社交网络有可能削弱；亲属群体可能分散；文化认同、传统权威和互帮互助可能减弱或丧失。基于上述原因，应尽量避免非自愿移民。当非自愿移民无法避免时，应在最大程度上减少移民，并应缜密规划和实施适当措施，以缓解对移民（和收留移民的安置区）的不利影响。其目标是：

（1）避免非自愿移民，或者当移民不可避免时，寻找其他项目设计方案以便最大限度地减少非自愿移民。

（2）避免强制驱逐。

（3）通过下列方式缓解土地征用或土地使用限制带来的无法避免且不利的社会和经济影响：（a）根据重置成本及时补偿资产损失；（b）努力协助移民改善，或者使他们的生计和生活水平切实恢复到搬迁前的水平或项目实施前的普遍水平，以较高者为准。

（4）通过提供适当的住房、服务和设施以及租住权保障等，改善贫困或弱势的搬迁移民的生活条件。

（5）将移民活动作为一种可持续发展规划来构思与实施，根据项目性质提供充足的投资，使移民可直接从项目中受益。

（6）确保移民安置在规划和实施时要向受影响人适当公开信息、进行有意义的磋商以及确保知情参与。

《环境和社会标准5》的适用性在《环境和社会标准1》中所述的环境和社会评价期间确定。《环境和社会标准》适用于以下类型的土地征用或与项目实施相关的土地利用限制导致的永久性或暂时性搬迁和经济移民：

（1）按照国家法律规定，通过征收或其他强制性程序征用或限制的土地权或土地使用权。

（2）土地权和土地使用权可通过与产权所有人或对土地拥有合法权利的人磋商解决来获得，一旦磋商失败，可通过征收或其他强制程序获得土地权或土地使用权。

（3）对土地使用限制和自然资源使用限制导致社区或社区内部的群体失去其传统或习惯上拥有的资源使用权或被认可的使用权。这可能包括与项目有关的法定保护区、森林、生物多样性地区或缓冲区。

（4）移民为没有正式的、传统的或被承认使用权的人员，这些人员在项目确定的截止日期前占用或使用土地。

（5）由于项目影响而导致其土地无法使用或无法进入的移民。

（6）限制进入土地或使用其他资源，包括公共财产和自然资源，如海洋和水产资源、木材和非木材林产品、淡水、药用植物、狩猎和聚集场所、牧场和耕作区域。

（7）个人或社区放弃土地权或对土地或资源的主张，但未获得全部补偿。

（8）项目之前发生的土地征用或土地使用权限制，起因于预期项目的发生，或作为项目准备而进行。①

《环境和社会标准》不适用于那些非直接由项目土地征用或土地使用限制导致的收入或生计影响。

4. 原住民/撒哈拉以南非洲长期服务不足的传统地方社区

《环境和社会标准》认识到原住民/撒哈拉以南非洲长期服

---

① 世界银行官网：《世界银行环境和社会框架》，2017年，https：//www.worldbank.org/。

务不足的传统地方社区的身份和愿望与国家社会中的主流群体不同，常常在传统的发展模式中处于劣势。很多情况下，原住民是整个人口中经济最边缘化、最脆弱的群体。他们的经济、社会和法律地位限制了他们捍卫土地、领地、自然资源和文化资源权益的权利，并可能限制了他们参与发展项目并从中受益的能力。很多情况下，他们没有平等享受到项目效益，也有可能效益的设计或提供在文化上不合适，也将对他们的生活或社区产生重大影响的项目，在设计或实施过程中没有与他们进行充分磋商。该《环境和社会标准》认识到男女在土著文化中的角色不同于主流群体，女性和儿童在其所在社区和外部发展过程中常常被边缘化且可能会有特别需求。

在《环境和社会标准》中，"原住民/撒哈拉以南非洲长期服务不足的传统地方社区"（或可能在国家背景下提及的替代术语）通常仅指不同程度拥有以下特质的独特社会和文化群体：

（1）自我认定的且得到他人认可的独特土著社会群体或文化群体的成员。

（2）集体依附于地理上独特的定居地、传统领地或季节性使用或居住的地区，以及这些区域内的自然资源。

（3）有别于或分隔于主流社会或文化的习惯性文化、经济、社会或政治制度。

（4）拥有独特语言或方言，通常与官方语言或他们居住的国家或地区的语言不同。

《环境和社会标准》的一个重要目的在于确保与居住在项目区域或对项目区域存在集体依附的原住民/撒哈拉以南非洲长期服务不足的传统地方社区进行充分磋商，保证他们有机会积极参与项目设计，确定项目的实施安排。磋商的范围和规模以及后续项目规划和文件编制流程，应与潜在项目风险及对原住民/撒哈拉以南非洲长期服务不足的传统地方社区，造成影响的范围和规模相匹配。这项政策实施的目标是：

（1）确保开发过程充分尊重原住民/撒哈拉以南非洲长期服务不足的传统地方社区的人权、尊严、愿望、身份、文化和基于自然资源的生活方式。

（2）避免项目对原住民/撒哈拉以南非洲长期服务不足的传统地方社区造成的不利影响，如无法避免，应将此类影响减轻、降至最低和/或给予补偿。

（3）以原住民容易接受、文化上契合且具有包容性的方式为原住民/撒哈拉以南非洲长期服务不足的传统地方社区，增加可持续发展的效益和机会。

（4）通过在项目周期内进行有意义的磋商，建立并保持与受项目影响的原住民/撒哈拉以南非洲长期服务不足的传统地方社区的持续关系，完善项目设计并获得地方支持。

（5）确保在《环境和社会标准》所述三种情况下获得受影响的原住民/撒哈拉以南非洲长期服务不足的传统地方社区的自由、事先和知情同意。

（6）承认、尊重并保护原住民/撒哈拉以南非洲长期服务不足的传统地方社区的文化、知识和习俗，以其能够接受的方式、在可接受的时间内为其提供适应条件变化的机会。

5. 文化遗产

《环境和社会标准8》认识到文化遗产以有形和无形形式在过去、现在和将来之间持续传承。人们认定文化遗产是对人类不断发展的价值观、信仰、知识和传统的反映和表达。文化遗产作为一种宝贵的科学和历史信息来源、经济和社会发展的资产以及人们文化身份和习俗不可分割的一部分，在很多方面都非常重要。《环境和社会标准8》规定了在整个项目周期内保护文化遗产的措施。其目标是：

（1）保护文化遗产免受项目活动带来的不利影响，并且为其保护工作提供支持。

（2）将文化遗产视为可持续发展的组成部分。

（3）促进与利益相关方就文化遗产进行有意义的磋商。

（4）促进公平分享使用文化遗产所带来的收益。

《环境和社会标准》的适用性在《环境和社会标准1》中所述的环境和社会评价期间确定。"文化遗产"术语所包含物质文化遗产和非物质文化遗产，可能在地方、区域、国家甚至全球范围得到认可和珍视，如下所示：

物质文化遗产，包括具有考古、古生物、历史、建筑、宗教、美学价值或其他文化意义的可移动或不可移动的物品、场所、建筑或建筑群以及自然特征和景观。可能位于城市或农村并可能位于地上、地下或水下。

非物质文化遗产，包括被各社区和群体视为其文化遗产组成部分的各种实践、表现形式、表达方式、知识、技能以及相关的工具、实物、工艺品和文化场所。这种非物质文化遗产世代相传，在各社区和群体适应周围环境以及与自然和历史的互动中，被不断地再创造。

《环境和社会标准8》的要求将适用于可能给文化遗产带来风险或影响的所有项目，包括以下项目：

（1）涉及挖掘、拆除、土方运输、淹没或其他物理环境变化。

（2）位于法定保护区或法定缓冲区。

（3）位于或靠近已确认的文化遗址。

（4）专门设计用以支持文化遗产的保护、管理和使用。

《环境和社会标准 8》的要求适用于文化遗产，无论它是否已经受到法律保护，或以前曾被认定，或曾遭到破坏。只有当项目的物理组成部分对这类文化遗产产生重大影响时，或者如果项目打算将此类文化遗产用于商业目的，《环境和社会标准 8》的要求才适用于非物质文化遗产。

6. 金融中介机构

《环境和社会标准 9》认识到强大的国内资本和金融市场以及融资渠道对经济发展、增长和减贫的重要性。世界银行致力于支持金融行业的可持续发展、提升国内资金和金融市场的作用。金融中介机构必须监督和管理其投资组合和金融中介机构子项目的环境和社会风险及影响，并根据中介融资的性质监控其投资组合风险。金融中介机构管理其投资组合的方式有多种形式，取决于一系列考量，包括金融中介机构的能力、其需要提供的资金的性质和范围。金融中介机构还必须以环境和社会管理系统（ESMS）的形式开发和维护有效的环境和社会系统、程序及能力，以评估、管理和监测子项目的风险和影响，并以负责任的方式管理整个投资组合的风险。其目标是：

（1）规定金融中介机构如何评价和管理其资助的子项目相关的环境和社会风险与影响。

（2）促使金融中介机构资助的子项目采用良好的环境和社会商业实践。

（3）在金融中介机构中推广良好的环境管理和完善的人力资源管理。

《环境和社会标准》的要求适用于所有获得世界银行支持的金融中介机构，无论是支持直接来自世界银行和借款国，还是通过借款国，或通过其他金融中介机构，具体如下：

（1）如果世界银行为金融中介机构提供支持，为明确定义的金融中介机构子项目融资，则本《环境和社会标准》的要求适用于每个金融中介机构子项目。

（2）如果世界银行为金融中介机构提供的支持属于非具体用途，则本《环境和社会标准》的要求适用于项目法律协议生效后的金融中介机构的所有子项目。

如果某金融中介机构获得世界银行的支持后向其他金融机构提供融资或担保，《环境和社会标准》的要求将适用于该金融中介机构，并要求每个后续的金融中介机构遵守本《环境和社会标准》的规定。

7. 利益相关方参与和信息公开

《环境和社会标准》认识到借款国与项目的利益相关方以公开透明的方式参与的重要性，认为这是良好国际实践所不可或缺的。利益相关方的有效参与能够提高项目的环境和社会可持续性，增强项目的被接受程度，并对项目的成功设计和实施做出重大贡献。其目标是：

（1）建立利益相关方参与的系统方法，帮助借款国识别利益相关方，与他们尤其是受项目影响的各方，建立并保持建设性关系。

（2）评估利益相关方就项目所获得的效益和所提供支持的水平，并在项目设计及环境和社会管理中考虑利益相关方的意见。

（3）提供有效且具包容性的参与方式，使受项目影响的各方在整个项目周期内充分参与讨论可能对他们产生影响的问题。

（4）确保以及时、可以理解和适当的方式向利益相关方公开有关环境和社会风险与影响的适当项目信息。

（5）为受项目影响的各方提供适当和具包容性的方式，以便他们能够提出问题和申诉，并允许借款国回应和处理此类申诉。

借款国应在整个项目周期内保持利益相关方的参与，尽早在项目开发过程中开始这种参与，并在一个时间期限内与利益相关方就项目设计进行有意义的磋商。利益相关方参与的性质、范围和频率将与项目的性质和规模及其潜在风险、影响相符。

借款国将与所有利益相关方进行有意义的磋商。借款国将为利益相关方提供及时、易理解和易于获取的相关信息，并以文化契合的方式与他们进行磋商，不受外部操纵、干预、胁迫、歧视和恐吓。

利益相关方参与过程将在本《环境和社会标准》中有更进一步的详细规定：①利益相关方识别和分析；②计划如何让利益相关方参与；③信息公开；④与利益相关方磋商；⑤解决和应对申诉；⑥向利益相关方通报。

作为环境和社会评价的一部分，借款国将保存并公开利益相关方参与的文件记录，包括有关参与磋商的利益相关方的描述、收到反馈意见的汇总、对如何考虑反馈意见的简要说明，或其反馈意见不可取的原因。

借款国将公开项目信息，让利益相关方了解项目的风险和影响以及潜在机会。借款国将在世界银行开展项目评估之前，在与利益相关方就项目设计进行有意义磋商的时间期限内，尽早向利益相关方提供以下信息：

（1）项目的目的、性质和规模。

（2）项目活动的持续时间。

（3）项目对当地社区的潜在风险和影响、缓解这些风险和影响的建议、突出可能对弱势群体造成更坏影响的潜在风险和影响、描述避免和缓解风险与影响的不同措施。

（4）拟定的利益相关方参与过程，突出利益相关方可参与的方式。

（5）拟定公众磋商会面的时间和地点，以及会面的通知、总结以及报告的过程。

（6）提出和解决申诉的流程和方式。

信息将以文化契合且易于获取的形式采用当地语言进行披露，并考虑那些受到项目特别或较大影响群体的具体信息需求（例如残疾、读写能力、性别、流动性、语言差异以及获取能力）。

（二）环境评价机制

加入世界银行前的中国，刚刚进行改革开放，百业待举。那时中国还没有先进的项目管理经验，还没有把环境因素纳入项目的考虑范畴，不可避免地同很多发展中国家一样，走了"先污染，后治理"的弯路。而世界银行项目将环境评价工作纳入项目可行性研究的一个重要组成部分，对规划或在建项目实施后可能造成的影响进行分析、预测和评估，提出预防或者减轻负面环境影响的对策和措施，实时跟踪监测项目地区的环境变化。世界银行所强调的"早期介入"的项目管理理念，为中国的项目管理带来了启示和管理要求。世界银行贷款项目的环境评价政策为中国的项目管理树立了典范，极大地推动了中国环保事业的发展。例如，世界银行技术援助项目帮助中国制定各种环评导则，颁布了包括《环境影响评价》在内的一系列法律法规，完善了环保法律体系，加强了许多环评机构的能力建

设。在世界银行的大力推动下，中国各级政府加深了对环境问
题的认识，高度重视环境的保护和发展。中国许多内资项目均
采用世界银行的环境评价要求与做法，一些能给地方带来经济
拉动的项目，因为欠缺考虑环境因素而得到有效制止，这从一
定程度上确保中国项目在环境方面的可持续性发展①。

1. 环境和社会风险与影响的评价管理

《环境和社会标准1》规定，在世界银行通过投资项目融资
所支持的项目的各阶段，借款国对环境和社会风险与影响负有
评价、管理和监测的责任，以取得与《环境和社会标准》相符
的环境和社会成果。这些环境和社会标准通过风险管理，以结
果为导向的方式，帮助借款国管理项目的风险和影响，并改善
环境和社会绩效。每一项环境和社会标准都对项目的预期结果
做出说明，并提出具体要求，用来帮助借款国采取适合项目性
质和规模、与项目的环境和社会风险与影响程度相一致的方法
来实现目标。在评价、拟定和实施投资项目融资支持的项目时，
借款国可与世界银行达成一致意见（在可行的情况下），全部或
部分采用借款国的国家环境和社会框架来应对项目的风险和影
响。前提是此举能够使项目实现与《环境和社会标准》实质性
一致的目标。这一政策的目标是：

（1）按照符合《环境和社会标准》的方式识别、评价和管理
项目的环境和社会风险与影响。

（2）采用管理及减缓措施排序的方式，以便：

① 预测并避免风险和影响；

② 若无法避免，应尽可能地将风险和影响降低或减少

---

① 谢世清、李丽霖：《世界银行在中国公共投资项目管理中的十大制度创新》，《财政研
究》，2012年第11期。

到可以接受的水平；

③ 当风险和影响有所降低或减少后，进行缓解；

④ 在技术和财务上可行的前提下，如果仍然存在显著的残余影响，应对影响予以补偿或抵消。

（3）实施有区别对待的措施，以确保不利影响不会落在弱势个人或群体身上，同时确保他们在享有发展效益和发展机会时占据有利地位。

（4）在项目的评价、制定和实施过程中，可适时适当采用国家环境和社会制度、体系、法律、法规和程序。

（5）采用认可并加强借款国能力的方式，促进借款国环境和社会绩效的改善。

借款国按照世界银行可接受的方式和时间在整个项目周期中评价、管理和监测环境和社会风险与影响，确保其符合《环境和社会标准》的要求。借款国将：

（1）针对拟议项目开展环境和社会评价，包括利益相关方参与。

（2）根据《环境和社会标准10》开展利益相关方参与活动并发布适当的信息。

（3）制定《环境和社会承诺计划》，并实施法律协议，包括《环境和社会承诺计划》中的所有措施和行动。

（4）根据《环境和社会标准》，监测并报告项目的环境和社会绩效。

在《环境和社会承诺计划》中要求借款国计划或采取具体措施或行动，避免、最小化、减少或缓解项目在特定时间段的特定风险和影响的情况下，借款国在制定和实施《环境和社会承诺计划》规定的相关计划或措施之前，不得开展与项目相关

的、可能导致发生实质性不利的环境或社会风险及影响的任何
活动或行动。若项目包含的现有设施或活动在董事会批准时未
能满足《环境和社会标准》的要求，借款国应采用并实施世界
银行认可的措施，以便根据《环境和社会承诺计划》，使此类现
有设施和活动的具体细节满足《环境和社会标准》的要求。[①]

2. 资源效率与污染预防管理

《环境和社会标准3》认识到经济活动和城市化通常会对空
气、水和土地造成污染，并可能以威胁当地、区域或全球人类、
生态系统服务和环境的方式消耗有限的资源。目前和预计的温
室气体浓度威胁着目前和未来几代人的福利。与此同时，更加
高效且有效的资源利用、污染预防及温室气体排放防止技术和
做法已经变得越来越容易获取和实现。《环境和社会标准》根据
良好国际行业实践规定了在整个项目周期内有关资源效率和污
染防治管理的要求。其目标是[②]：

（1）促进资源，包括能源、水和原材料的可持续利用。

（2）通过避免或尽可能降低项目活动产生的污染来避免或
尽可能降低对人体健康和环境造成的不利影响。

（3）避免或尽可能减少项目相关的短期和长期气候污染物
的排放。

（4）避免或尽量减少有害废物和无害废物的产生。

（5）减少和管理与农药使用相关的风险和影响。

借款国将考虑环境条件，并根据管理及缓解措施排序，应
用技术和经济上可行的措施来提高资源效率和防治污染。该措
施将与项目相关的风险和影响相当，并首先和《环境、健康与

---

① 世界银行官网：《世界银行环境和社会框架》，2017年，https：//www.worldbank.org/。
② 同上。

安全指南》及良好国际行业实践保持一致。

在资源效率方面：借款国应实施技术和财务上可行的措施，提高其在能源、水和原材料以及其他资源的利用效率。此类措施应将清洁生产原则纳入到产品设计和生产当中，以保护原材料、能源和水以及其他资源。如果有基准数据可用，借款国应进行对比，以确立相对效率水平。

在污染预防和管理方面：借款国应避免排放污染物，若无法避免，则应根据国家法律或《环境、健康与安全指南》（以更严格者为准）中规定的绩效等级和措施最大限度地降低或控制排放浓度和总量。这一要求适用于在正常、非正常运行以及意外情况下释放到大气、水体以及土壤之中并可能造成当地、区域或跨境影响的污染物。若项目涉及历史性污染，借款国应制定相关程序确定责任方。若历史性污染可能对人体健康或环境构成重大威胁，借款国应针对受威胁社区、工作人员和环境污染开展健康和安全风险分析。项目现场的任何整治应适当地符合国家法律和良好国际行业实践（以更严格者为准）①。

3. 生物多样性保护和生物自然资源的可持续管理

《环境和社会标准6》认识到保护生物多样性及生物自然资源的可持续性管理是实现可持续发展的根本所在。生物多样性是指来自所有资源，特别是陆地、海洋和其他水生生态系统的生物及其所属生态综合体的多样性。生物多样性包括物种内、物种间及生态系统的多样性。人类所重视的生态系统服务往往是以生物多样性为基础的。《环境和社会标准6》还认识到需要考虑受影响各方（包括原住民）的生计，包括在获取或利用生

---

① 世界银行官网：《世界银行环境和社会框架》，2017 年，https://www.worldbank.org/。

物多样性或自然资源方面可能受项目影响的原住民。还要考虑受影响各方（包括原住民）在生物多样性保护和自然资源的可持续性管理方面可能发挥的积极作用。其目标是：

（1）保护和保存生物多样性和栖息地。

（2）在设计和实施可能对生物多样性产生影响的项目时应用管理及缓解措施排序和预防的方式。

（3）促进生物自然资源的可持续管理。

（4）通过将保护需要和发展优先事项相结合的做法，支持当地社区（包括原住民）的生计并支持包容性经济发展。

在保护生物多样性和栖息地方面：世界银行的《环境和社会标准》要求基于它们的敏感性和价值对栖息地采取不同的风险管理方法。《环境和社会标准》的要求适用于所有栖息地，包括"被改变的栖息地""自然栖息地"和"重要栖息地"，以及"法律保护及国际和地区公认的生物多样性价值区域"（可能包括任何或所有这些类别）。如果在评价过程中确定了自然栖息地，借款国将依据管理及缓解措施排序寻求避免对自然栖息地的不利影响。若项目有可能对自然栖息地产生不利影响，借款国不会实施任何与项目相关的活动，除非：

（a）没有其他技术或经济上可行的替代方案。

（b）借款国应根据管理及缓解措施排序制定适当的缓解措施，实现生物多样性后无净损失，在长期内实现净收益（如果可行）。如果已尽最大努力避免、减少或减轻影响，而残余影响仍然存在时，在利益相关方支持和适当的情况下，缓解措施可能包括遵守"类似或更好"原则的生物多样性补偿。

在法定保护区和国际认可的具有高度生物多样性价值的区域方面：世界银行规定，若项目发生在法定保护区或国际认可的区域或指定的保护区，或项目可能对这个区域产生不利影响，借款国将确保从事的所有活动符合本地区的法定保护状态和管理目标。借款国还将确定和评估项目的潜在不利影响，实施管理及缓解措施排序，预防或缓解项目对该区域的完整性、保护目标或生物多样性重要性的不利影响。借款国将满足本《环境和社会标准》第 13 至 25 条的要求。另外，借款国应：

（a）证明此类区域中的拟开发项目已获得法律许可；

（b）项目操作方式应符合政府认可的此类区域管理计划的要求；

（c）在适当的情况下，就计划、设计、执行、监测和评价拟定项目与保护区的主办方和管理方、受项目影响的各方（包括原住民以及其他利益相关方）进行磋商；

（d）酌情实施额外计划，以促进和加强保护目标和保护区的有效管理。

在外来入侵物种方面：借款国不得故意引入任何新的外来物种（目前还未确认出现在项目所在国家或区域的），除非该行为符合现有物种引入监管框架。尽管有上述规定，借款国不得故意引入任何具有高入侵风险的外来物种，不论这类引入是否为现有监管框架所允许。所有外来物种引入必须进行风险评价（作为借款国环境和社会评价的一部分），确定该物种是否具有潜在侵略性。借款国应采取措施避免可能的偶然或无意的物种引入，包括可能滋生外来物种的培养基和生物媒介（例如土壤、压舱物及植物材料）运输。如果拟议项目所在的国家或地区已经存在外来入侵物种，借款国应尽力确保这些物种不扩散到其他区域。在可行的情况下，借款国应采取措施将这些物种从借款国具有管理控制权的自然栖息地中清除。

在生物自然资源的可持续管理方面：借款国将通过良好管理实践和现有技术，以可持续方式对自然资源进行管理。如果这些初级生产实践已纳入全球、地区或国家认可的标准条文中，特别是对于规模经营的业务，借款国将与世界银行商定适用的标准。如果项目所在国家没有适用于特定自然资源的相关标准，借款国应采用良好国际行业实践。如果项目涉及收获自然资源，借款国应要求以可持续的方式管理这些资源。特别是当森林和水生系统是这些资源的主要提供者时，需要按照下面的规定进行管理：

（a）对于涉及工业规模商业性森林采伐作业的项目，借款国将确保此类作业通过独立的森林认证体系认证，或遵守世界银行可接受的有时限的分阶段行动规划，来实现此类系统的认证。

（b）对于涉及由小型生产者、社区森林管理下的当地社区或联合森林管理安排下的实体进行的森林采伐作业的项目，若这些作业不与工业规模作业直接相关，借款国应确保：（Ⅰ）已达到为确保受项目影响的各方，包括原住民的有效参与而制定的可持续森林管理标准，符合可持续森林管理的原则和标准，即使其并未经正式认证；或（Ⅱ）遵守达到这类标准的限时行动规划。借款国应制定世界银行认可的行动规划，确保受影响各方的有效参与。借款国应确保对受影响的各方有效参与的所有作业活动进行监测。

（c）对于涉及工业规模捕捞鱼类种群和所有其他类型的海洋和淡水生物的项目，借款国应表明，它们的活动是以可持续的方式进行的，符合可持续捕捞的原则和标准①。

---

① 世界银行官网：《世界银行环境和社会框架》，2017年，https：//www.worldbank.org/。

四、 项目的公众参与机制

（一） 公众参与机制

传统公共投资项目从项目的评估、决策到施工、监管均由政府行政指令决定，由指定的设计院、承包商和主管部门分别负责项目设计、施工和监管。这种项目管理方式最大的问题在于行政色彩过浓、缺乏群众的积极参与。[①] 世界银行认为，项目中的公众参与不仅对减贫、改善环境、促进社会发展至关重要，还可以增加项目目标的明确性，提高项目的最终成效。因而，世界银行贷款项目明确要求从项目设计到施工，均充分体现"公众参与"的理念，要求充分了解受影响群体和非政府组织的意愿。

公众参与制度有以下四点优势：

（1）有利于确保资金的合理使用，发挥投资的带动作用；

（2）有利于提高决策的科学性、民主性和决策质量；

（3）有利于提高政府决策的公开透明度，发挥群众的监督作用，减少和防止项目决策中腐败事件的发生；

（4）有利于平衡多元化利益，减少项目决策过程中的矛盾冲突。

世界银行贷款项目成功地将公众参与制度引入中国，产生了显著成效。[②] 例如，世界银行贷款援助的昆明市轨道交通项

---

① 谢世清，李丽霖：《世界银行在中国公共投资项目管理中的十大制度创新》，《财政研究》，2012 年第 11 期。

② 同上。

目，在项目准备和设计阶段以灵活多样的方式，向项目涉及的各利益相关群体发布项目建设信息，征求不同性别、不同年龄、不同阶层、不同出行方式的昆明市民对线路走向、站点设置、出口设计、交通组织、建设管理、受影响居民及企事业单位的补偿与恢复等方面的建议和意见。在项目建设的过程中，通过公众参与，动态收集项目实施阶段各利益方的抱怨、意见和建议，发现潜在的问题，寻求合理解决问题的途径，保障项目建设的顺利实施，实现项目社会价值的最大化。

（二）申诉赔偿服务

申诉赔偿服务（GRS）是人民和社区在认为世界银行资助的项目已经或可能对其产生不利影响时，直接向世界银行提出申诉的渠道。小组委员会确保在公司层面收到的投诉得到迅速和积极的处理，促进对话和解决问题，以及应用相关的争议解决工具。投诉服务的目标是帮助确保迅速解决对项目相关的投诉，让受项目影响的社区或个人能及时并方便告知，使世界银行做出更好的反应。GRS 的活动和投诉处理流程以 GRS Bank 的程序为指导。投诉可容许标准：

（1）所提出的问题与世界银行资助的一个项目有关；

（2）申诉是由个人或社区或其代表提出的，他们认为自己是或可能受到世界银行资助的一个项目的影响；

（3）投诉书中必须有关于由世界银行资助的一个项目所造成的运营损害的指控。

中国在引入世界银行的申诉赔偿服务后，在项目实施中，不仅为受项目影响的利益相关方提供了良好申诉渠道，而且还能让人民群众真真正正地感受到社会发展给他们生活带来的幸福感。此外，中国现在还建立了群众投诉制度，根据《信访条例》，群众可以通过群众来电、来信及来访等渠道进行举报和投诉。对于群众举报、投诉反映的问题，必须严肃认真、正确处理；实事求是，秉公办案；不徇私枉法、不拖延积压，积极为人民群众排忧解难。

五、　项目的监督机制

（一）独立工程监理制

引进世界银行贷款之前，中国实行的是封闭式的管理体制，建设项目由政府统一安排，工程实施下达指令性计划。建设单位和施工单位事实上是一体的，不是经过投标选择承包方的市场经济行为。这种方式存在技术不达标、材料不合格以及沟通不协调等诸多弊端。世界银行在土建工程项目中率先引入了独立工程监理制度，即由第三方企业监督合同双方的行为，确保合同能全面履行。这种监理制度强调：

（1）全过程监理，即第三方监理机构应当对项目的初期勘察、设计和施工等全部环节进行有效监督；

（2）全方位监理，包括控制工程投资、工期、质量和安全，管理施工信息和建立合同，以及协调和处理纠纷；

（3）独立监理，监理方是独立于业主和承包商的第三方实体。

作为世界银行项目管理制度的重要组成部分，独立工程监管制度在中国获得了巨大的成功。该制度提高了工程质量，确保了项目进度，改善了施工安全，缓解了业主与承包商之间的矛盾。例如，京津塘高速公路项目招标聘请中外联合咨询公司作为项目的独立监管机构，对项目进行全过程、全方位的监督评审，获得了极佳的效果。在世界银行项目的示范效应下，中国政府相继出台了《建筑法》《工程监理企业资质管理规定》《建设工程监理规范》等一系列的法律法规，将工程监理制度正式纳入中国土建工程建设的管理规范，并在全国范围内加以推广实施。[①]

（二）项目监测评价

在传统公共投资项目中，政府同时作为项目业主和项目管理者，往往缺乏对项目全过程的监督与评价，从而导致项目进度和项目质量得不到有效控制，项目资金难以及时到位，项目内容无法实现灵活适当的调整。为此，世界银行贷款项目率先将监测评价（Monitoring and Evaluation，M&E）的理念和实践带到中国。M&E是指从项目的进度与质量、投资收益、经济效益、社会效益和环境生态效益等方面进行全面监测，以总结、分析和评价项目执行过程中的成功经验和不足之处，准确地反馈项目执行中的信息，为项目管理人员提供决策依据，确保能够采取有效措施顺利实现项目目标。M&E包括项目执行期间的定期监测、中期评价、项目完成时的自我评价以及完成后的第三方独立评价。项目监测一般采用检查监督团、进度监测和第三方专题监测等方式。项目评价采用自我评价和独立评价相结

合的方式。世界银行 M&E 具有规范化、贯穿始终、指标适度
以及层次清晰等特点。M&E 不仅有利于项目管理者及时发现和
解决存在的问题，客观地评定项目目标的实现程度及其影响，
而且对促进项目有条不紊的实施具有显著作用。目前有许多内
资项目也借鉴和采用了世界银行的 M&E 方法来进行项目管理，
从而极大地提高了项目管理水平。[①]

---

① 谢世清，李丽霖：《世界银行在中国公共投资项目管理中的十大制度创新》，《财政研
　究》，2012 年第 11 期。

第五章
中国世界银行贷款项目的公众参与机制

一、 公众参与的理论界定

（一） 国外研究概述

公众参与的研究发源于 20 世纪 50 年代，最早由 Mills 和 Scoll 提出给予公众更多的参与决策权以改变官僚封闭系统决策方式，Lynd 等则要求政府在更大范围和层面上实现公众决策和管理。迄今为止，公众参与已经逐渐扩展到立法领域、行政决策和政府管理领域以及基层治理方面，并对工作顺利开展和社会和谐发展发挥了积极的作用。[①]

公众参与指的是通过一系列的正规和非正规的机制直接使公众介入决策。（Sewell. Coppock，1977）公众参与是项目方或评估工作组同公众之间的一种双向交流，其目的是使项目能够被公众认可并提高项目的社会和经济效益。公众参与是建立各种利益平衡，是寻求利益共存或妥协的方式和途径，是减少因

---

① 王芳：《公众参与环境保护理论与实践》，硕士学位论文，西南交通大学，2008 年。

项目的巨大利益冲突引发的社会矛盾，是环境法律制度得到顺利实施的手段。公众参与强调在发展过程中各利益相关者平等互动关系，使所有利益相关者能建立起一种平等、相互尊重的伙伴关系，使所有利益相关者在决策过程中都可以介入，为发展做出自己的贡献，并分享发展带来的利益。[①]

关于公众参与的定义，从国际文献中概括起来主要有以下几种：

（1）市民参与是对权利的再分配，这种再分配能够使在目前的政治及经济过程中被排除在外的贫困者在将来被包括进来。

（2）公众参与是人们对国家发展的一些公众项目的自愿的贡献，但他们不参与项目的总体设计或者不应该批判项目本身的内容。

（3）公众参与指的是通过一系列的正规或非正规的机制直接使公众介入决策。

（4）对于农村发展来说，公众参与包括人民决策的过程，在项目实施中，在发展项目的利益分享中，以及在对这些项目的评估中的介入。

（5）公众参与涉及人们在给定的社会背景下为了增加对资源及管理部门的控制而进行的有计划、有组织的努力，这些人在过去是被排除在对资源及管理部门的控制之外。

（6）公众参与是受益人影响项目的实施及方向的一种积极主动的过程。这种影响主要为了改善和加强他们自己的生活条件，如收入、自立能力以及他们在其他方面追求的价值。

---

① 王芳：《公众参与环境保护理论与实践》，硕士学位论文，西南交通大学，2008年。

公众参与能带来以下好处：实施执行决策时具有高度的承诺及能力；更大的创新及许多新的想法和主意；鼓励动力的产生和责任感。公众参与是对产生利益的活动进行选择及努力行动之前的介入。公众参与可被定义为在决策过程中人们自愿的、民主的介入，这种行动是自我产生的，并且是基于对生产资源及服务可使用的基础上，而不仅仅是劳动的介入。同时，也基于在起始阶段的援助及支持以促进并维持发展活动计划。参与式是一个过程，通过这一过程，相关者共同影响和控制发展的导向、决策权和影响到他们的资源。Brahman John 在《大众发展学》一书中，将参与性的基本特征归纳如下：社区的决策角色；项目中的公平收益；社区对决策有贡献；社区不单有自愿的贡献，同时亦有控制权。对决策权的不同认识，参与性又可以分为两类："真参与"——当地人能民主地控制项目的决策权；"假参与"——项目实施根据外来者事先决定了的计划进行。①

（二）国内研究概述

公众参与的概念和理论开始传入中国大约是在 20 世纪 80年代后期到 90 年代初期之间，但真正被广泛关注并被逐步重视却是在 21 世纪初期。公众参与在中国仅仅存在部分地方性实践，对这一理论的研究仍存在公众参与概念的模糊和科学的确定性。所以提到公众参与的时候，人们甚至一些学者往往只想到公众参与的一些表面现象，例如公示、听证、咨询、公开

---

① 王芳：《公众参与环境保护理论与实践》，硕士学位论文，西南交通大学，2008 年。

征求意见等，真正了解其本意和实践的人并不多。[1]

　　俞可平教授是最早涉足公众参与研究的学者，他认为：公民参与又称公共参与、公众参与，就是公民试图影响公共政策和公民生活的一切活动。他指的公共参与是泛义上的一个概念，它包括：投票、竞选、公决、结社、请愿、集会、抗议、游行、示威、反抗、宣传、动员、串联、检举、对话、辩论、协商、游说、听证、上访等。

　　贾西津则引用美国学者和《布莱克维尔政治学百科全书》中的观点，把经典意义上的公民参与认为是公民通过政治制度内的渠道，试图影响政府的活动，特别是与投票相关的一系列行为。她认为全球治理变革进一步将公民政治参与提高到了更高的地位，公民参与内涵有三个方面的扩展：一是公民参与的法定性从民主选举向民主决策和民主管理的扩展；二是公民参与客体从政府政策目标向公共事务结果目标的扩展；三是公民的积极参与受到更多的强调，体现强势民主的发展。由此可见，她理解的公众参与从政治选举、影响政府决策的一切行为，发展到公共事务的民主治理。

　　王锡锌教授把公共参与定义为：在行政立法和决策过程中，政府相关主体通过允许、鼓励利害关系人和一般社会公众，就立法和决策所涉及的与利益相关或者涉及公共利益的重大问题，以提高信息、表达意见、发表评论、阐述利益诉求等方式参与立法和决策的过程，并进而提升行政立法和决策公正性、正当性和合理性的一系列制度和机制。[2]

---

① 石峡：《土地整治公众参与机制研究》，博士学位论文，中国农业大学，2015 年。
② 同上。

蔡定剑对公众参与在中国的发展的研究中指出，公众参与在中国的兴起有其必然的社会政治发展逻辑。即随着市场经济的改革和发展，公民财富和利益也日益增加，独立、多元的经济主体逐步成长并壮大，这就必然产生独立和多元的权利诉求。但以管制为目的的旧法治已经严重不适应这种变化，加之政府在市场化过程中自身已被利益化，导致公器私用侵害公民权利的情况日益严重。如城市拆迁和农村征地过程中的利益冲突等就体现了这样的矛盾。这种利益和权利诉求之间的冲突，使民间社会开始要求参与公共事务决策，以及参与行政执法和对政府的监督。与此同时，公众参与在政治上得到了领导层的认同，这成为公众参与在中国得以较快发展的重要原因。

公众参与在国内具有以下特征：第一，外力推动，即自下而上、由外至内的力量影响政府开放公众参与的推动性；第二，媒体传动性，即媒体在公众参与的推动中起着关键性的推动作用；第三，政府对公众参与把握的尺度。蔡定剑认为有效的公众参与应具备三个方面的制度条件：一是以选举为基础对公民负责任；二是较高的政府信息公开和透明化程度；三是公民社会的形成。[1]

二、 世界银行贷款项目的公众参与

（一） 项目管理中的公众参与

自 1945 年国际复兴开发银行（IBRD）成立以来，世界银行在

---

[1] 石峡：《土地整治公众参与机制研究》，博士学位论文，中国农业大学，2015 年。

许多发展中国家组织实施过各类建设项目，总结和积累了一整套项目设计、项目管理和项目后期评价的理论与方法，目前已经相当系统、严密，实践证明也是行之有效的，其中很多内容构成了国际工程管理的惯例。世界银行认为贷款项目中的"公众参与"是确保发展中国家长期可持续发展的关键，对于扶贫、改善社会公平和加强环境管理至关重要，可以极大地提高发展项目的效果，因此在其贷款项目中对"公众参与"提出了明确的要求，并将"参与式发展"的理念贯穿于项目建设的始终。

世界银行 1981 年将公众参与作为一项世界银行政策予以实施，在其《工作运行指令》O. D4. 00 附件 A《环境评价》中明确提出，"世界银行期望借款方在项目设计和执行，特别是在制定环境影响评价时，充分考虑受影响群体和非政府组织的意见"。这项政策鼓励社团参与世界银行贷款支持的项目。此后，又在《工作运行指令》O. D2. 20、O. D4. 50、O. D10. 70 等文件中进行了相应的完善与补充。

1990 年 11 月，世界银行成立了一个参与式发展学习小组（The World Bank's Learning Group on Participatory Development），小组认为当前世界银行面临的挑战是如何提高项目实施过程中对参与的支持力度。1994 年，世界银行组织全球 200 多名内部职员以及 60 名非世界银行职员讨论形成了一份关于参与式发展的报告（*The World Bank and Participation*，1994），提出了沿用至今的对参与的定义，即"参与是这样一个过程，项目利益相关群体能够通过它影响共同控制涉及他们的发展介入、发展决策和相关资源"（*Maria Aycrigg*，1998）[1]。

1996 年世界银行出版了专门的《世界银行参与手册》

---

[1] 杨秋波，张水波：《世界银行项目管理中公众参与的技术与工具》，《项目管理技术》，2008 年第 9 期。

(*The World Bank Participation Sourcebook*，1996），总结世界银行实施参与式发展项目的经验和教训，指导如何在项目周期中具体落实。世界银行公众参与分为三个层次：项目、规划以及政策。目前，大部分的公众参与内容集中在项目层次，随着世界银行新的运营政策——OP/BP 8.60 的出台，将更加重视在宏观及政策层面的参与。公众参与项目规划及实施可扩大收益人群，提高项目的执行力和责任性，减轻对环境及社会的冲击。

（二）项目各阶段中的公众参与

世界银行要求在受援国政府和其他利益相关者开展合作的基础上制定《国别援助战略》，从而设计出能够取得最显著影响的方案，并要求双方开展伙伴合作牵头管理和协调援助项目。该阶段公众参与主要形式为团体参与。《国别援助战略》制定后，世界银行和借款国将会提出潜在项目设想，经过初步环境筛查后，将确定是否要对建议项目进行环境评价。该阶段的主要文件包括项目信息文件（PID）、安全保障问题综合资料表（ISDS）、环境评价报告（EA）、少数民族计划及环境行动计划等。①

ISDS 涉及自然栖息地、病虫害管理、文化财产、非自愿移民、少数民族、大坝安全、在国际河道上实施的项目以及在有争议地区实施的项目等问题。EA 分析一个项目的潜在环境影响及为缓解可能的危害而需采取的步骤。少数民族计划识别对少数民族健康、生产资源、经济和文化产生的潜在影响。环境行

---

① 中国论文网：《世界银行贷款项目中公众参与的思想范围及启示》，2007 年，https：//www. xzbu. com/2/view-665444. htm。

动计划描述一国存在的主要环境问题，确定问题的主要原因，叙述处理这些问题所需的政策和具体行动。在编制该文件的过程中，由于涉及不同利益群体，因此采取广泛的公众参与，其中环境评价是公众参与的重点[①]。

世界银行业务手册 OP4.01 中设有"公众协商"部分，提出：对所有拟由国际复兴开发银行（IBRD）或国际开发协会（IDA）资助的 A 类及 B 类项目，在环境评价过程中，借款人需就项目所涉的环境诸方面问题与受影响的群体和非政府组织进行协商，并考虑他们的意见。借款人应尽早开展此类协商工作，对 A 类项目至少需要协商两次：一次是在环境筛选后不久，环评工作大纲最终确定之前；一次是在环境评价报告的草稿完成后。另外，借款人有必要在项目的整个实施过程中，就影响这些群体的环境问题与他们商议。通过环境筛选，世界银行将确定每一拟议项目环境评价的范围和种类。如果拟议项目将会产生重大的不良影响，而且这些影响是敏感、多种或空前的，同时有可能超出工程的现场或设施范围，则将该项目划为 A 类。信息公开是公众参与的基础和有效保证，世界银行还进行了专门的规定。[②]

三、 中国世界银行贷款项目的公众参与

（一） 公众参与的机制

世界银行项目中的公众参与是一个信息共享—咨询—协

[①] 杨秋波，张永波：《世界银行贷款项目中公众参与的思想范围及启示》，2007 年，https://www.xzbu.com/2/view-665444.htm。

[②] 同上。

商一赋权的过程，与国内项目不同的是，公众全过程参与、公众参与过程中信息发布更为充分、咨询方式更为多样，而且建立了申诉机制。从世界银行项目公众参与的模式来看，它确实提高了公众参与的程度，具有较强互动性，能较真实地反映公众的意愿。世界银行项目中的公众参与对中国主要有三方面的影响：

一是推动中国绿色发展。世界银行项目对建设项目环境影响评价的公众参与予以高度的重视，真正体现了环境评价是以人为本的评价宗旨。中国的环境评价目前要求还没有那么高，今后应借鉴世界银行对公众参与的要求，逐步与先进国家环境评价接轨，真正落实"环境影响评价法"对公众参与的要求，使环境影响评价制度发挥更大的作用，保护我们的生存环境。在建设"美丽中国"的战略背景下，科学地把握当今世界和新时代中国的发展趋势，不断强调绿色发展理念，世界银行贷款中的公众参与带给我们的启示，使中国不断地借助普通民众、专业环保机构、大众媒体等各方力量进行环境治理，减缓在发展过程中出现的环境污染问题，以巩固经济、政治领域改革的成果。

二是对社会的稳定起到了积极作用。公众参与是人民当家做主的根本体现，是管理走向治理的根本要素。习近平总书记曾指出：人民当家做主是社会主义民主政治的本质和核心。社会主义社会的"国家治理能力"，最根本的体现就是人民是国家的主人，人民满意是国家治理水平的基本体现。公众参与体现了人民当家做主，强调了政治上的民主化。虽然公众参与工作给政府部门增加了工作量，但却有效地提高了政府部门在人民心中的威信，提高了工作效率和质量，对社会的稳定起到了积极作用。

三是促进社会公平正义。公众参与是社会公平正义的具体体现，是良法善治的保障。作为人类的共同政治价值和社会主义核心价值，公平正义是社会的政治利益、经济利益和其他利益在全体社会成员之间合理而平等的共融，意味着权利的平等、分配的合理、机会的均等和司法的公正。社会主义的改革与发展，就是一个逐渐把社会主义的价值在制度上具体落实的过程，而公众参与正是社会公平正义的具体体现，是促进民主化、科学化，提升决策透明度的必经途径。

中国目前公众参与主要应用于城市规划、环境保护及土地利用总体规划等方面，从一个角度体现出公众参与在中国发展具有相当大的潜力。在城市规划方面，《城乡规划法》的八个条款都有关于公众参与的规定，但多数还是弹性条款，如第46条规定"省域城镇体系规划、城市总体规划、镇总体规划的组织编制机关，应当组织有关部门和专家定期对规划实施情况进行评估，并采取论证会、听证会或其他方式征求公众意见"。这里对一些关键的规划程序并没有保证利害关系人的参与规定。政府主导的公众参与主要有两个环节：一是环境影响评价，二是环境许可听证。在环境影响评价方面，法律有明确的规定，"国家鼓励有关单位、专家和公众可以以适当方式参与环境影响评价"，"对可能造成不良环境影响并直接涉及公众环境权益的规划，应当在该规划草案报送审批前，举行论证会、听证会，或者采取其他形式，征求有关单位、专家和公众对环境影响报告书草案的意见"。从这些规定中可以看出，尽管公众参与的作用得到了体现，但遗憾的是，征求公众意见并没有单列作为一项必备程序，而政府部门更习惯的办法是以专家座谈会取代公众意见。公众作为利益相关方，显然参与的程度不够。[①]

（二）公众参与的成功案例

公众参与的调查分析和社会评价工作是目前国际上项目建设前期论证和设计的重要组成部分，对项目建设的设计、修改和完善具有重要的指导意义。近几年来，国内的工程建设项目尤其是基础设施建设项目已经开始逐步引入公众参与机制，特别是受世界银行贷款资助的城市基础设施建设，公众参与的结果都很好地完成了完善项目设计的作用。为维护受影响人员合法权益，减少不满和争议，听取受影响人员的意见和建议，做好项目的实施组织工作，以实现妥善安置受影响人员的目标，在项目准备和实施期间进行公众参与是十分必要的。

我参与完成了辽宁社会科学院世界银行项目课题组做的"太原市首次利用世界银行贷款进行的城市交通项目"，进行了公众参与调研咨询服务和社会评价工作。这项工作主要包括前期准备工作、现场调查工作、后期统计分析和撰写报告及修改工作等三个阶段。前期准备工作从 2006 年下半年已经开始；现场调查工作从 2007 年 5 月下旬开始进行，6 月上旬结束；后期统计分析撰稿工作主要在 6、7 两个月内进行。具体调研分析报告如下：

---

① 石峡：《土地整治公众参与机制研究》，博士学位论文，中国农业大学，2015 年。

世界银行贷款太原城市交通项目
首次公共参与调查分析报告

前言：

太原是山西省省会，是山西省政治、经济、科技、文化、教育、交通、信息中心，位于省境中央，太原盆地北端，于华北地区黄河流域中部，西、北、东三面环山，海拔约 800 米，地理坐标为东经 $111°30'\sim113°09'$，北纬 $37°27'\sim38°25'$。区域轮廓呈蝙蝠形，东西横距约 144 公里，南北纵距约 107 公里，总面积 6 956 平方公里，下辖小店区、迎泽区、杏花岭区、尖草坪区、万柏林区、晋源区、古交市、阳曲县、清徐县、娄烦县，计 22 镇 61 乡和 50 个街道办事处。

本次世界银行贷款太原城市交通项目主要由道路网改善、公交改善、交通管理与道路安全、组织机构加强四个子项目构成。其中：道路网改善子项目，包括北中环和太行路两条道路的建设；公共交通改善子项目，包括公交专用道建设，主要道路公交港湾式停靠站建设，公交北营停保场，公交首末站以及公交调度中心系统建设等；交通管理与道路安全子项目，包括交通信号系统扩容、路段和交叉口交通组织改善、非机动车与行人设施、交通诱导系统、交通执法及道路安全教育等内容；组织机构加强子项目，包括技术研究、项目技术管理、人员技术培训、考察等。

太原市本次利用世界银行贷款进行城市交通项目建设

的公众参与调查主要包括前期准备工作和现场调查工作。前期工作主要包括问卷调查表、座谈提纲以及各项访谈提纲的设计和印制等进驻前的准备工作。现场调查工作从 2007 年 5 月 24 日开始进行，6 月 2 日结束，由辽宁社会科学院的 13 名专家组成 6 个调研组到太原市现场组织进行。

本次公众参与工作的方法主要包括问卷调查、公开座谈会和小组（个体）访谈等，其中：问卷调查主要包括调查员培训和入户问卷调查两项工作。调查员培训在 1 月 25 日、26 日和 5 月 25 日分两阶段进行。5 月 26 日和 27 日两天完成入户问卷调查。公开座谈会和小组（个体）访谈由辽宁社会科学院专家组组织进行，5 月 28 日开始，6 月 2 日结束。在现场调查过程中，太原市相关部门的工作人员和项目设计单位的技术人员以及各个社区的很多工作人员对本次公众参与工作给予了大力支持和配合。

本次公众参与调查最终形成有效问卷 2 048 份，并对公开座谈会和小组（个体）访谈进行了详细的文字记录和录音，形成了详细的记录材料、录音材料和现场工作照片。

1. 调研工作概况

1.1 过程

1.1.1 准备过程

本次公众参与调查的准备过程主要包括问卷调查表、座谈提纲以及小组访谈和个体访谈提纲的设计与印制，抽样方案的编制及实施，问卷调查员手册的编制等工作。

1.1.2　实施过程

本次公众参与的问卷调查工作的实施过程，是由问卷调查员按照抽样名单入户后进行一对一问答的方式进行，由调查员向被访对象发问，被访对象回答，然后调查员将被访对象的回答记录在问卷上；各种公开座谈会分别由辽宁社会科学院的两位专家组织进行，太原市项目办的工作人员和上海市政设计院的技术人员也参加了所有的公开座谈会，向公众介绍项目设计及项目情况，并在公开座谈会结束前对公众的意见进行反馈；辽宁社会科学院专家组织进行的公开座谈会及小组（个体）访谈，对公众的意见均进行了详细的记录和录音；太原市项目办在整个工作过程中给予了大力支持和协助。

1.1.3　分析过程

本次公众参与调查现场工作结束后，对回收的问卷调查表进行了录入，并对问卷结果进行了初步分析和检查，公开座谈会及小组（个体）访谈的记录结果也进行了整理和汇总。

1.2　设计

1.2.1　问卷设计

本次公众参与调查的问卷调查表经过多次修改，向世界银行专家及太原市项目办等多方征求意见，并最终经世界银行专家确认形成了《世界银行贷款太原城市交通项目首次公众参与问卷调查表》。

1.2.2　访谈设计

本次公众参与调查的小组（个体）访谈提纲经过多次

修改，向世界银行专家及太原市项目办等多方征求意见，并最终经世界银行专家确认形成了《男性组访谈提纲》《女性组访谈提纲》《残疾人访谈提纲》等访谈提纲。

1.2.3 座谈设计

本次公众参与调查的公开座谈会提纲经过多次修改，向世界银行专家及太原市项目办等多方征求意见，并最终经世界银行专家确认形成了《公开座谈会提纲》。

1.3 抽样

1.3.1 问卷抽样：样本规模、样本覆盖、样本代表性

本次公众参与调查的问卷调查主要在太原市内6个城区中进行，共抽出18个社区，每个社区抽出80—85个样本，共1500个样本左右，加上座谈和访谈的样本450个左右，共实际完成问卷1950份，样本数量及规模符合要求。本次问卷抽样完全采取随机等距抽样的方式，并在入户问卷调查时对年龄结构和性别结构进行了有效的控制，能够有效覆盖太原市各种出行方式的群体，具有较高的代表性。

1.3.2 访谈抽样：小组访谈、个体访谈、工商访谈

本次公众参与调查，在抽中的18个社区内还进行了小组访谈和个体访谈。小组访谈的参加者分别为男性和女性，每组都有不同出行方式的群体和弱势群体，如老人、进城务工人员、下岗失业人员、低保人员等。男、女组各5人，由太原市项目办的工作人员安排，社区工作人员协助按要求寻找符合条件的居民。最终完成小组访谈36组，共计180人。

个体访谈是指在进行小组访谈的同一社区内，每个社区找3名以上的人员，由调查专家到其家中进行一对一的深度访谈。主要是不便出行的残疾人或没有参加座谈而又有必要了解情况的人员。最终完成个体访谈54人。

工商业代表访谈主要是选择30家企业进行访谈，接受访谈人员是工商企业中有代表性的人员，如董事、经理或部门经理等。该访谈也以小组访谈的方式进行。最终完成工商业代表访谈40人。

1.3.3　座谈抽样：出行方式、弱势群体、性别

本次公众参与调查的公开座谈会在太原市6个城区抽中的18个社区内进行，由每个城区选出1个社区，各召开1次座谈会，每次30人，共6次。参加会议人员男、女各半，其中包括不同出行方式群体和弱势群体。出行方式包括步行、公交车、通勤车、自行车、私家车等。弱势群体包括下岗失业人员、离退休人员、进城务工人员、低保人员等。根据上述要求，在太原市项目办的帮助下，由社区工作人员按要求提供参会人员名单，并通知参会。会议全程有太原市项目办的工作人员和上海市政设计院的人员参加，向公众简要介绍项目设计并对公众意见进行综合反馈。最终完成公开座谈会6次，共180人。

1.4　组织

1.4.1　调查员选择、培训和规范（调查员手册）

经过比较挑选，本次问卷调查的调查员，最终确定为在山西财经大学统计学院本科生中挑选出100名来担当，并对这100名调查员进行了严格的培训。培训主要包括太

原市世界银行交通项目介绍、问卷的说明与解释、问卷调查员手册的说明与解释、入户技巧以及访谈技巧的培训。调查员之间一对一互相进行模拟调查并对调查员在模拟调查中发现的问题进行讨论和解答。发给调查员"调查手册"。

1.4.2 地方（政府、社区）的支持和保障

在本次公众参与工作中，太原市相关部门的工作人员在调查员组织和培训、入户问卷调查的进行、座谈访谈工作的顺利进行等方面对公众参与调查工作给予了大力支持和配合；社区的工作人员在带领调查员进行入户调查、协调联系召开座谈会、组织小组（个体）访谈的被访居民、安排座谈访谈地点（会议室）等方面也做了大量协调工作，这些工作都有效地保证了本次公众参与调查工作的顺利进行。

1.4.3 专家和调查质量的控制与监督

本次公众参与调查工作的问卷调查工作由辽宁社会科学院的12名专家组成6个专家组分别到每个社区现场组织进行，对入户问卷调查进行指导、监督和审核，有效地控制了问卷调查的调查质量。召开座谈会和小组（个体）访谈由辽宁社会科学院专家主持进行，有效地引导了会议的主题和进程，并有效地保证本次公众参与调查的调查质量。

1.5 结果

1.5.1 问卷数据：录入、检验、整理

本次问卷调查实际回收有效问卷2048份，辽宁社会科学院专家组对问卷进行了录入和最终审核检验，并对问

卷数据进行了初步整理和分析。

1.5.2　访谈资料：记录、录音、图像

在本次小组（个体）访谈进行过程中，专家组对访谈对象和参与者的意见进行并形成了详细的书面文字记录，对访谈对象和参与者的意见进行录音并形成了录音文件，对每一项访谈都进行了照相并形成现场工作图像。

1.5.3　座谈资料：记录、录音、图像

同样的，在本次公开座谈会进行过程中，专家组对访谈对象和参与者的意见进行并形成了详细的书面文字记录，对访谈对象和参与者的意见进行录音并形成了录音文件，对每一项公开座谈会都进行了照相并形成了现场工作图像。

1.6　对弱势群体的关注

本次公众参与调查对老年人、妇女、残疾人以及外来务工人员等弱势群体的意见予以较大程度的关注，在公开座谈会和小组访谈参会居民中，明确要求要有各种弱势群体的代表人员参与，针对行动不便的残疾人，还在抽中的 18 个社区内，每个社区分别进行了 3 户入户一对一的个体访谈，以保证较大程度地收集到弱势群体的意见。

2. 居民出行方式分析

2.1　主要出行方式

问卷调查的结果显示，太原市居民的出行方式以自行车、公交车和步行为主，其中自行车和公交车分别占到 32.7% 和 30.6%，步行占到 16.5%，这三种出行方式合计达到了 79.8%。

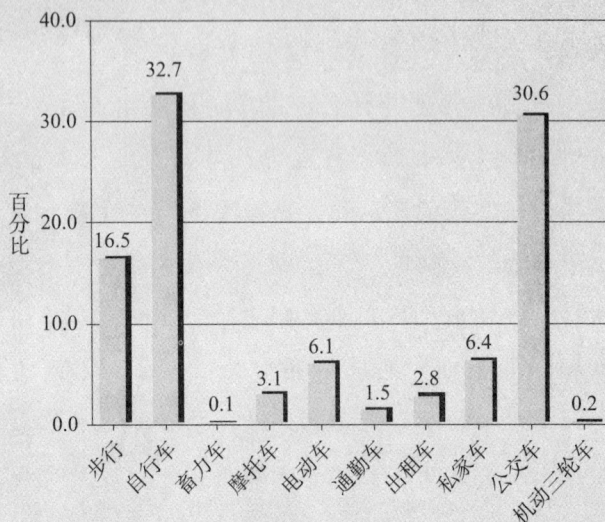

图 2-1　太原市居民主要出行方式分析

2.2　出行原因

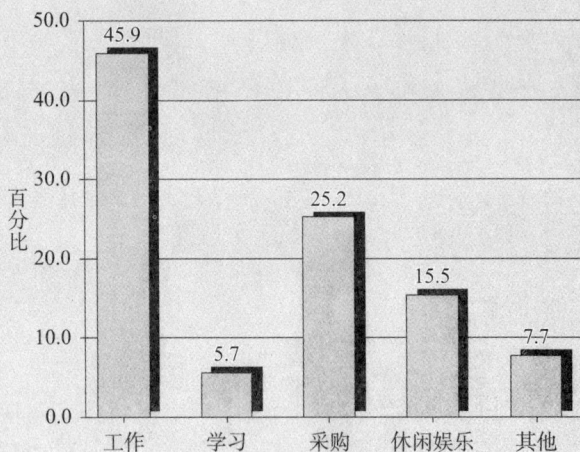

图 2-2　太原市居民主要出行目的分析

从上图可以看出，太原市居民出行的主要原因是工作，占到了45.9％，其次是采购和休闲娱乐，分别占到了25.2％和15.5％。这三项总和占到了86.6％，为了学习或者其他目的的出行仅占13.4％。

2.3　对乘坐公交出行的看法和态度

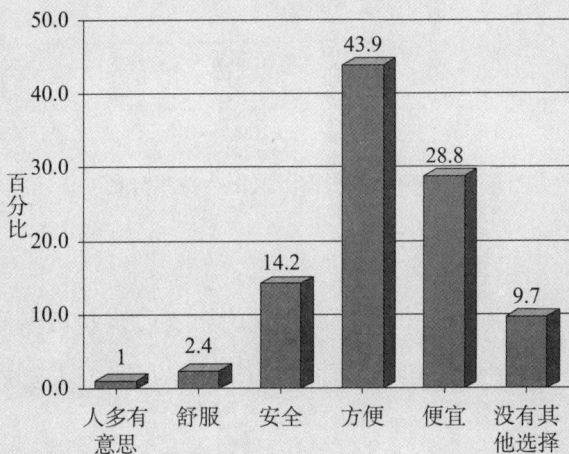

图2-3　太原市居民经常乘坐公交车的原因分析

从上图可以看出，太原市居民经常乘坐公交车出行的原因主要是方便、便宜和安全，分别占到了43.9％、28.8％和14.2％。

2.4　交通及出行费用

从下图可以看出，太原市居民用于交通或者出行的费用并不高，每周的平均交通费用主要集中在50元以下，达到了80.6％，其中有51.2％的居民每周所花费的交通费用在10元以内。

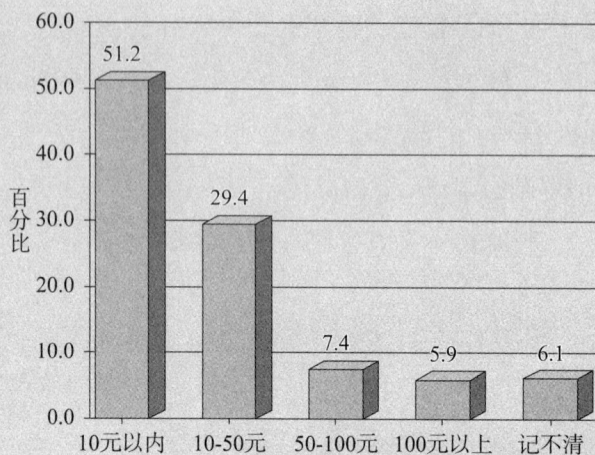

图 2-4　太原市居民出行费用分析

2.5　出行问题

在座谈及访谈中，太原市居民反映的出行遇到的主要问题有以下几个方面：

2.5.1　堵车现象

居民反映，现在太原市区内的路基本都堵车，主要是因为有些路段比较窄，车流量又很大，尤其是早、中、晚高峰期，堵车现象特别严重。

2.5.2　机非混行现象

居民反映，机动车与非机动车混行现象也比较严重，经常发生交通事故，尤其是骑自行车的居民，出行时非常担心自己的安全。

2.6　弱势群体出行分析

2.6.1　弱势群体出行方式

表 2 - 1　各种弱势群体的出行方式分析（单位：%）

出行方式 / 弱势群体	步行	自行车	畜力车	摩托车	电动车	通勤车	出租车	私家车	公交车	机动三轮车等	合计
老年人	35.7	18.5	0	0.6	2.8	0.3	3.4	1.5	37.2	0	100.0
残疾人	27.4	22.6	0	3.2	1.6	0	1.6	0	40.3	3.2	100.0
妇女	17.5	33.9	0	1.7	6.3	0.9	2.3	4.0	33.6	0	100.0
下岗失业人员	17.7	44.3	0	2.0	3.0	0	2.0	2.0	29.1	0	100.0
农民工	11.1	51.9	0	3.7	3.7	0	0	7.4	22.2	0	100.0

从上表可以看出，妇女的出行方式与全体抽样居民的出行方式比较接近，老年人和残疾人步行的比例更高一些，是除公交车之外最主要的出行方式，而下岗失业人员和农民工骑自行车出行的比例则更高一些，是他们最主要的出行方式。

2.6.2　弱势群体出行原因

表 2 - 2　各种弱势群体的出行原因分析（单位：%）

出行原因 / 弱势群体	工作	学习	采购	休闲娱乐	其他	合计
老年人	7.1	0.9	35.2	42.3	14.5	100.0
残疾人	25.0	1.6	34.4	18.8	20.3	100.0
妇女	40.5	4.7	32.9	14.0	7.8	100.0
下岗失业人员	30.9	3.9	38.7	13.2	13.2	100.0
农民工	40.7	7.4	33.3	11.1	7.4	100.0

从上表可以看出，与其他弱势群体不同的是，老年人最主要的出行原因是休闲娱乐和采购。残疾人、妇女、下

岗失业人员和农民工出行的主要原因则是工作和采购，休闲娱乐的比例较低。

2.6.3 弱势群体对公交出行的看法和态度

表2-3 各种弱势群体对公交出行的看法和态度（单位：%）

对公交出行的看法和态度 弱势群体	人多有意思	舒服	安全	方便	便宜	没有其他选择	合计
老年人	1.3	4.2	16.7	44.9	23.1	9.9	100.0
残疾人	1.9	1.9	0	35.2	44.4	16.7	100.0
妇女	0.8	2.5	14.5	46.3	28.0	7.9	100.0
下岗失业人员	1.0	1.5	17.9	39.8	27.6	12.2	100.0
农民工	0	3.8	15.4	50.0	26.9	3.8	100.0

从上表可以看出，各种弱势群体对乘坐公交的看法和态度主要是方便和便宜，值得注意的是，妇女、老年人、下岗失业人员和农民工这四类弱势群体认为安全的比例也较高，均在15%左右，而残疾人没有一个人认为公交出行安全，认为没有其他选择的比例则较高，高于其他弱势群体。

2.6.4 弱势群体出行费用及遇到的主要问题

表2-4 各种弱势群体的出行费用分析（单位：%）

出行费用 弱势群体	10元以内	10—50元	50—100元	100元以上	记不清	合计
老年人	69.4	17.0	3.5	2.2	7.9	100.0
残疾人	68.9	18.0	6.6	0	6.6	100.0
妇女	55.9	27.8	6.6	3.4	6.2	100.0

续 表

出行费用 弱势群体	10元 以内	10—50元	50—100元	100元 以上	记不 清	合计
下岗失业人员	60.4	21.3	3.0	3.5	11.9	100.0
农民工	66.7	22.2	3.7	7.4	0	100.0

从上表可以看出，各种弱势群体的出行费用也主要集中在50元以内的范围，其中主要是10元以内。不同的是，与全体抽样居民相比，各种弱势群体交通费用在10元以内的比例都高，可见弱势群体用于交通和出行的费用要低一些。

在访谈中，残疾人、老年人、妇女、下岗失业人员和农民工等弱势群体提到出行时遇到的主要问题：一是人行道占道行为比较严重，主要是机动车乱停乱放和占道经营行为比较严重，盲道经常被占用而无法使用；二是残疾人、老年人和外来人口等弱势群体乘坐公交车时有困难，比如残疾人、老年人等上下车的行动困难，外来人口对站牌信息以及线路信息不太了解，对乘车线路的判断失误；三是对于老年人来说，有一些道路比较宽而信号灯时间又比较短，经常是一个信号灯无法通过马路，需要在路中间等，非常不安全，比如火车站前建设路和迎泽大街交叉口的信号灯。

3. 公交问题分析

3.1 公交路线

3.1.1 便利或比较便利

公交线路基本便利，支线和胡同都有。建设北路社区居民反映往北边的104路、105路公交线路都比较方便。由图2-3可以看出43.9%的居民认为乘坐公交车的主要原因是方便。由图 3-1 可以看出 20％的居民认为经常乘坐的公交车路线很便利，54％的居民认为经常乘坐的公交车路线比较便利，大部分的居民认为太原的公交线路比较便利。

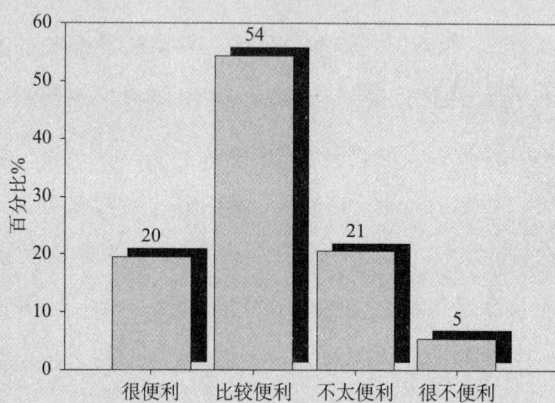

图 3-1　居民经常乘坐的公交车路线是否便利

3.1.2　不太便利或很不便利

居民出行不乘公交车的最主要原因是公交路线不便利（25％），这直接影响居民出行是否乘坐公交车。公交线路不太便利或很不便利表现在以下几个方面：

（1）公交车线路较少，有的地方不能直接到达或需要转车，既不方便又增加了出行费用。意见如下：

① 建设北路社区的居民反映，往南边走的公交车不方便，要到火车站倒车，到长治路、亲贤街、长峰路（沃尔玛）没有直达的公交车。

② 双塔一社区的居民反映，附近的公交车比较少，只有 826 路、819 路、619 路三条公交线路，到迎泽大街、柳巷、

火车站、下元都很不方便。

③ 众纺路社区的居民反映，到火车站要坐 824 路车到下元站再转 1 路车到火车站，而 824 路车票价是 1.5 元，有时为了省钱就走到下元站再坐车。

④ 许坦社区的居民反映，附近的公交车线路较少应增加，而且很多是单行道，居民出行不方便。

(2) 公交车线路设置较不合理，有的路段和胡同不通公交车，使住在里面的居民乘车不便。意见如下：

① 双塔一社区的居民反映，公交车一般都在主干线上，应该把车站设到巷子里方便居民乘车。

② 平北西一社区居民反映，平阳路西一巷子里没有公交车进入，要走十多分钟才能到车站，附近公交车比较少，只有 27 路、813 路公交车，尤其是巷子西头更不方便，如果滨河东路有公交车就方便多了。

③ 享堂村居民反映，新村附近没有公交车，要走很远才有公交车，等车时间也很长。希望公交车能在山上绕一圈，在村里增加公交车站。最好居民小区能设公交车站，现在有的居民需要过铁路才能到公交车站，比较麻烦。

(3) 公交车站点设置不合理，造成居民出行不便。意见如下：

① 平北西一社区居民反映，在小店区原来 13 路、870 路都能到平阳路，现在 840 路、870 路全走大运路，需要走三四站才能坐上 13 路车。向公交公司反映后，报纸上公示说可以倒车，但老百姓接受不了倒车的费用，非常不

方便，希望增加线路。

②小店区工商人员反映，电力设备厂附近的 23 路、817 路满足不了市民要求，站点设置不合理。省旅游学院附近的许坦东街，满足不了煤炭学校、旅游学院学生的乘车要求。学生数量大，车辆少，乘车非常拥挤。应开通太行路站点，缓解许坦东路的公交压力。

③矿机社区居民反映，去解放路没有公交车，一般人要走 20 多分钟，老人要走半小时才能坐到公交车，非常不方便。最好在卧虎山动物园门口附近设置公交车站通往解放路。

④汇丰苑社区居民反映，温河东、西路需设置公交车站，方便居民去动物园。

(4) 公交线路没有环线，应增设环城公交路线，方便居民出行。意见如下：

①双塔一社区的居民反映，潮阳街到五龙口街应形成环线。

②汇丰苑社区居民反映，希望太原形成几个环城公交线路，在森园南路建成公交车停车场（枢纽），在建路同时（前）考虑环城公交的配置。公交中转站应设在城边。

3.1.3　便利状况对居民出行的影响

(1) 节省居民出行的时间。公交车的线路和站点设置合理方便居民出行，使居民在乘坐公交车的过程中节省了很多时间。

(2) 节约居民出行的费用。公交车的线路设置合理使居民不用倒车就能到达目的地，为居民节约了出行中不必要的费用。

（3）增加乘公交车的人数。乘坐公交车出行便利后就会有更多的人选择公交车作为日常的交通工具，不仅使公交车处于良性的运营，还会使一些开私家车和打出租车的人加入到乘坐公交车的队伍中，减少了交通的堵塞和降低了空气的污染。

3.2 公交时间

3.2.1 间隔或等车时间

调查中听到反映，指出公交车间隔时间较长并且时间不确定，使居民等车时间很长，造成居民出行浪费不必要的时间，而且不能准确地把握出行时间。居民反映一般间隔 10 分钟左右一趟公交车，有的公交车间隔时间在6—10 分钟，如 5 路车等；有的要间隔 20 分钟左右一趟公交车，如 38 路、39 路、813 路；有的要间隔半个小时左右一趟公交车，如 863 路、825 路、814 路、615 路、602 路、25 路、21 路、19 路、13 路；还有的公交车最多要等一个小时，至少也要二十分钟左右一趟，如 822 路车。

3.2.2 早晚发车时间

14.5% 的居民认为，经常乘坐的公交车早晚发车时间很合理，62.0% 的居民认为经常乘坐的公交车早晚发车时间比较合理，说明大部分的居民对早晚发车时间比较满意。从访谈中了解早上发车时间在 5:30—6:00 一般都比较满意，而晚上收车时间各条路线都不一样，国有公交公司的收车时间在晚 9 点左右，8 字头的公交车收车时间在晚

8点左右。居民普遍反映希望收车时间能再延长些，因为现在夜生活比较丰富，尤其是夏天。可以根据季节的不同设置不同的收车时间。

3.2.3　居民对间隔与发车时间的希望

（1）间隔时间：居民建议根据时间段的不同来安排车的数量，高峰期最好10分钟一趟车，主干线高峰期最好3分钟一趟车，低峰期可以15分钟一趟车。节假日应该特殊考虑。

（2）收发车时间：居民建议早上发车时间：5：00—5：30；晚上收车时间：22：00—23：00（冬季），23：00—凌晨1：00（夏季）。

3.3　公交设施

3.3.1　车内与站牌的信息资料

对太原市公交车车内或站牌等方面的信息资料11%的居民认为很充足，55%的居民认为比较充足，但也有34%的居民认为不充足。说明太原市公交车车内或站牌等方面的信息居民基本满意，但也有些不尽如人意的地方。访谈中反映的情况如下：

（1）车站站牌信息：基本都有公交站点的名称，没有线路图、间隔时间、早晚收发车时间等信息；当公交车站点变换位置时要及时告知，避免给居民出行带来不方便，特别是外地人；站牌设置得太高，眼睛近视的人看不清楚。

（2）车内信息：有的车内有线路图和车站名称，但大部分的车内都没有车站名称、线路图、间隔时间、早晚收发车时间等，但有的公交车广播中会报站名。现在公交车的车身、车内和广播都做了广告，应该还要有给乘客看的文化信息或一些公益性的广告。

3.3.2　公交车的舒适度

（1）居民反映乘公交车的舒适度一般，档次不高，座位不舒服。前北屯社区的居民反映，822路车的座位间距太窄。高峰期或下雨、下雪天公交车严重超员，十分拥挤，非常不舒服。所谓的空调车夏天没有按规定开空调。有的车上放的电视广告乘客很反感，有一些不太适合小孩子听看，应放一些公益性的广告。

（2）公交车车身破旧，平北西社区居民反映838路、13路很破旧，尤其是838路特别破旧，影响太原形象。

3.3.3　候车站点的舒适度

经常乘坐公交车的居民对候车场所的舒适度有34%的人认为舒适，59%的人认为不舒适，说明一多半的居民对公交车的候车站点不太满意。

从访谈中了解到候车场所不太舒适，基本没有遮阳挡雨的地方，只有迎泽大街有时借用商家投资的广告牌来遮挡，其他地方都没有。没有供乘客等车和休息的座椅，应留有老弱病残休息的地方。车站附近很少有垃圾桶，应多设些垃圾桶使市民养成爱护环境的良好习惯，尤其是在公交车站点。在公交车站点应设置护栏，培养乘客排队上车的良好习惯。

3.4　公交服务

3.4.1　满意或比较满意

居民对公交车的服务有15.5%的人很满意，有71.0%

的人比较满意，说明大部分的居民对公交车的服务还是比较满意。从访谈中看出主要表现在以下几个方面：

（1）公交设施比较全，对公交站牌的信息比较满意，一般公交车都会广播站名，如众纺路社区居民反映，39路、38路往平阳路一拐就报站名。

（2）公交车的服务有所改善，大部分司机的服务态度很好，一般都愿意回答换乘车问题，看到残疾人或老年人也会主动请乘客让座。

3.4.2 不太满意或很不满意

（1）有的公交车司机服务态度不尽如人意。太行路社区居民反映有次乘坐861路车，票价1.5元，有位老师傅只有1元零钱，没有五角零钱，只好投了两块。司机态度很不好。

（2）公交车站点设置不清楚，报站信息不全。众纺路社区居民反映7路车没有预报站点，5路车报站信息少，没有换乘的提示。

3.4.3 最不满意的问题

公交车不遵守交通规则。有的公交车进站时速度很快还不打转向灯，有时还拐碰到骑自行车的行人，到站后司机急踩刹车，使乘客感觉非常不安全。公交车来回穿道，有时抢占自行车道，应设置公交车专用道。从表3-1可以看出居民对公交车服务最不满意的三个问题是：转乘不方便（17.8%）、发车间隔太长（14.2%）、发车太晚收车太早（13.5%）。

表 3 - 1 居民对公交车服务最不满意的问题

序号	问题	百分比%
1	公交车破旧，不舒适	6.3
2	公交线路不合理	7.0
3	发车间隔太长	14.2
4	票价不合理	11.2
5	司乘人员态度不好	6.0
6	不按站报站名	3.8
7	发车太晚收车太早	13.5
8	车上没有线路图	9.0
9	压站或跳站	4.5
10	司机不安全驾驶	6.7
11	转乘不方便	17.8

3.5 公交票价

3.5.1 对提价的态度

对于在提高公交车的服务水平和改善乘车条件的同时提高票价，有51%的居民完全不愿意接受，38%的居民部分愿意接受，10%的居民完全愿意接受，说明大部分居民是不愿意提高公交车票价格。从访谈中看出主要表现在以下几个方面：

（1）即便公交服务质量提高也不愿意提高价格。现在8字开头的公交车1.5元的票价已经不低了，如果再涨价几个人一起出门还不如打车。

（2）如果公交服务质量提高相应地提升一点票价还是可以接受的。涨价后要把线路设置得更合理些，如果距离比较远或者不用倒车还是愿意接受适当的涨价。

3.5.2 对票价涨幅的接受程度

由图3-2可以看出如果公交车服务水平和乘车条件改善后，55.2%的居民能接受的票价最高涨幅是0.1元—0.4元，31.5%的居民能接受的最高涨幅是0.5元—1元，说明大部分的居民认为涨价幅度不应太高。访谈中居民认为如果改善了公交整体的服务质量，票价涨幅的接受程度是0.5元，总票价最高不超过2元。

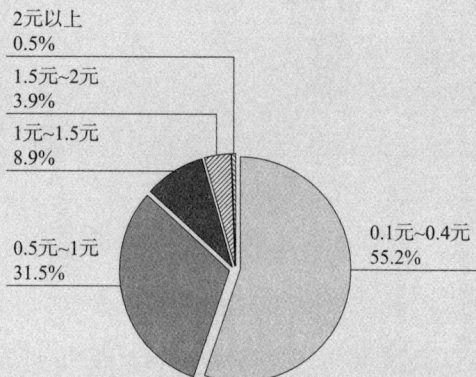

图3-2 居民对公交车服务水平和乘车条件改善后，能接受的票价最高涨幅情况

3.5.3 对性价比合理性的态度

居民普遍认为公交车性价比不高，价格和服务不成正比。公共交通应该是公益性的行业，不是以挣钱为目的的，太原是中等城市，公交车市内的线路比较短，所以不应该把公交车票价定得太高。居民认为最合理的价格就是1元钱，现在有的车票1.5元，在找零钱时非常不方便。可以根据车程的远近来定价格，也可以根据车的档次来定价格，如空调车可以定价2元。

3.6　弱势群体对公交问题的看法

由图3-3可以看出，居民认为在城市公共交通中最不方便的弱势群体排在前三位的是：残疾人（42%）、老年人（31%）、外地人（13%）。从访谈中看出弱势群体在公交问题上主要表现以下几个方面：

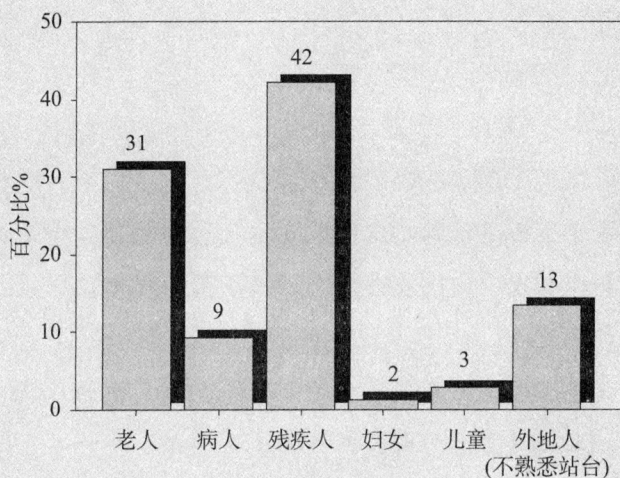

图3-3　居民认为在城市公共交通中最不方便的弱势群体

（1）公交车的价格：弱势群体乘坐公交车的价格偏高，8字开头的公交车对老年人、残疾人和低保户没有优惠；老年人乘坐国有公交车70岁才免费，65岁排队优先，应该60岁以上都减免票价；残疾人只有一级、二级残疾才免费，三级残疾不减免，应该只要有残疾证的居民都减免票价；对于国家认定的低保家庭也应减免公交票价。

（2）公共交通的设施：公交站牌和公交车内都应设有

盲文；候车场所和车内都应专门给残疾人和老年人留有舒适的座椅，并标明适用人群；公交车的上车踏板应尽量低些，方便残疾人和老年人上下车，也可以设置专门方便使用轮椅上下车的通道。

（3）公交车司机的服务：提高公交车司机的素质，遇到残疾人、老年人等弱势群体应热情服务，不能拒绝或消极服务。

4. 道路和交管问题分析

4.1　道路设施问题

4.1.1　次干道及胡同的路面质量

主干道还算不错，路面绿化、街灯都不错，但是在次干道，特别是小街小巷的二级、三级路面质量就很差，维护不好，有46.5％的人认为问题严重和是最严重的问题。居民指出了一些路面较差的街路：平阳路、红沟北街、兴化街、北大街、上马街、桥头街、五龙口等。

表4-1　您对城市次干道及胡同的路面质量看法（单位：％）

看法　　　　　本市居住时间	没有问题	问题不大	有些问题	问题严重	城市生活中最严重的问题	无所谓或说不清	合计
不足1年	14.29	14.29	23.81	23.80	14.29	9.52	100
1—5年	2.78	23.15	36.11	29.63	6.48	1.85	100
6—10年	4.43	13.29	41.77	27.85	11.39	1.27	100
11—20年	2.89	15.76	35.69	34.73	8.36	2.57	100
21年以上	3.02	12.28	33.96	40.21	8.77	1.76	100
合计	3.21	13.49	34.85	37.67	8.85	1.93	100

居民建议：在修好主干道的同时，也应修好次干道，以缓解主干道的压力；城市主干道的停车灯减少，使交通畅通。

4.1.2　街灯及亮灯率问题

居民认为主要街道路灯维护还可以，但小街小巷和城乡接合处则没有路灯或很少，居民认为路灯是城市生活中最严重的问题和问题严重的占 46％。如九丰路北口、兴化北街往北、二道河路没有路灯；如前北屯路北段、双塔路、西矿街、河涝湾街虽有路灯，但街灯老化严重，没有清理卫生，树枝遮挡昏暗不亮。

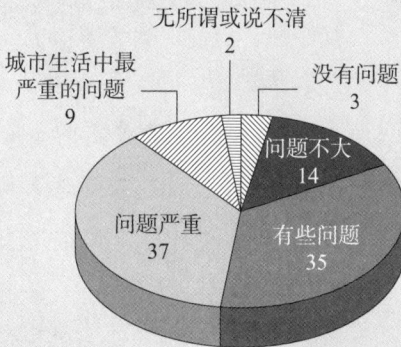

图4-1　居民对路灯的看法（单位：%）

4.1.3　人行道问题

人行道路面高低不平占了 28.5％，列第一位；行走不安全（23.3％），与自行车混行（16.8％）；人行道被挤占很严重，汽车停车挤占（6％）及小商小贩挤占严重。

居民反映，主要街道有人行道，小马路有的有，有的没有人行道，即使有人行道，也被机动车占用，给行人造成不便并存在安全隐患。如和平北路没有人行道，建了违章建筑。还有的公交车司机素质太低，横冲直撞，不按信号灯行驶，常走人行道。

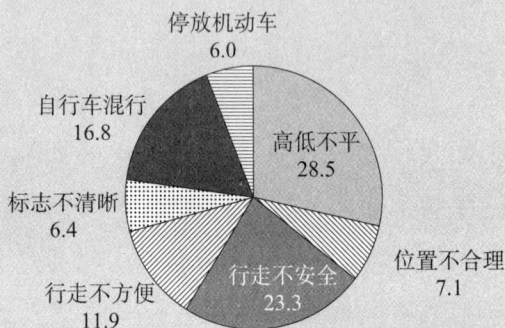

图 4-2　居民对人行道的看法（单位:%）

4.1.4　自行车道问题

自行车道本身就不宽，还经常被占用。机动车有时占用自行车道，机、非混行，造成道路交通混乱存在安全隐患。如第十中学附近，汽车占用自行车道，自行车与公交车混行。建议学校附近应加宽自行车道。居民认为自行车

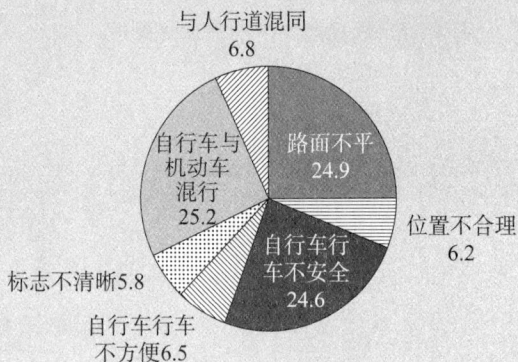

图 4-3　居民对自行车道的看法（单位:%）

道问题最严重的是自行车与机动车混行（25.2%）、路面不平（24.9%）、自行车行车不安全（24.6%）。

4.1.5　道路两侧的树木及维护

居民普遍认为太原市绿化很差，特别是城市次干道及小街小巷，环境非常差，有些问题（36.9%）。绿化带经常挪动。居民指出，尾气太多，大排量车对绿化造成威胁，如和平南路。

居民还担心路拓宽了，会使绿化带变窄，因此建议，由于太原市污染严重，应增加绿化带，栽长年绿色的植物，减少空气污染，特别是路口、拐弯处，景观要做到一街一景、一景一色，不可一个模式。两边种植树木的品种要选择适合太原气候，柏树不太好，应该种一些遮凉的槐树。

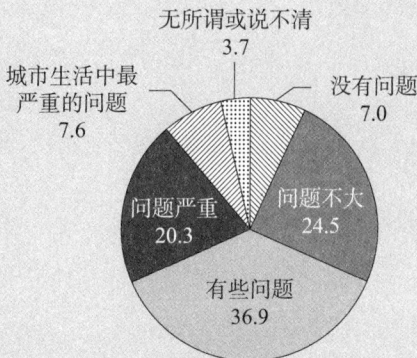

图4-4　居民对绿化的看法（单位:%）

4.1.6　城市道路的排水系统

部分居民对太原市的排水系统不满意，其中不太满意占 35.2%，很不满意占 22.1%。太原市道路积水严重，如上官巷、文庙广场、皇华馆、迎泽大街（湖滨饭店）、五一路、大南门、五龙口、大北关街、解放路、柳巷及小街巷积水严重。原因如下：一是地下管道严重老化，太原市的排水系统建于 20 世纪 50 年代，下水管道很难适应现在的排水情况；二是小商贩经常往下水道口倒杂物，造成排水道不畅，且无人管理。改造排水系统迫在眉睫，建好后要加强维护管理。还建议井盖要挪到路边，减少破坏和压力。

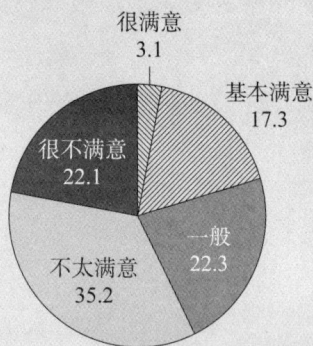

图 4-5　居民对排水系统的看法（单位：%）

4.1.7　城市道路的配套设施

太原市公共厕所很少，且大多收费，公厕的管理工作也较差。本地人骑自行车需 10 分钟左右可以找到厕所，外地人找不到厕所，因此随地便溺现象非常普遍。建议公厕增加，2 公里左右建一个。

还有道路两旁垃圾筒较少，影响环境卫生，应 10 米左右设一个垃圾筒。中心地段还需要设座椅，市内大多数街道两旁很少有座椅。建议多设些座椅,以方便居民休息、娱乐。

4.2　交通管理问题

4.2.1　交通管理中的突出问题

居民对交通管理的突出问题排在前三位的是:交叉路口的安全(34.4%)、行人不走斑马线(32.5%)、信号灯(13.8%)。交通管理最需要解决的问题是:红绿灯太少,有的路口没有,建议在人流大的地方增加红绿灯,特别是新修建的路应尽早设置红绿灯。

还有的道路交通信号灯设置不合理,如左转弯没有信号,现建设路与北大街丁字路口、赛马场建设路交叉处东西向等,没有左转信号灯,既容易出事故,又易堵车。建议交通信号灯管制设置应合理并严格管理。

有一些路口的交通信号灯、交通标志不全、不清楚,常引起交通堵塞和事故。如在一些交叉路口、学校门前、居

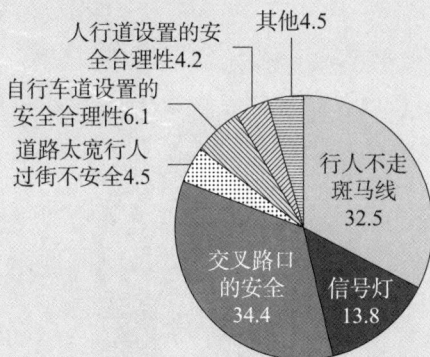

人行道设置的安全合理性4.2
其他4.5
自行车道设置的安全合理性6.1
道路太宽行人过街不安全4.5
行人不走斑马线32.5
交叉路口的安全34.4
信号灯13.8

图4-6　居民对交通管理的看法(单位:%)

民区附近、村口等，没有限速标志或信号灯。有一些交通标志不明显，如北大街的红绿灯看不见，容易违章。有指示灯和路牌不一致，如建设南路东太堡路口，指示灯可以左转，路牌不让左转。

建议制作统一准确的路牌，并竖立在恰当的位置，发挥其应有的作用。

4.2.2 机动车停放管理

居民对机动车停放的管理排在前三位的问题是：缺少停车场（47.95%）、乱停车（33%）、乱收费（6.65%）。太原市停车场很少，机动车乱停占用自行车道、人行道，使道路显得非常拥挤。新改建的马路也占用非机动车道画线收费。有的路边设有"咪表"（一种停车刷车设施），车停一小时为2元，使机动车占自行车道停车合法化，从而道路基本处于半瘫痪状态，造成交通混乱，如胜利街。

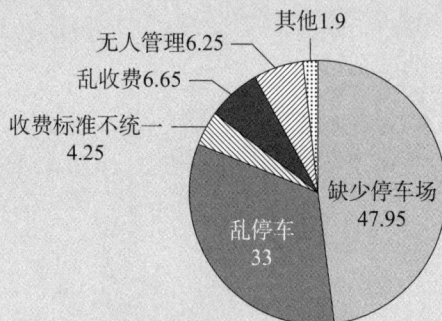

图4-7 居民对机动车停放的管理的看法（单位：%）

　　居民建议多建合理的停车场解决目前道路拥挤状况，缓解太原市道路拥挤现象。还建议加强管理，治理车辆乱停乱放及人车混行，极大改善道路交通问题。

4.2.3　自行车停放管理

　　居民对自行车停放管理不满意（非常不满意和不太满意）的占57%。自行车停放点很少，只有商业区有，其他地方基本没有，且收费混乱，普遍随意停放，有的就放在人行道上，丢车现象很严重。

　　建议设立专用的自行车停车场，并设有监控设备，方便管理。

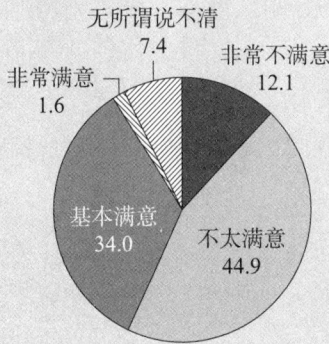

图4-8　居民对自行车停放管理的看法（单位：%）

4.2.4　重大事故多发地的管理

　　居民对重大事故多发地的管理不满意（非常不满意和不太满意）的占43.4%。一些街路成为事故多发地，主要是因为交通管理不善。一是拐弯处限速设置不合理；二是警示标识及限速标识不够，滨河路、晋祠路等路面很多司机速度太快，造成交通事故；三是路口信号灯设置少或不合理，建设北路敦化坊派出所路口没有红绿灯，桃园北路虽有红绿灯，但被树遮挡，司机根本看不清；四是司机违章驾驶，如建设路、北大街等地段，夜间经常发生由于司机酒后驾车、疲劳驾车等引起的交通事故。

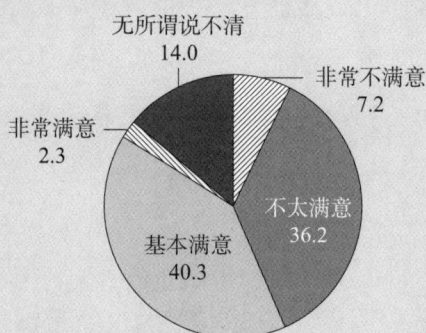

图 4-9 居民对重大事故多发地的管理的看法（单位：%）

　　建议有些道路应设减速带，增设安全标志，路口合理设置信号灯，部分路口应设摄像头，加强对司机的管理和教育。

4.3 弱势群体的意见

4.3.1 女性群体的意见

　　认为当前交通管理急需解决的是交叉路口的安全问题；人行道的设置要安全合理；划出自行车停放场所；多建机动车停车场，治理乱停乱放现象；解决冬天除雪问题。

4.3.2　老年人的意见

希望道路两侧适当的位置设有座椅，方便老年人休息。路口的红绿灯时间设置要充分考虑老年人和残疾人，方便他们通行。

4.3.3　残疾人的意见

道路两侧应多设置座椅、凉棚方便休息。应铺设肢残人无障碍道路（坡路）。合理设置路口信号，方便残疾人通行。

5. 迎泽大街和公交专用道问题分析

5.1　居民对在迎泽大街设置公交专用道三种方案的态度

5.1.1　里侧方案

有19.8％的居民选择第一种方案，即在里侧设置公交专用道。他们认为公交专用道设在里侧，离人行道远，行人比较安全。

5.1.2　里外侧之间方案

有11.9％的居民选择第二种方案，即在里外侧之间设置公交专用道。在三种方案中，选择这种方案的居民人数最少。

5.1.3　外侧方案

有68.3％的居民选择第三种方案，即在外侧设置公交专用道。这部分居民认为公交专用道设在外侧，乘客上、下车比较方便和安全。三种方案中，选择这种方案的居民人数最多。

5.2　居民对迎泽大街其他改造问题的态度

5.2.1　"禁左"问题

访谈中发现，对于"禁左"问题居民表示支持，但是有部分居民指出，实行"禁左"之后，交叉路口的交通信号灯指示系统也要重新设置。

5.2.2　行人和自行车道宽度问题

访谈中发现，居民关于迎泽大街行人和自行车道宽度问题主要有两种看法：

（1）增加自行车道的宽度，自行车道窄容易挤占机动车道，发生危险。

（2）适当降低行人和自行车道的宽度，以满足迎泽大街机动车流量较大的需求。

5.3　居民对在南北道路上设置五条公交专用道方案的态度

关于在5条南北向道路中设置公交专用道的问题，按照所有被访居民选择人数多少排序依次为：建设路（30%）、五一路—并州路（26%）、新建路—平阳路（19%）、解放路—长治路（15%）、和平路（10%）。

同时，在访谈中发现，部分居民指出，这五条道路目前都不适合设置公交专用道，必须先拓宽道路之后才能设置。如果设置了公交专用道，必须加强交通管理，否则行人、自行车或其他机动车会抢占公交专用道，这样会造成公交专用道形同虚设，发挥不了应有的作用。还有一部分居民指出，应该在东西向的道路也选择一条道路设置公交专用道。

5.4　弱势群体对迎泽大街改造以及设置公交专用道的态度

5.4.1　弱势群体对迎泽大街设置公交专用道的看法

如表5-1所示，在不同的弱势群体中，各个群体对于三种方案的选择排序相同，并且与全体居民的选择排序也一致，即里侧、里外侧之间和外侧方案的选择比例大约为20％、10％和70％。在所有弱势群体中，只有农民工对第一方案的选择比例约高于其他群体10％，而对第三种方案的选择比例低于其他群体10％。在访谈中发现，弱势群体中大部分人出于上车安全、方便的考虑而倾向于在外侧设置公交专用道的方案。

表5-1　不同弱势群体对迎泽大街设置公交专用道的态度（％）

弱势群体	第一方案（里侧）	第二方案（里外侧方案）	第三方案（外侧）	其他
老年人	18.7	9.8	69.2	2.3
妇女	18.6	13	66.5	1.9
残疾人	17.2	6.9	70.7	5.2
下岗失业人员	16.8	10.6	70.6	2
农民工	29.2	8.3	58.3	4.2

5.4.2　弱势群体对于迎泽大街其他改造问题的态度

老年人、妇女等群体对于"禁左"表示支持，同时希望拓宽行人和自行车道的宽度方便出行。同时，他们还提出了改造迎泽大街的其他问题，包括以下几个方面：

（1）迎泽大街原来是太原人的骄傲，但是太原城市建设没有长远观念，总是重复建设。

（2）迎泽大街应该修地下通道。

（3）迎泽大街路两旁有座椅，但座椅太脏，所以基本没人坐。

（4）公共厕所设置不够，公共电话也不多。

（5）街灯亮度不够，并且不是所有街灯都亮。

（6）人行横道距离太远，行人过街不方便，应该增加一些。

（7）缺少停车场，应多设置自行车、机动车停车场。

（8）迎泽大街与大南门交叉口附近雨天有积水现象。

5.4.3　弱势群体对5条南北向道路设置公交专用道方案的看法

如表5-2所示，在不同的弱势群体中，老年人、妇女和下岗失业人员的选择与全体居民的选择结果排序相一致，并且比例也比较接近。残疾人和农民工群体的选择与全体被访居民的整体结果大致相同，只是排序中新建路——平阳路排在了第二位，而五一路——并州路排在了第三位。

表5-2　不同弱势群体对5条南北向道路设置公交专用道方案的意见（%）

弱势群体	新建路——平阳路	建设路	五一路——并州路	解放路——长治路	和平路
老年人	16.8	32.9	29.7	15.7	4.9
妇女	17.2	30.9	27	14.2	10.7
残疾人	22.6	34	15.1	20.8	7.5
下岗失业人员	21.7	28.6	22.8	16.4	10.5
农民工	20.8	41.7	8.3	16.7	12.5

在访谈中发现，弱势群体特别强调加强交通管理，因为他们出行方式主要以步行、自行车和公交车为主，他们非常赞成在南北向的道路上设置一条公交专用道以缓解交通堵塞问题，同时他们也非常关心出行安全问题。因此，他们提出，设置公交专用道后一定要加强交通管理，保证乘坐公交车方便、行人出行安全，减少人车混行的问题。

6. 城市快速干道和主干道问题分析

6.1　居民对北中环路建设方案的选择

6.1.1　城市快速道方案

居民普遍认为，有必要对北中环路进行建设。目前太原北部地区缺乏东西向的货运通道，北中环可以分流市中心的货运承载，并增加跨汾河的交通通行能力。问卷数据显示，有35.7％的居民认为应该把北中环路修成城市快速干道，选择这种意见人数最多。

6.1.2　城市主干道方案

有31.6％的居民认为北中环路应该建设成为城市主干道。这一选择人数低于建议修成城市快速干道的比例。

6.1.3　其他方案或说不清

问卷数据显示，有32.7％的居民选择"其他"或"说不清"。

此外，通过对居民访谈还了解到一些建议：如将北中环建成城市快速干道，十字路口处要有地下通道或高架桥，保障附近居民的出行安全。另外，由于北中环路段涉及大量企业、居民、学校，应在道路的设计中给予考虑，而且对于其中涉及动迁的企业、居民的补偿要公平、合理。

表 6 - 1   太原市居民对北中环路建设方案的选择

建设方案	百分比（％）
城市快速道	35.7
城市主干道	31.6
其他	1.3
说不清	31.4
合计	100

6.2　居民对太行路建设方案的选择

6.2.1　居民对方案的选择

太原市东部地区路网不发达，尤其是缺少南北向的交通干道。太行路的建设能够明显改善东部地区的出行条件，带动东部地区的发展。

表 6 - 2   太原市居民对太行路建设方案的选择

建设方案	百分比（％）
城市快速道	35.8
城市主干道	35.5
其他	0.9
说不清	27.8
合计	100

从表 6 - 2 可以看出，建议将太行路建成快速道与主干道的居民比例相当，比例分别是 35.8％与 35.5％。

6.2.2　工商业对方案的选择

通过表6-3的分析可以看出，绝大多数的工商企业建议将太行路修成城市主干道，其比例高达61.5%。仅有28.2%的工商企业赞成将太行路修成快速干道。从总体上看，由于修建太行路解决的是沿线居民的出行不便，区域性服务功能明显，因此，更多的太原市居民赞成将太行路建成城市主干道。

表6-3　太原市工商业对太行路建设方案的选择

建设方案	百分比（%）
城市快速道	28.2
城市主干道	61.5
其他	2.6
说不清	7.7
合计	100

但通过访谈也发现，居民对太行路的修建还有一些具体要求。如有的居民建议，太行路建设尽量占空地而少占居民住宅。建路一定要绿色环保，多种树，修一些绿化带，而且要把排水系统做好。

在许坦社区访谈时，还有的居民建议，修太行路的同时要把许坦东街改好。因为这边有一些库房，大卡车、货运车经常从这儿经过，导致经常堵车。由于走的都是大车、重车，所以许坦东街的路基要铺厚。

另外，通过对太行路周围居民的访谈发现，当地居民多是收入较少的社会弱势群体。一些居民提出，在修路时涉及拆迁补偿一定要公平，不能侵害老百姓的利益，要妥善解决被拆迁居民的就业、社保等问题。

6.3　居民对南北快速干道建设方案的选择

6.3.1　太行路方案

问卷调查的数据显示，有34.6%的受访居民建议将太行路修成南北快速干道，其比例远低于建设路。

6.3.2　建设路方案

问卷调查的数据显示，绝大多数的居民赞成将建设路建成南北快速干道，这一比例达到52.5%。

6.3.3　其他方案

调查数据显示，有12.9%的受访居民选择了"其他"。建议将太行路和其他路建成南北快速干道的合计比例是47.5%，低于对建设路的建议比例。

表6-4　太原市居民对建设南北快速干道的建议

快速干道建设方案	百分比（%）
太行路	34.6
建设路	52.5
其他	12.9
合计	100

6.4　弱势群体的意见

表6-5　太原市弱势群体对北中环路建设方案的选择（单位：%）

	城市快速干道	城市主干道	其他	说不清	合计
妇女	29.9	31.9	1.4	36.8	100
老人	28.4	29.8	1.4	40.4	100
残疾人	32.1	34	1.9	32	100
下岗失业人员与农民工	30	36.9	1.8	31.3	100

问卷数据显示，太原市多数的弱势群体（包括妇女、老人、残疾人、下岗失业人员与农民工）建议将北中环路建设为城市主干道。这占受访妇女的31.9%，受访老人的29.8%，受访残疾人的34%，受访下岗失业人员与农民工的36.9%。其比率均高于各类弱势人群建议将北中环路建设为城市快速干道的比率。

表6-6　太原市弱势群体对太行路建设方案的选择（单位：%）

	城市快速干道	城市主干道	其他	说不清	合计
妇女	33.8	32.9	0.7	32.6	100
老人	36.1	30.5	0.3	33.1	100
残疾人	30.9	38.2	0	30.9	100
下岗失业人员与农民工	33.8	32.9	0.9	32.4	100

问卷数据显示，太原市的弱势群体（包括妇女、老人、

残疾人、下岗失业人员与农民工）建议将太行路建设为城市快速干道或建议将太行路建设为城市主干道的比率相当。在各类弱势人群中分别有三分之一的人建议将北中环路建设为城市快速干道或城市主干道。

表6-7 太原市弱势群体对建设南北快速干道的建议

(单位：%)

	太行路	建设路	其他	合计
妇女	32.8	52.3	14.9	100
老人	36.1	49.5	14.4	100
残疾人	41.3	45.7	13	100
下岗失业人员与农民工	34.1	54.2	14.7	100

问卷数据显示，太原市的多数弱势群体（包括妇女、老人、残疾人、下岗失业人员与农民工）建议将建设路建设为南北快速干道。这占受访妇女的52.3%，受访老人的49.5%，受访残疾人的45.7%，受访下岗失业人员与农民工的54.2%。其比率均高于各类弱势人群建议将太行路建设为南北快速干道的比率。

7. 市内九条交通走廊问题分析

针对太原市内九条交通走廊改造，居民的关注明显集中在：自行车与机动车混行、交叉路口的安全、过马路人行横道的设置、人行横道的安全和合理性等四个方面的问题（见表7-1至7-9）。残疾人等弱势群体主要关注的问题与一般居民所关注的问题基本一致，但也有一些特殊的关切。

7.1　居民对建设路改造优选项目的看法

7.1.1　被访问居民总体的意见

根据问卷数据统计显示，居民对建设路改造优选项目的意见，居前三位的依次为：过马路的人行横道设置（35.1％）、自行车与机动车混行问题（32.3％）和交叉路口的安全（32.0％）。

7.1.2　居民对建设路提出的问题和建议

（1）建设北路敦化坊派出所路口没有红绿灯，是弯道，车流量很大，大货车特别多，是事故多发地。建设路敦化坊商场门前有红绿灯，但是有的车不遵守交通规则，应在主要路口设置监控系统，加强管理。

（2）建设路火车站前、朝阳路到五龙口堵车特别严重。

（3）建设路丁字路口车速快易出事故。

（4）建设路人车混行，交叉路口多，车流量大，要求马路拓宽。

（5）建设北路的绿化不好，建议种些大树，夏天遮挡太阳。

（6）建设路与铁路并行，路口容易发生事故。

（7）增加红绿灯和民警，疏导交通。

（8）建设路五龙口海鲜市场附近车辆乱停乱放，出入不方便，经常堵车。

7.1.3　不同弱势群体的意见

7.2　居民对五一路—并州路改造优选项目的看法

7.2.1　被访问居民总体意见

根据对问卷数据的统计显示，居民对五一路—并州路

表 7-1　各弱势群体对建设路改造项目优选序列比较一览表

居民 \ 优选	第一优选	第二优选	第三优选
居民总体	过马路的人行横道设置	自行车与机动车混行问题	交叉路口的安全
老年	过马路的人行横道设置	人行道的安全合理性	交叉路口的安全
妇女	过马路的人行横道设置	交叉路口的安全	人行道的安全合理性
残疾人	交叉路口的安全	过马路的人行横道设置	自行车与机动车混行问题
下岗失业人员	自行车与机动车混行问题	交叉路口的安全	过马路的人行横道设置
农民工	自行车与机动车混行问题	人行道的安全合理性	交叉路口的安全

改造优选项目的意见居前三位的依次是：自行车与机动车混行问题（34.4%）、过马路的人行横道设置（31.0%）和交叉路口的安全（29.4%）。

7.2.2　居民对五一路—并州路提出的问题和建议

（1）五一路火车站前交通肇事较多，大部分都是超速、酒后驾车、道路拥挤出现的问题，车流量很大。

（2）太窄。五一路需拓宽，打通到五一广场。

（3）五一路—并州路上红绿灯太多，影响行车速度。

（4）五一路—并州路：太窄需要拓宽，要有迎泽大街的三分之二宽才够用。山大二院和儿童医院门口堵塞厉害，拓宽一倍才行（没有自行车道），五一路商业网点多，学校多。

（5）五一路对各种车辆分时段行驶有严格规定，提醒牌太小被罚款的人较多。

（6）五一路、大南门道路积水严重。

（7）五一路—并州路：自行车、机动车混行现象最严重。

7.2.3　不同弱势群体的意见

表7-2　不同弱势群体对五一路—并州路
改造项目优选序列比较一览表

优选 居民	第一优选	第二优选	第三优选
居民总体	自行车与机动车混行问题	过马路的人行横道设置	交叉路口的安全
老年	过马路的人行横道设置	人行道的安全合理性	自行车与机动车混行问题
妇女	自行车与机动车混行问题	交叉路口的安全	过马路的人行横道设置
残疾人	自行车与机动车混行问题	交叉路口的安全	人行道的安全合理性
下岗失业人员	自行车与机动车混行问题	过马路的人行横道设置	交叉路口的安全
农民工	过马路的人行横道设置	交叉路口的安全	自行车与机动车混行问题

7.3　居民对解放路—长治路改造优选项目的看法

7.3.1　被访问居民总体的意见

根据问卷数据统计显示，居民对解放路—长治路改造优选项目的意见居前三位的依次为：自行车与机动车混行问题（32.7%）、交叉路口的安全（31.8%）和过马路的人行横道设置（27.7%）。

7.3.2　居民对解放路—长治路提出的问题和建议

（1）解放路仅有一个公共厕所且还要收费。

（2）解放路：车多，没有立交桥，人车不分离。

（3）由矿机社区到解放路没有公交车，要走20分钟，老人要走半小时不方便。

（4）解放北路小商品批发市场管理混乱，各种车辆乱停放，应有一个大型停车场。

（5）应修好解放路的次干道，缓解主干道压力。兴化北街北侧、二道河路没有路灯。

7.3.3 不同弱势群体的意见

表7-3 不同弱势群体对解放路—长治路项目优选序列比较一览表

居民 ＼ 优选	第一优选	第二优选	第三优选
居民总体	自行车与机动车混行问题	交叉路口的安全	过马路的人行横道设置
老年	自行车与机动车混行问题	交叉路口的安全	人行道的安全合理性
妇女	交叉路口的安全	自行车与机动车混行问题	过马路的人行横道设置
残疾人	交叉路口的安全	过马路的人行横道设置	人行道的安全合理性
下岗失业人员	自行车与机动车混行问题	人行道的安全合理性	交叉路口的安全
农民工	交叉路口的安全	过马路的人行横道设置	机动车的行驶速度

7.4 居民对新建路—平阳路改造优选项目的看法

7.4.1 被访问居民总体的意见

根据问卷数据统计显示，居民对解放路—长治路改造优选项目的意见，居前三位的依次为：交叉路口的安全（31.6%）、自行车与机动车混行问题（30.3%）和过马路的人行横道设置（29.5%）。

7.4.2　居民对新建路——平阳路提出的问题和建议

平阳路西一巷里没有公交车，走出去坐车要 10 多分钟。乘 27 路、813 路都要走出来，尤其是巷子西头，滨河东路有公交车就方便多了。

7.4.3　不同弱势群体的意见

表7-4　不同弱势群体对新建路——平阳路项目优选序列比较一览表

居民＼优选	第一优选	第二优选	第三优选
居民总体	交叉路口的安全	自行车与机动车混行问题	过马路的人行横道设置
老年	交叉路口的安全	过马路的人行横道设置	人行道的安全合理性
妇女	交叉路口的安全	自行车与机动车混行问题	过马路的人行横道设置
残疾人	人行道的安全合理性	交叉路口的安全	自行车与机动车混行问题
下岗失业人员	交叉路口的安全	过马路的人行横道设置	自行车与机动车混行问题
农民工	自行车与机动车混行问题	过马路的人行横道设置	交叉路口的安全

7.5　居民对和平路改造优选项目的看法

7.5.1　被访问居民总体的意见

根据问卷数据统计显示，居民对和平路改造优选项目的意见居前三位的依次为：自行车与机动车混行问题（31.6%）、交叉路口的安全（31.5%）和过马路的人行横道设置（29.2%）。

7.5.2　居民对和平路提出的问题和建议

（1）和平北路需拓宽，路面不平，红绿灯的街口拐弯费劲。

（2）和平北路没有人行道，建了违章建筑。

（3）和平南路货运车太多，交通管理不好，车祸多。

（4）和平路道路在建设上应增加过街天桥、增加红绿灯或地下通道（货运通道）。

（5）和平路不应该走拉煤车，交警应加强管理。特别是和平南路拉煤车很多，污染环境，经常发生交通事故。

（6）和平北路改造重点是：人行街，市政设施（排水、照明等）。

（7）和平北路测速设备不标准，速度达不到也认为是超速。限速60公里，应改为80公里。各种标识（标志、标线）、停车位要设立清楚。

7.5.3 不同弱势群体的意见

表7-5 不同弱势群体对和平路项目优选序列比较一览表

居民 ＼ 优选	第一优选	第二优选	第三优选
居民总体	自行车与机动车混行问题	交叉路口的安全	过马路的人行横道设置
老年	交叉路口的安全	自行车与机动车混行问题	人行道的安全合理性
妇女	交叉路口的安全	自行车与机动车混行问题	过马路的人行横道设置
残疾人	交叉路口的安全	自行车与机动车混行问题	夜间安全通行问题
下岗失业人员	交叉路口的安全	自行车与机动车混行问题	人行道的安全合理性
农民工	自行车与机动车混行问题	人行道的安全合理性	过马路的人行横道设置

7.6　居民对兴化街—北大街改造优选项目的看法

7.6.1　被访问居民总体的意见

根据问卷数据统计显示，居民对兴化街—北大街改造优选项目的意见居前三位的依次为：交叉路口的安全（30.4%）、过马路的人行横道设置（30.3%）和自行车与机动车混行问题（29.7%）。

7.6.2　居民对兴化街—北大街提出的问题和建议

（1）北大街的红绿灯看不清，容易违章。

（2）建设路与北大街丁字路口交通信号灯设置不合理，没有设置左转弯信号（应考虑高峰期与直行的冲突）。

（3）赛马场建设路交叉处东西向没有左转弯，既容易出事故，又易堵车。

（4）北大街拥堵厉害，路面质量不好，老维修，浪费资金，下水道遇大雨危险。

（5）北大街原来一定距离内都有公厕，现在一个也没有了。

（6）汇丰苑到游乐场的兴化街，没有路灯，没有井盖，路面质量不好，有坑洼和积水现象，政府多次维修，但破坏严重，主要在于管理不善。852路、865路、801路、615路公交车夜里走这条路，影响行驶。马路边违章建筑多，路变窄，绿化也不好。

（7）兴化北口到滨河公园不应是快速道，居民到公园晨练不方便，经常发生事故，对儿童和老年人不利，应建立交桥或设置红绿灯。大同路上拉煤的车太多。

（8）兴化北街北侧、二道河路没有路灯。

7.6.3　不同弱势群体的意见

表7-6　不同弱势群体对兴化街—北大街项目优选序列比较一览表

居民 ＼ 优选	第一优选	第二优选	第三优选
居民总体	交叉路口的安全	过马路的人行横道设置	自行车与机动车混行问题
老年	人行道的安全合理性	过马路的人行横道设置	交叉路口的安全
妇女	交叉路口的安全	过马路的人行横道设置	自行车与机动车混行问题
残疾人	人行道的安全合理性	交叉路口的安全	自行车与机动车混行问题
下岗失业人员	交叉路口的安全	自行车与机动车混行问题	过马路的人行横道设置
农民工	过马路的人行横道设置	人行道的安全合理性	自行车与机动车混行问题

7.7　居民对漪汾街—府西街—府东街改造优选项目的看法

7.7.1　被访问居民总体的意见

根据问卷数据统计显示，居民对漪汾街—府西街—府东街改造优选项目的意见居前三位的依次为：交叉路口的安全（32.6%）、过马路的人行横道设置（30.1%）和自行车与机动车混行问题（29.5%）。

7.7.2　居民对漪汾街—府西街—府东街提出的问题和建议

（1）府西街、钟楼街白天单向，晚上双向，朝夕不一的规定不合理。另外，应设有提示牌，最好是电子屏幕。

（2）漪汾桥积水严重，汽车牌都没在水里。

（3）府西街—府东街，路比较窄，人车混行，车流量大。

（4）府西街规定停车时间，单向行驶，摩托车全天禁行，外地车辆经常被罚。应设大型电子屏幕显示各条街道的行驶规定。

7.7.3　不同弱势群体的意见

表7-7　不同弱势群体对漪汾街—府西街—
府东街项目优选序列比较一览表

优选 居民	第一优选	第二优选	第三优选
居民总体	交叉路口的安全	过马路的人行横道设置	自行车与机动车混行问题
老年	人行道的安全合理性	过马路的人行横道设置	交叉路口的安全
妇女	交叉路口的安全	自行车与机动车混行问题	过马路的人行横道设置
残疾人	人行道的安全合理性	自行车与机动车混行问题	过马路的人行横道设置
下岗失业人员	交叉路口的安全	人行道的安全合理性	过马路的人行横道设置
农民工	夜间安全通行问题	交叉路口的安全	自行车与机动车混行问题

7.8　居民对迎泽大街改造优选项目的看法

7.8.1　被访问居民总体的意见

根据问卷数据统计显示，居民对迎泽大街改造优选项目的意见居前三位的依次为：过马路的人行横道设置（32.9%）、交叉路口的安全（30.2%）和人行道的安全合理性（27.1%）。

7.8.2　居民对迎泽大街提出的问题和建议

（1）公交候车场所较差，没有遮阳棚。

（2）迎泽大街路两旁座椅太脏，基本没人坐。公交车候车站应该设挡雨棚和座椅，座椅不要设有靠背，不好清理。

（3）迎泽大街应有立交桥。太原市所有次干道、街巷路面都很脏、乱、差，靠道边的小商小贩经常把一些脏物倒在路面上，使路面恶臭。

（4）迎泽大街人行横道间隔太远，应该增加。

（5）迎泽西大街与前北屯交叉路口最好有地道或过街天桥。

（6）迎泽大街和前北屯路路口下水管道不好，西站附近、前北屯路积水严重。

（7）迎泽大街夜间司机不遵守交通规则。应该多设置自行车、机动车停车场。

（8）迎泽大街车太多，过马路困难。在（迎泽西大街路口）过马路时易发生事故。交叉路口原来可以往左拐，现在"禁左"，标识不清楚。

（9）迎泽大街的规划应超前，多设停车场。应在外侧设公交专用道，方便、安全。晚上9点后，太原市交通无人管理，导致路面损坏严重，太原市城市交通应加强管理，道路要加强维护。

（10）迎泽大街的公厕、公用电话设置不够。迎泽大街曾设过座椅，但没人打扫，后来被撤掉。在主要大街的停车场都是各单位门前的停车位，有关人员对各单位收取停车位费。交通协管员对行人乱闯红灯没有很好的方法制止。

7.8.3　不同弱势群体的意见

表 7-8　不同弱势群体对迎泽大街项目优选序列比较一览表

优选 居民	第一优选	第二优选	第三优选
居民总体	过马路的人行横道设置	交叉路口的安全	人行道的安全合理性
老年	交叉路口的安全	过马路的人行横道设置	人行道的安全合理性
妇女	过马路的人行横道设置	交叉路口的安全	人行道的安全合理性
残疾人	人行道的安全合理性	过马路的人行横道设置	机动车停放的地方
下岗失业人员	过马路的人行横道设置	交叉路口的安全	人行道的安全合理性
农民工	过马路的人行横道设置	交叉路口的安全	机动车的行驶速度

7.9　居民对南内环街改造优选项目的看法

7.9.1　被访问居民总体的意见

根据问卷数据统计显示，居民对南内环街改造优选项目的意见居前三位的依次为：自行车与机动车混行问题（29.8%）、过马路的人行横道设置（29.8%）和交叉路口的安全（29.1%）。

7.9.2　居民对南内环街提出的问题和建议

（1）南内环街需要 8 车道，货运车市内禁行。

（2）南内环街车流量大，经常堵车。

7.9.3　不同弱势群体的意见

表7-9　不同弱势群体对南内环街项目优选序列比较一览表

居民 ＼ 优选	第一优选	第二优选	第三优选
居民总体	自行车与机动车混行问题	过马路的人行横道设置	交叉路口的安全
老年	过马路的人行横道设置	交叉路口的安全	人行道的安全合理性
妇女	自行车与机动车混行问题	人行道的安全合理性	交叉路口的安全
残疾人	自行车与机动车混行问题	过马路的人行横道设置	人行道的安全合理性
下岗失业人员	自行车与机动车混行问题	交叉路口的安全	人行道的安全合理性
农民工	过马路的人行横道设置	交叉路口的安全	机动车停放的地方

7.10　弱势群体对9条路改造的其他意见倾向

根据问卷统计数据，残疾人、老年人、外来人口等弱势群体对9条道路改造的意见，与一般居民所关注的问题基本相同，主要集中在：自行车与机动车混行、交叉路口的安全、过马路人行横道的设置、人行横道的安全和合理性等四个方面。

但同时，根据访谈记录，弱势群体还有一些特殊的问题：

（1）盲道等为残疾人使用的设施很少，或被占用。

（2）人行道路面不平整。

（3）交叉路口太多，过人行横道比较吃力。

（4）人车混行，出行不安全。

（5）有的公交车就停在马路中间，乘客上下车比较危险，容易被自行车撞着，应该停在站牌附近，不应与自行车混在一起。

8. 居民对世界银行项目看法分析

8.1　对城市交通建设项目了解程度

居民对项目的了解程度直接反映和影响公众参与的水平和质量。总体上，居民对世界银行贷款项目了解程度不高，问卷调查显示：只有11.6％的居民表示"很了解"或"比较了解"，48％的居民表示"不太了解"，约三分之一的人表示"很不了解"，另外，表示"说不清"或"不回答"的占5.4％。如下图所示：

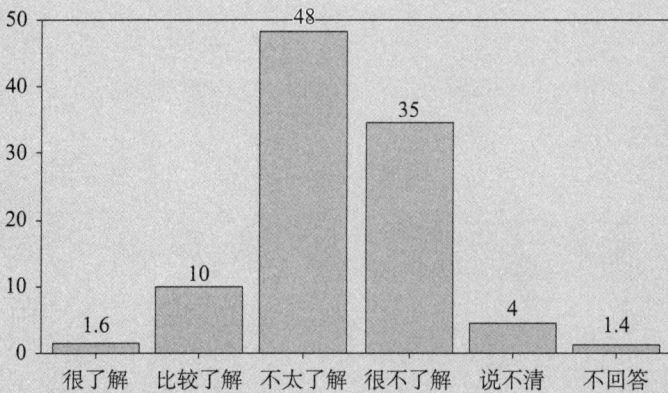

图8-1　居民对世界银行贷款城市交通建设项目了解程度（单位：％）

8.1.1　很了解或比较了解

在表示"很了解"和"比较了解"的人群中，中介组织的从业人员、党政干部、私营企业主表示的比例较高，分别为25％、24.2％、20.7％。各种职业人群选择情况如下：

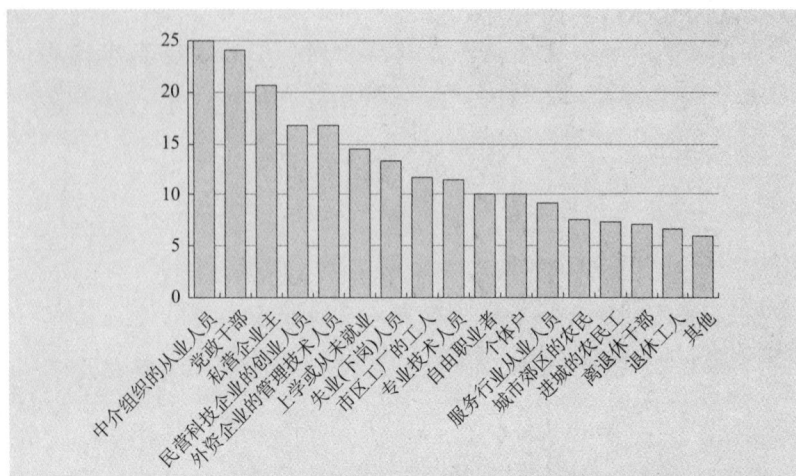

图 8－2　各职业居民了解世界银行贷款城市交通
建设项目的比例排序（单位：％）

8.1.2　不太了解或很不了解

在表示"不太了解"和"很不了解"的各种职业身份中，离退休干部、城市郊区的农民的比例较高，具体情况如下：

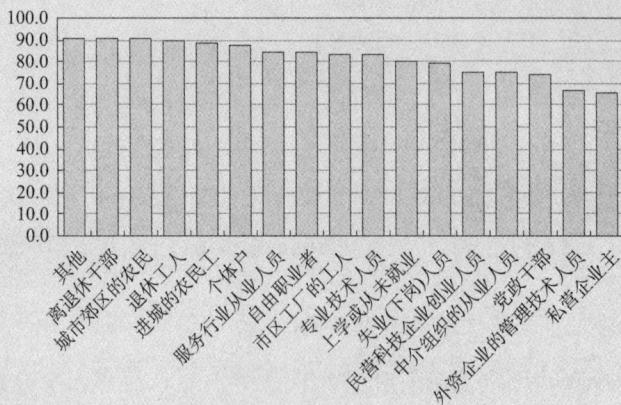

图 8－3　各职业居民不了解世界银行贷款城市交通
建设项目的比例排序（单位：％）

8.1.3　说不清

在各种职业身份中，外资企业的管理技术人员、私营企业主、民营科技企业的创业人员和技术人员表示"说不清"的比例较高，具体情况如下：

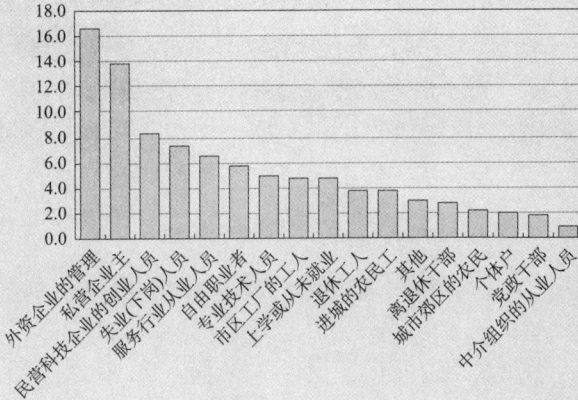

**图 8-4　各职业居民说不清世界银行贷款城市交通
建设项目的比例排序（单位：%）**

8.2　赞同或欢迎的项目

居民对项目的欢迎和赞同既反映了他们对该项目的需

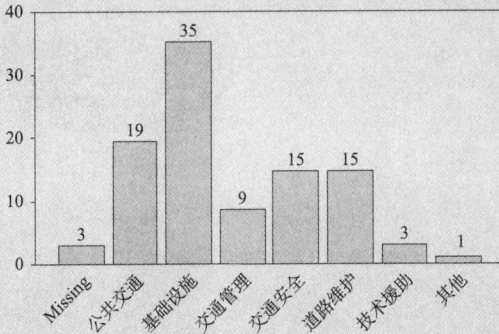

**图 8-5　居民最赞同或欢迎世界银行贷款城市交通
建设项目的比例（单位：%）**

要程度，也反映了该项目设计的合理程度。居民赞同或欢
迎世界银行贷款城市交通项目中的基础设施和公共交通子
项目的比重较高，具体情况如下：

8.2.1 公共交通

在各种出行方式中，居民欢迎不同公共交通项目建设
的比例有所不同，排在前三位的出行方式是摩托车、公交
车、步行。

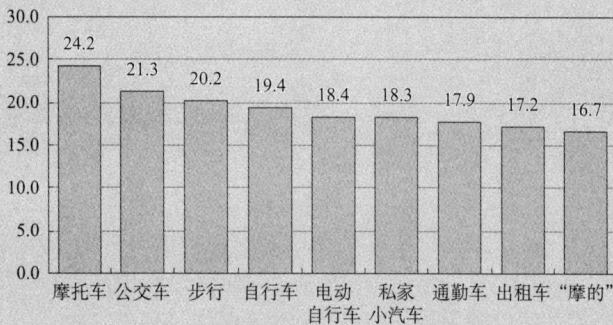

**图 8-6 不同出行方式居民最赞同或欢迎公共交通
子项目的比例排序（单位：%）**

8.2.2 基础设施

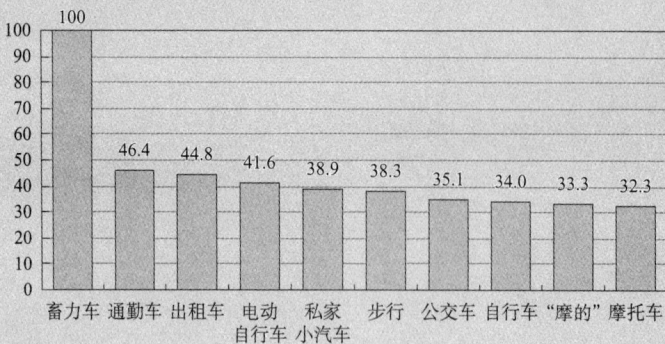

**图 8-7 不同出行方式居民最赞同或欢迎基础设施
子项目的比例排序（单位：%）**

　　在各种出行方式中，居民欢迎基础设施项目建设的比例有所不同，排在前三位的出行方式是畜力车、通勤车、出租车。

8.2.3　交通管理

　　在各种出行方式中，居民欢迎交通管理项目建设的比例有所不同，排在前三位的出行方式是"摩的"、通勤车、自行车。

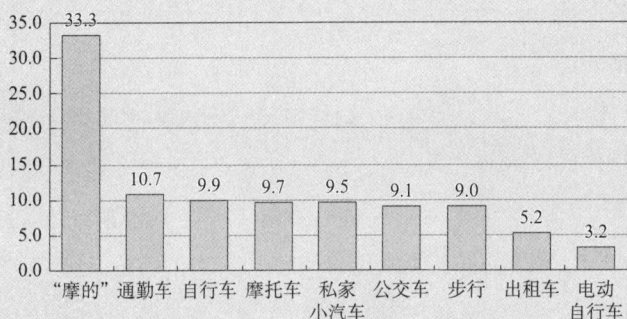

图8-8　不同出行方式居民最赞同或欢迎交通管理子项目的比例排序（单位：%）

8.2.4　交通安全

　　在各种出行方式中，居民欢迎交通安全项目建设的比

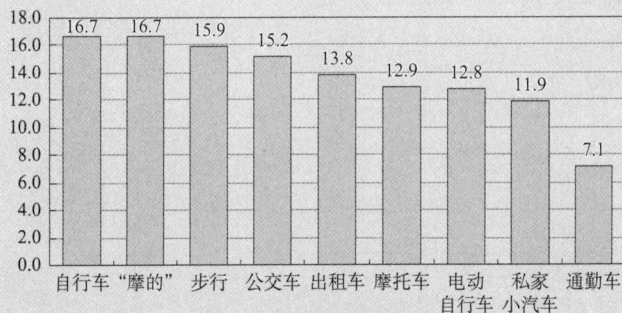

图8-9　不同出行方式居民最赞同或欢迎交通安全子项目的比例排序（单位：%）

例有所不同，排在前三位的出行方式是自行车、"摩的"、步行。

8.2.5 道路维护

在各种出行方式中，居民欢迎道路维护项目建设的比例有所不同，排在前三位的出行方式是电动自行车、自行车、私家小汽车。

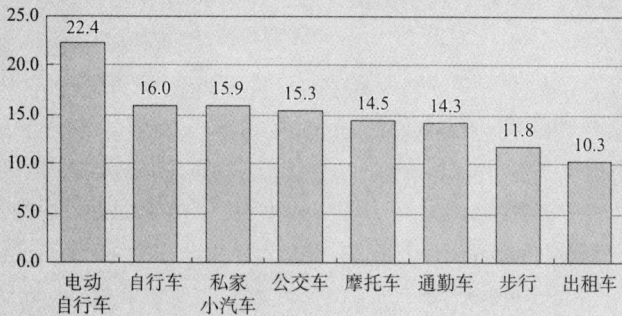

图 8－10 不同出行方式居民最赞同或欢迎道路维护子项目的比例排序（单位：%）

8.2.6 技术援助

在各种出行方式中，居民欢迎技术援助项目建设的比

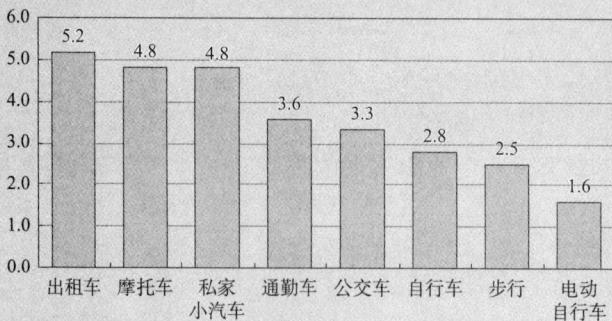

图 8－11 不同出行方式居民最赞同或欢迎技术援助子项目的比例排序（单位：%）

例有所不同，排在前三位的出行方式是出租车、摩托车、私家小汽车。

8.2.7 其他

在各种出行方式中，居民欢迎其他项目建设的比例有所不同，排在前三位的出行方式是出租车、步行、摩托车。

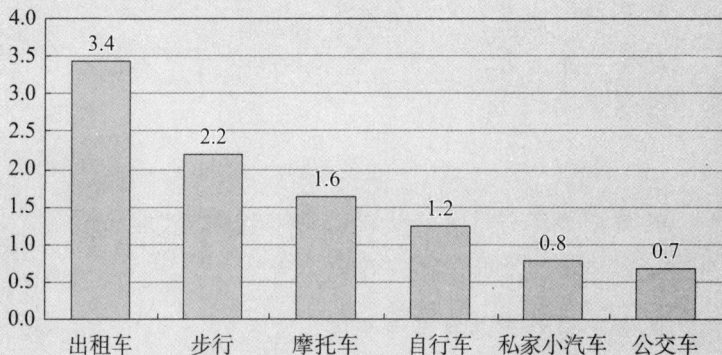

图 8-12 不同出行方式居民最赞同或欢迎其他
子项目的比例排序（单位：%）

8.3 建议增加的子项目

8.3.1 公共交通方面

（1）公交车线路

● 矿机社区居民去解放路没有公交车，要走 20—30 分钟，不方便，要求在动物园门口设置公交车站。

● 太原没有环城公交，希望形成环城公交线路。

● 公交线路存在重复，大南门最严重，造成堵车，应重新规划。

● 希望在森园南路建公交车枢纽。

● 享堂村居民希望公交车绕经社区，并在社区增加车站，解决现在乘车需要过铁路的不便。

● 许坦东街、23 路、817 路不能满足煤炭学校、旅游学院学生的乘车要求，应增加线路和车辆。

（2）公交车票价

● 多数居民希望公交车降低票价，尤其是 8 和 6 开头的公交车，应为 1 元钱/次。

● 有居民认为公交车应计程收费。

● 公交车可拉开档次，增加线路，普通车在 1 元以内，豪华车 2—3 元。

（3）其他

● 希望公交公司灵活管理，高峰期增加车辆。

● 标示发车间隔时间，让人们有选择余地。

● 公交车候车站要有停车牌、座位、挡雨棚。

● 公交车上的广告要避免儿童不宜。

● 公交调度室要发挥应有作用。

● 十六中学公交车总站没有停车场，公交车停在自行车道上，交通混乱。

● 夏季应适当延长公交车收车时间，城郊线路车次间隔时间太长。

8.3.2　基础设施方面

（1）主干道

● 大部分座谈、访谈居民建议把北中环和太行路都建成快速路。

● 因有行驶重车，北中环和太行路路面质量要保证。

● 北中环和太行路配套设施要跟上，如供水、供电、通信、污水处理等。

（2）次干道、小马路

● 居民希望在修好主干道的同时，也修好次干道和小街小巷，缓解交通压力。

● 希望修享堂西街，现没有路灯，下水管道不畅，交通高峰拥堵严重。

● 涧河路路况差，坑、洼、脏，没有照明。

● 九丰路、西渠路、千峰北路应打通，现交通不畅。

● 北沙河路全是土路，应改造并打通，缓解胜利大街的交通压力。

● 大众街坑洼，且拥堵，希望打通。

● 义井街南三巷、南四巷，路面质量较差，雨天积水，泥泞脏乱，望改善。

● 上马街窄，经常堵车，应改造。

● 兴化街，没有路灯，路面质量不好，应维修。

（3）人行道

● 行人和自行车混行的道路应分别设置人行道和自行车道。

● 加强管理，不使经营单位和小商小贩占用人行道。

● 有些人行道的地砖破损严重，如桃源北路，应禁止机动车上人行道。

● 减少人行道上停车。

（4）自行车道

● 自行车道和公交车停靠站点要有隔离。

● 增加并合理设置停车位，减少在自行车道上停车。

● 学校附近应加宽自行车道。

（5）交叉路口

● 建议多建立交桥、地下通道、人行天桥，考虑长远发展，改善人车混行状况。

● 享堂村居民希望建跨铁路的人行天桥。

● 和平路增加过街天桥、红绿灯、地下通道。

● 北中环路从小东流村经过，居民要求多考虑横向通行的便利。

● 迎泽西大街与前北屯交叉路口应建地下通道或过街天桥。

（6）停车场所

● 居民普遍反映本市停车场太少，多数机动车停在路旁，堵塞交通，应增加停车场所。

● 解放北路小商品批发市场各种车辆乱停放，应建一个大型停车场。

● 有经营单位划出停车位，交警不承认，城管与交管应配合解决停车位的合规合法问题。

● 自行车停放位置少，要增加并划出明显位置。

● "咪表"把道路变成停车场的做法并不可取。

8.3.3 交通管理方面

（1）交通堵塞

● 居民认为车多路窄，停车位少，人车混行，是造成堵车严重的原因，要分别解决。

● 建设路和晋安西街路（三叉）路口堵塞严重，应改善。

● 纺织路（大王早市附近路段），白天卖菜，夜晚烧烤，车辆通行困难，还造成卫生状况差，随地便溺，临街不敢开窗。

（2）事故多发地

● 居民认为自行车与机动车混行，是造成事故的主要原因，要解决混行问题。

● 标识不全导致事故频发，要解决。

● 建设北路敦化坊派出所路口无红绿灯，弯道车流量很大，事故多发，应改善。

● 涧河路与铁路交叉口处事故多，应改善。

● 五一路、建设路、火车站前面肇事较多，多数是超速，以及道路拥挤的原因，要改善。

（3）交警

● 多数居民反映，除少数街路（主要是大街）外，多数街道看不到交警。

● 有些交警重罚款，轻交通疏导，应改变执法思路。

● 居民对次干道的车辆管理不满意，交警应加强管理。

（4）单行线

● 很多单行线的规定和更改太突然，且经常变，应该让居民早知道。

● 很多司机不知道五一路几点到几点是单行线，被罚款人很多，应把提醒牌做大且醒目。

● 府西街、钟楼街（白天单向，晚上双向）朝夕不一的规定让人无所适从。

● 单行提示最好用电子屏幕。

（5）信号灯

● 桃园四巷与桃源北路路口红绿灯被树遮挡，看不见，要经常修剪。

● 有些红绿灯太脏，亮度差，强光下看不清，应改善。

● 红绿灯按秒算提醒时限较好，有反应时间。

（6）其他

● 考虑外地车，对各种标志、标线、指示牌、停车位置要设立清楚。

● 违章拍照和路面监控设施不足，应增加。

8.3.4　道路维护方面

（1）照明

● 居民普遍反映小巷路灯缺损严重。

● 前北屯路北段路灯有时不亮，西矿街、河涝湾街有路灯不亮，应维护。

● 主干道主要交叉路口要多设路灯，如建设路，玻璃厂宿舍路口没有路灯，且临铁路路口，比较危险。

● 铜锣湾马路拓宽以后留下电线杆在路中间，影响出行，各部门应相互协调。

（2）绿化

● 多数居民对绿化状况比较满意。

● 建设北路的绿化不好，应种大树，夏季遮挡太阳。

● 有居民建议种一些遮凉的槐树。

（3）排水

● 多数居民对排水状况并不满意，雨大积水路段较多。

● 一些环卫工人把街道上的尘土直接扫进下水道，小商小贩把污水污物倒进下水道，造成排水不畅的情况要杜绝。

● 要求胜利西街排水管粗，流的水排走。

● 迎泽大街和前北屯路路口下水不畅，应改善。

● 上官巷路低，下大雨后积水严重，应改善。

● 小东门铁道桥下，下大雨交通中断，需要用泵排水，应改善。

● 迎泽大街湖滨饭店门前、山西大学医院门前，排水不好，应改善。

（4）公厕

● 多数居民反映，路边公共厕所太少，造成随地便溺现象较多，应增加公厕。

● 公厕最好不要收费。

（5）街上座椅

● 多数居民反映，街道两侧尤其是主要道路以外的道路上，座椅太少，应该增加并合理设置。

（6）污染

● 有居民希望把那些污染比较严重的企业搬迁出市内。

● 小东流居民反映附近道路行驶大车，噪音太大。

● 汇丰苑二道河排水渠需要清理，臭水影响居民生活。

（7）垃圾筒

● 很多居民反映，多数道路上缺少垃圾桶。

（8）维修

● 经常有路面挖开，很长时间修不好，建议市政公司通过招标实现竞争，提高效率。

● 新修路井盖要挪到路边，减少破坏和压力。

● 新建或维修道路，应提前铺好各种管网线路，各部门相互配合。

8.3.5　其他方面

● 希望政府要依法依程序修路，另外规划方案要尽快确立，以免影响企业生产和发展。

● 修路应有长远、严密、综合的规划，要保证质量。

● 希望迁走钢材市场，现在太乱，影响交通。

● 太行路修通后，设置公交站点要征求群众意见。

● 井盖丢失或破损现象不少，要加强管理，提高质量。

8.4　弱势群体的看法

8.4.1　对城市交通建设项目了解程度

（1）在对世界银行贷款城市交通建设项目总体了解程度不高的情况下，女性的了解程度明显低于男性。

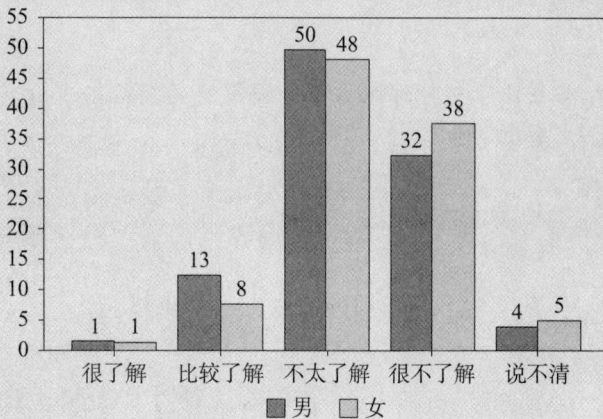

图 8 - 13　不同性别居民对世界银行贷款城市
交通建设项目了解程度（单位：%）

（2）老年人（61 岁以上）的了解程度大多要低于其他年龄组。

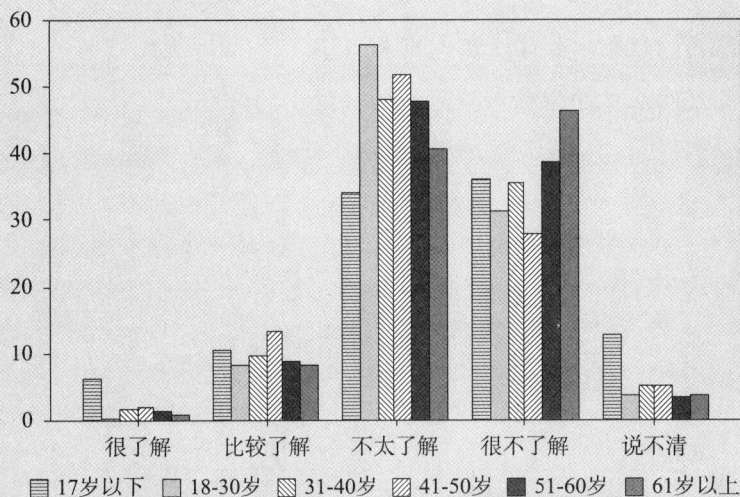

图 8 - 14　不同年龄段居民对世界银行贷款城市
交通建设项目了解程度（单位：%）

（3）残疾人（包括轻度残疾和严重残疾）的了解程度
相近或略高于非残疾人。

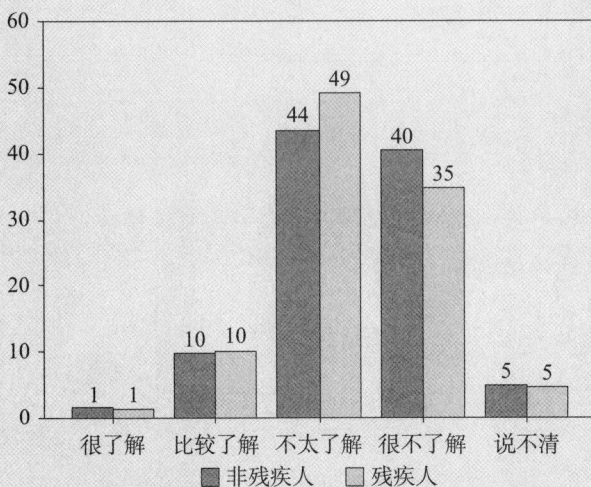

图 8 - 15　残疾与非残疾居民对世界银行贷款城市
交通建设项目了解程度（单位：%）

（4）外来人口（在本市居住不足1年的居民）的了解
程度明显低于常住人口（居住超过1年的居民）。

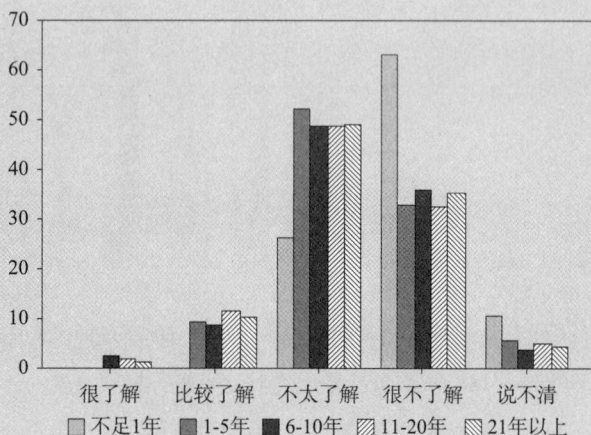

**图8－16 在本市居住时间不同居民对世界银行贷款城
市交通建设项目了解程度（单位：%）**

（5）失业（下岗）人员的了解程度稍高于非失业下岗人员。

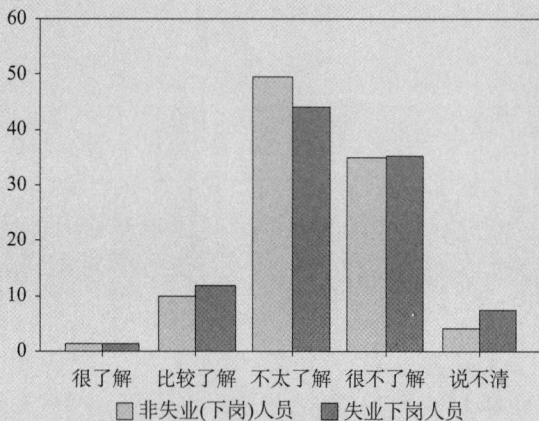

**图8－17 失业（下岗）及非失业（下岗）居民对世界银行
贷款城市交通建设项目了解程度（单位：%）**

8.4.2　赞同或欢迎的项目

（1）女性最赞同或欢迎的世界银行贷款城市交通建设项目情况与男性有较大不同，女性支持公共交通、交通安全、道路维护的比例高于男性。

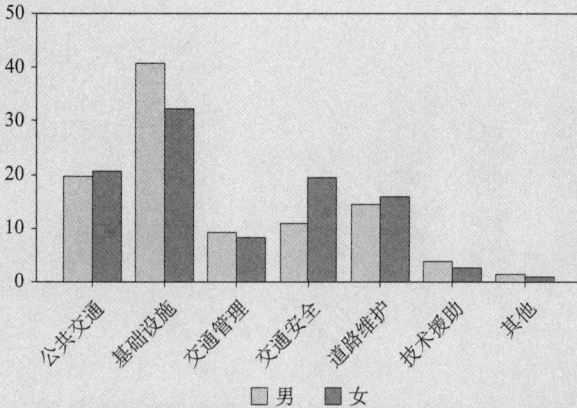

图8-18　不同性别居民最赞同或欢迎世界银行贷款城市交通建设项目的比例（单位：%）

（2）老年人（61岁以上）比其他年龄段人口更赞同或欢迎基础设施项目。

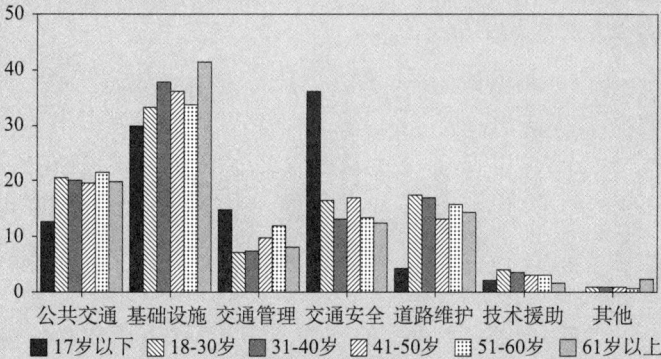

图8-19　不同年龄段居民最赞同或欢迎世界银行贷款城市交通建设项目的比例（单位：%）

（3）残疾人比非残疾人更赞同或欢迎公共交通、交通
管理、交通安全、道路维护等项目。

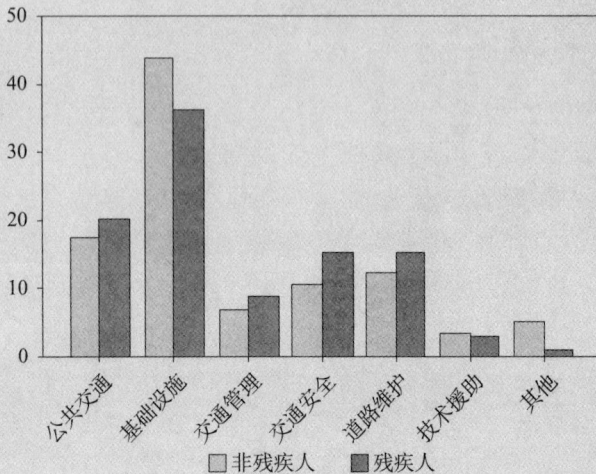

图 8 - 20　残疾与非残疾居民最赞同或欢迎世界银行
贷款城市交通建设项目的比例（单位：%）

（4）外来人口比常住人口更赞同或支持交通管理和交
通安全，对公共交通、道路维护和技术援助关心度较低。

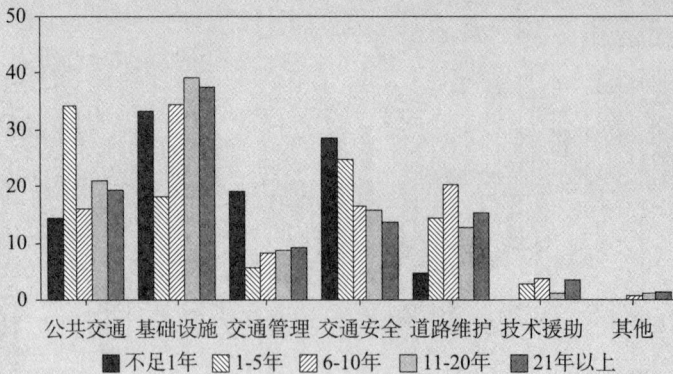

图 8 - 21　在本市居住时间不长的居民最赞同或欢迎世界银行
贷款城市交通建设项目的比例（单位：%）

（5）失业（下岗）人员比非失业（下岗）人员更赞同或欢迎道路维护。

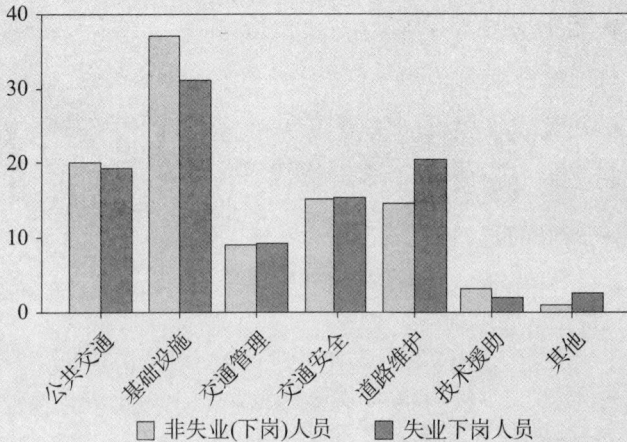

图8-22　失业（下岗）及非失业（下岗）居民最赞同或欢迎世界银行贷款城市交通建设项目的比例（单位：%）

8.4.3　弱势群体建议增加的子项目

（1）公交车方面

● 8、6字开头的公交车不实行照顾老年人、儿童、学生、残疾人的政策，应该改变。

● 公交车应实行65岁以上老人照顾的政策，现70岁以上才照顾（8、6开头的车除外）。

● 公交车站要提供老年人等车的座位。

● 公交车应多考虑残疾人，要保证配有专用座椅和轮椅位。

● 公交车的登车脚踏对残疾人来说太高，应该多考虑残疾人的需求。

● 对困难家庭来说，公交车票价 1 元已较高，1.5 元的车显得更高。

● 建议对残疾人乘车应优惠或免费。

● 有的站牌有盲文，有的没有。

（2）安全方面

● 火车站、汽车站和建南汽车站小偷多，没人管。

● 车转弯时应礼让行人。

● 新修的道路都应设无障碍通道。

● 和平南路白天也走大型运煤车，交通管理不好，不安全。

● 商店、市场附近的盲道被占用较多，应加强管理。

（3）顾虑的情况

● 修路是好事，附近困难居民担心利益受损失，尤其担心拆迁。

● 怕修路造成生活不便，希望学校、幼儿园、菜市场能离小区近些，方便居民购物、上学。

● 修路要为百姓造福，不要搞豆腐渣工程，招标要规范，不要搞亲属承包。

第六章
中国世界银行贷款项目的社会影响评价机制

一、 社会影响评价的理论界定

社会影响原则上包括任何公共的或私人的活动对人类社会造成的后果，人们日常的生活、工作、娱乐、与他人互动的方式，以及通常作为社会成员满足需求的适应方式所发生的变化。社会影响也涵盖了文化影响，包括：道德、价值观以及信仰（它们指导并将人们对自身和社会的认知合理化）的改变。

社会影响评价是一套预先对预计项目或政策的社会影响做出评估的知识体系。它是有效的决策及管理发展项目的工具。在采取重大行动（重大工程、活动、政策出台）之前，除了应该对其技术经济可行性、环境影响进行评估外，还应该对其可能产生的社会影响进行评估。直白地说，就是行动将会影响到哪些人，对他们有什么影响，他们会做出什么反应，怎样预先制定对策，把不良反应降到最小。国际影响评价协会认为：社会影响评价（Social Impact Assessment，SIA）包括分析、监测和管理由预计干预措施（政策、项目、计划、工程）所引发的，任何社会变化过程的社会影响，包括预期的和预期之外的、正面和负面的社会影响。其基本目标，是促进一个可持续的和公平的自然和人类环境。Rabel J. Burdge 认为：社会影响评价是社会科学的一个次级学科。它对因拟建项目或政策改变造成环境变化进而导致的对社区和个人日常生活品质所产生的影响进行评价，是一套对影响预先做出评估的知识系统。Frank Vanclay 认为：社会影响评价是分析、监督和管理项目开发所造成的社会方面的后果。这一新科学与过去研究的最大区别，在于它是前瞻的、预测性的，并立足于干预、指导预计重大行动（包括重大项目建设、重要政策出台）的发展进程。

1970 年 1 月 1 日，时任美国总统的理查德·尼克松签署了《国家环境政策法（1969）》（简称 NEPA）。根据这一法案，涉及美国联邦土地、税收或管辖权的开发项目和政策，必须提交一份环境影响报告书（EIS），其中必须详述拟建项目及其备选方案对自然、文化及人类环境的影响。在 1970 年前，开发项目的影响，或者对影响分布的公平性议题都很少被人们关注。当时普遍的观点是，从项目中获得的经济效益，可以弥补任何可能的负面影响，现金补偿可以弥补任何不利的社会后果。而NEPA 法，认识到人类活动造成的环境影响可能削减项目效益，甚至超过了项目带来的利益，危及项目的成功，并且严重损害人类赖以生存的环境。

《国家环境政策法》要求，在环境影响报告书中，必须对预计项目的潜在环境影响提前做出评估并记录备案。这样，决策者可以根据所有必要的信息做出决策、考查预计项目或政策的备选方案，或者制定措施减缓不可避免的负面影响。并且要求项目建议者提供减缓项目负面影响的措施以及监测项目，以确保这些措施的成效（NEPA，1969）。因此，评估者应综合利用自然科学和社会科学（包括规划方法）的视角和方法进行评估。

1981年，国际影响评价协会成立。

1986年，世界银行要求所有受资助项目做环境影响评价（多数区域多边银行仿效）。

2003年，国际社会影响评价协会出版《国际社会影响评价原则与指南》。该《指南》比美国的版本涵盖的范围更广，并且适用于国际贷款与援助机构，适用于发达国家同样也适用于发展中国家。

社会影响评价的目标，是促成一个在生态、社会文化和环境上可持续和公平的环境。因此，影响评价促进社区发展和赋权、能力建设并增加社会资本（社会网络和信任）。社会影响评价关注的焦点，是开发前的预警和更好的开发结果。而不仅仅是识别或者改善不利或者预期之外的结果。协助社区和其他利益相关者确认发展目标，实现积极效益的最大化，比将负面影响降至最低更为重要。社会影响评价方法可用于广泛的预计干预，并且可以由不同角色的人来承担，它并不局限于一个固定的框架。为了增加社会影响评价学科的知识，并使其日渐完善，必须分析过去的行动造成的影响。社会影响评价对其理念基础和实践，必须保持反省和评估的态度。社会影响评价不仅用于预计干预，也可用于其他事件的社会影响，例如灾难、人口变化和流行性疾病等。

二、 世界银行贷款项目的社会影响评价

（一） 项目管理中的社会影响评价

世界银行高度重视自主的项目所带来的环境与社会风险及其

可能产生的影响，要求识别和分析项目带来的社会与环境风险及影响，采取降低风险和减缓负面影响的措施。不仅如此，世界银行还要求借款方在项目整个生命周期中对社会与环境风险和影响进行评估，监测各种应对举措的执行情况及其成效。识别、分析、监测和评估社会与环境风险及影响通常被统称为"社会评价"。

在世界银行贷款项目中做社会评价是非常必要的，既可以避免对环境或受影响人群造成伤害，也可以更好地完善项目涉及和提高执行工作的效率，还可以保护世界银行和借款国的信誉。在一个具体项目中，社会评价的目的有三个：一是识别与分析项目的社会影响与社会风向；二是提出完善项目促进项目可持续运营的建议；三是在项目整个生命周期中坚持社会评价，以确保项目设计目标的实现。从社会的角度来讲，任何一个项目都必然涉及不同的利益群体。这些利益群体对项目的要求、面临的问题以及他们与项目之间的相互关系各不相同。因此，世界银行要求项目方通过参与式工具使项目涉及的各利益相关者，特别是利益相关者中经常会被忽略的群体，如贫困群体、妇女、少数民族等参与项目设计及决策过程。[①]

所谓社会影响评价，是以分析社会问题和构建利益相关者参与的一种评价方法。作为一种分析工具，社会评价提供了将社会问题分析和利益相关者结合到项目设计中的研究框架，这是社会项目评价的一个重要方面。社会评价的重点是研究项目的社会可持续性和项目与所在地的互适性，强调项目与社会相协调。社会评价的关键是弄清楚项目与人之间的关系，体现了"以人为中心的可持续发展"，是经济评价与环境评价无法取代

---

① 潘良君，何勇，王海涛：《世界银行贷款项目社会评价精解》，东南大学出版社，2017年。

的。在社会评价中，社会学与人类学扮演着十分重要的角色，两个学科为系统实地调查、收集和项目相关的各种社会因素和社会数据，分析和研究项目可能涉及的社会风险及影响，寻找管理社会风险和减少项目负面社会影响的道路等，同时提供基本的理论与方法。因此，项目的社会评价离不开社会学家与人类学家的参与。我们在此所说的"社会评价"包括两个层面：一是项目的社会风险与影响评价和评估；二是针对特定群体或特定问题所设计的发展计划及其实施管理。就世界银行项目的社会评价而言，其基础是世界银行的社会安全保障政策及其具体条款。根据安全保障政策及其具体条款的要求，"社会影响评价"必不可少，再根据涉及的人群和问题决定是否需要做与少数民族、移民、女性、贫困群体等相关的发展行动计划。[1]

（二）社会影响评价重点关注的事项

世界银行贷款项目社会评价倡导全过程的分析框架，在项目前期和实施中以及运营管理阶段的社会分析中，着重关注的社会事项有四个方面[2]：

一是减少或消除贫困。减少或消除贫困是世界银行和亚洲发展银行等国际组织的共同宗旨，也是世界银行和亚洲发展银行安保政策的重要内容。如果项目对贫困群体产生负面影响或使其面临潜在风险，或项目活动可能阻碍他们继续发展时，必须通过社会评价识别其面临的社会风险，判断项目活动是否会引起新的贫

---

[1] 潘良君，何勇，王海涛：《世界银行贷款项目社会评价精解》，东南大学出版社，2017年。

[2] 陈绍军：《世行贷款项目社会影响评价与我国建设项目社会稳定风险评估比较研究》，《环境与可持续发展》，2019年第1期。

困问题，并将减少或降低风险的措施融入社会行动计划。对贫困群体的关注有：增加穷人收入，增强抵御风险和发展的能力，创造改善生活的条件和机会；缓解和避免项目对贫困群体可能产生的负面影响和风险；促进贫困群体在项目中全程参与和公平受益。

二是消除性别歧视与不公。改善妇女地位、促进性别平等与发展是世界银行贷款项目中一个重点关注的社会事项。男性和女性角色，分工和地位等不同，项目对两性的影响以及他们对项目的认知、意愿和需求也不尽相同。妇女的弱势境遇使其在项目中面临更多的社会风险和问题。通过性别分析，倾听妇女的声音，避免引发性别不平等，并通过项目实施增加妇女发展机会，增强发展能力。性别分析的整体目标：区别对待男性和女性社会分工和需求的差异性，将妇女的需求融入项目设计，促进妇女在项目中受益；减少项目对妇女产生负面影响和风险，促进社会性别平等和发展；促进妇女在项目中的参与和决策。

三是尽可能避免非自愿性移民。非自愿性移民因项目建设面临丧失土地、失去家园、失业和社会组织结构解体等贫困风险，是项目社会评价需要特别关注的人群。非自愿性移民分析的整体目标：采取必要措施，尽可能避免或减少非自愿性移民；尽可能减少项目对移民的负面影响和风险，努力提高移民生计和生活水平，至少使其真正恢复到搬迁前或项目开始前的较高水平；促进移民在项目中的参与，共享项目的效益。

四是尊重少数民族的尊严、权利、经济和文化。少数民族拥有与主流社会相区别的文化、组织、宗教信仰、语言、社会交往方式等特征，经常是最边缘化和最脆弱的社会群体；少数民族群体在主流社会中的民族特征和社会经济地位往往限制了他们在项目中的参与以及公平共享项目收益的机会。项目社会评价中少数民族分析的整体目标：以符合项目区少数民族文化适应性的方式提供有关项目信息，进行充分的沟通和协商，促进少数民族的知情参与和利益表达；将少数民族对项目的需求融入项目设计中，有助于项目目标实现；通过采取措施和行动，减少项目对少数民族产生的负面影响和潜在风险。

三、 中国世界银行贷款项目的社会影响评价

（一） 社会影响评价的实施

中国世界银行贷款项目中社会影响评价一般分为调查社会资料、识别社会因素、论证比选方案三个步骤[①]：

一是调查社会资料，调查了解项目所在地区的社会环境等方面的资料。调查的内容包括项目所在地区的人口统计资料；基础设施与服务设施状况；当地的风俗习惯、人际关系；各利益群体对项目的反应、要求与接受程度；各利益群体参与项目活动的可能性，如项目所在地区干部、群众对参与项目活动的态度和积极性，可能参与的形式、时间，妇女在参与项目活动方面有无特殊情况等。社会调查可采用多种调查方法，如查阅历史文献、统计资料、问卷调查、现场访问、观察、开座谈会等。

二是识别社会因素，分析社会调查获得的资料，对项目涉及的各种社会因素进行分类。一般可分为三类：影响人类生活和行为的因素；影响社会环境变迁的因素；影响社会稳定与发展

---

① 久久建筑网：《项目的社会评价》，www.99jianzhu.com。

的因素。从中识别与选择影响项目实施和项目成功的主要社会因素，作为社会评价的重点和论证比选方案的内容之一。

三是论证比选方案，对项目可行性研究拟定的建设地点、技术方案和工程方案中涉及的主要社会因素进行定量、定性分析，比选推荐社会正面影响大、社会负面影响小的方案。主要步骤如下：

（1）确定评价目标与评价范围。根据投资项目建设的目的、功能以及国家和地区的社会发展战略，对与项目相关的各社会因素进行分析研究，找出项目对社会环境可能产生的影响，确定项目评价的目标，并找出主要目标和次要目标。分析评价的范围，包括项目影响涉及的空间范围和时间范围。空间范围是指项目所在的社区、县市。有的大型项目如水利项目，影响区域可涉及多个省市。时间范围是指项目的寿命期或预测可能影响的年限。

（2）选择评价指标。根据评价的目标，选择适当的评价指标。评价指标包括各种效益及影响的定性指标和定量指标。一般所选指标不宜过多（在50个以内），且要便于搜集数据和进行评定。

（3）确定评价标准。在广泛调查研究和科学分析的基础上，收集项目本身及评价空间范围内社会、经济、环境等各方面的信息，并预测在评价和项目建设阶段有无可能发生变化，然后确定评价的标准。定量指标的评价标准一定要明确给出。

（4）列出备选方案。根据项目的建设目标、不同的建设地点、不同的资金来源、不同的技术方案等，理清可供选择的方案，并采取拜访、座谈、实地考察等方式，了解项目影响区域范围内地方政府与群众的意见，将这些意见纳入方案比较的过程中。

（5）进行项目评价。根据调查和预测的资料，对每一个备选方案进行定量和定性评价。首先，对能够定量计算的指标，依据调查和预测资料进行测算，并根据一定标准评价其优劣。其次，对不能定量计算的社会因素进行定性分析，判断各种定性指标对项目的影响程度，揭示项目可能存在的社会风险。再次，分析判断各定性指标和定量指标对项目实施和社会发展目标的重要程度，对各指标进行排序并赋予一定的权重。对若干重要的指标，特别是不利影响的指标进行深入的分析研究，制定降低不利影响的措施，研究存在的社会风险的性质与重要程度，提出规避风险的措施。最后，计算各指标得分和项目综合目标值，并对备选方案进行排序，得分高者为优；若出现得分相同情况，则以权重最大的某项指标为准，以该指标优者为佳。

（6）专家论证。根据项目的具体情况，可召开相应规模的专家论证会，将选出的最优方案提交专家论证，对中选方案进行详细分析，就其不利因素、不良影响和存在的问题提出改进建议和解决办法，进一步补充和完善该方案。

（7）评价总结。编制"项目社会评价报告"，即对所评价项目的调查、预测、分析、比较的过程和结论，以及方案中的重要问题和有争议的问题写成一定格式的书面报告。在提出方案优劣的基础上，提出项目是否具有社会可行性的结论与建议，形成项目社会评价报告或者篇章，作为项目决策者的决策依据之一。

（二）社会影响评价的机制

社会影响评价旨在系统调查和预测拟建项目的建设、运营产生的社会影响与社会效益，分析项目所在地的社会环境对项目的适应性和可接受程度。通过分析项目涉及的各种社会因素，评价项目的社会可行性，提出项目与当地社会协调关系、规避社会风险、促进项目顺利实施、保持社会稳定的方案。具体来说社会影响评价对中国的影响主要表现在以下几个方面：

（1）有利于中国国民经济发展目标与社会发展目标协调一致，防止单纯追求项目的财务效益。对于那些应该进行社会评价的投资项目，如果在项目投资建设前没有做社会评价，项目的社会、环境问题未能在实施前解决，将会阻碍项目预期目标的实现。例如，有些项目的经济效益不错，但可能对生态环境污染严重；有些项目建成了，社会安全问题解决不好，将会严重影响项目的投产运营；有些项目在少数民族地区建设，可能没有充分了解当地的风俗习惯而导致当地居民和有关部门的不配合；有些项目由于移民安置没有解决好，会导致人民生活水平下降等等。实践证明，社会影响较大的投资项目将直接关系到国家和当地的经济发展目标和社会发展目标的协调一致。在项目评价中，进行必要的社会评价，可以使项目建设与社会发展相协调，可以促进经济发展目标的实现和社会效益的提高，从而使国家和地区发展相得益彰。

（2）有利于项目与所在地区利益协调一致，减少社会矛盾和纠纷，防止可能产生不利的社会影响和后果，促进社会稳定。投资项目在客观上一般都会对所在地区产生有利影响和不利影响。有利影响与所在地区利益相协调，对地区社会发展和人民生活水平起到促进和推动作用；不利影响则会对地区的局部利益或社会环境带来一定的损害。分析有利影响和不利影响的作用范围，判断有利影响和不利影响在项目作用中的程度，是社会评价中判断一个项目好坏的标准。如一个水利工程项目，有利影响包括防洪、发电、灌溉和水产养殖等，不利影响包括由于库区建设而导致的移民和对周围生态环境的改变等。如果库区迁移人口安置不当，致使当地人民生活水平下降，生活习惯改变，难以适应新的生活环境，从而引起移民的不满或者过激行为，则会对当地社会稳定和项目的顺利进行产生不利的后果。另外，如果在水利工程建设中没有处理好生态环境的保护，而造成对生态环境的破坏，则也会给项目的顺利实施及可持续发展带来不利的影响。因此，在进行社会评价的过程中，应该始终把项目建设同当地人民的生活和发展联系起来，对可能预计到的项目建设的不利影响，应预先采取适当的措施，使其可能引起的社会不稳定情况降到最低程度。

（3）有利于避免或减少项目建设和运营的社会风险，提高投资效益。项目建设和运营的社会风险是指由于在项目评价阶段忽视社会评价工作，致使在项目的建设和运营过程中与当地社区发生种种矛盾长期得不到解决，导致工期拖延、投资超计划、经济效益低下等与当初的经济评价结论相背离的可能性。这就要求项目评价人员在进行社会评价时要侧重于分析项目是否适合当地人民的文化生活需要，包括文化教育、卫生健康、宗教信仰、风俗习惯等；考察当地人民的需求如何，对项目的态度如何，是支持还是反对。同时，也要求社会分析要广泛深入并应结合实际，提出合理的针对性建议以降低项目的社会风险。只有消除了项目的不利影响，避免了社会风险，使项目与当地居民的需求相一致，才能保证项目的顺利实施，持续发挥项目的投资效益。

（三）社会影响评价的成功案例

社会影响评价对政策、项目、计划、工程的适应过程提供帮助，为预计干预的设计和实施提供信息。社会影响评价应用当地知识和参与式过程，来分析受益和受损群体。它包含利益相关者分析、分析备选方案并监测预计干预。社会影响评价承认，社会、经济和自然影响是本质地、不可避免地相互关联的。其中任何一个领域的变化，都将波及其他领域。因此，社会影响评价必须了解影响产生的路径，一个领域的变化造成了其他领域重复的和连锁的影响。换句话说，必须考虑到次级以及更高层次的影响和累积影响。因此在项目的准备和实施期间进行必要的社会影响评价是十分重要的。下面是我主持完成的"世界银行贷款辽宁中等城市基础设施能源项目朝阳市中心城区集中供热工程"社会影响评价工作。这项工作主要包括前期准备工作、现场调查工作、后期统计分析和撰写报告及修改工作三个阶段。前期准备工作从 2013 年上半年开始；现场调查工作从2013 年 7 月初开始进行，8 月上旬结束；后期统计分析撰稿工作主要在 8、9 两个月内进行，具体社会影响评价报告如下：

世界银行贷款辽宁中等城市基础设施能源项目
朝阳市中心城区集中供热工程社会影响评价报告

1. 导言
1.1 项目建设的必要性
在朝阳市中心区域内采用热电联产结合大型调峰热源

厂的集中供热方式，符合国家能源政策，有利于提高能源利用效率、节约能源，是实现能源与环境协调、可持续发展的需要。早在 2006 年 7 月，由国家发展改革委会同科技部、建设部、质检总局、环保总局、国管局和中直管理局组织编制的《"十一五"十大重点节能工程实施意见》中，就鼓励"用集中以供热为主的方式替代城市燃煤供热小锅炉，扩大集中供热范围"。去年，在国务院印发的国发〔2012〕40 号文件《节能减排"十二五"规划》中，明确规定："东北、华北、西北地区大城市居民采暖除有条件采用可再生能源外基本实行集中供热，中小城市因地制宜发展背压式热电或集中供热改造，提高热电联产在集中供热中的比重。"因此，本项目的建设，不仅能大量节约能源和大力改善大气环境，而且经济效益显著，利国利民。本项目的建设也符合《朝阳市城市热电发展总体规划（2010－2020 年修编版）》的政策要求。

随着社会经济的发展和城市建设步伐的加快，朝阳市现行的供热管理体制已经无法适应供热企业的经营及发展的需要。一方面部分热电厂、锅炉房主要设备超期服役，设备陈旧，管网老化，效率低下，生产成本过大，能源浪费很严重；另一方面，由于多年来形成的粗放型用热管理方式，供热企业经营状况不好，供热质量差，扩大供热能力和改善居民生活条件面临着资金和管理的双重压力。集中供热的普及率高低，从一个侧面反映出一个城市现代化的发展水平。集中供热作为城市一项重要基础设施建设，对城市的发展，改善城市环境，节约能源，有着非常重要的意义。集中供热不仅能提高供热质量，而且还具有明显的社会效益和经济效益。本项目实行的城市集中供热是朝阳市基础设施建设的重要组成部分，具有节约能源、减少污染、有利生产、方便生活的综合的经济效益及环境效益和社会效益，项目内容见下表 1-1：

表 1-1　项目内容一览表

序号	项目名称	项目内容
1	一级网的建设	新建一级热水网 53 公里。管径 DN1200～DN150
2	热力站的建设	新建热力站 205 座，改建热力站 53 座，新建楼宇热力站 8 座

1.2　项目的发展目标

项目的实施将提高朝阳市城区供热能力，扩大基础设施的覆盖范围，满足更多群体的需求，促进朝阳市经济和社会的稳定、持续、协调发展。发展目标如下表：

表 1-2　项目建设的发展目标一览表

类别	项目建设的发展目标
供热面积	本项目北部区域内的主要热源为国电朝阳热电厂，供热面积 1 300 万 m^2。南部区域内的主要热源为中电投燕山湖电厂，供热面积 1 200 万 m^2。总供热面积为 2 500 万 m^2
管网改造	一级网是指从国电朝阳热电厂到各个热力站之间的高温水网。新建一级网开沟长度 53 km

1.3　项目可行性研究

本次世界银行贷款辽宁省朝阳市城区集中供热项目的

可行性研究报告，由沈阳市热力工程设计研究院完成，项目的主要内容及编制单位情况见下表：

表1-3　项目可行性报告情况一览表

项目	编制单位	可研主要内容	相关的主要社会问题
朝阳市城区集中供热项目	沈阳市热力工程设计研究院	项目概况、供暖现状与规划、节能与环保效益、投资估算与经济分析、项目风险分析	1. 供热方转变对服务居民的影响 2. 供热方转变对弱势群体的影响 3. 关闭小锅炉对原来供热方（小锅炉业主）的影响 4. 关闭小锅炉对原来经营方（小锅炉承包人）的影响 5. 关闭小锅炉对固定工（管理和技术）人员的影响 6. 对小锅炉临时工（季节工）的影响 7. 供热费收缴率 8. 项目建设征地对失地农民的影响

1.4　社会评价的目的

本项目社会评价的目的是通过分析项目建设对其利益相关者的影响，并且识别项目潜在的社会风险，提出减少或规避社会风险的措施，提出优化的工程设计方案，消除或尽量减少因项目的实施所产生的社会负面影响，使项目的设计更加符合项目所在地区的发展目标，为项目地区的人口提供更广阔的发展机遇，提高项目实施的效果。

1.5　影响项目目标实现的主要社会问题

根据世界银行备忘录的要求，社会评价小组通过与项目设计人员的沟通和现场调研，认为影响项目目标实现的社会问题及社会风险问题，主要是由于关闭小锅炉房而造成部分工人失业的问题，以及锅炉房业主和承包人的经济损失。本次项目社会评价关注的主要社会问题概括如下：

（1）重点分析关闭小锅炉对工人失业的影响

（2）重点分析关闭小锅炉对小锅炉业主的影响

（3）重点分析转变供热方式对小锅炉服务人群的影响

（4）重点分析热源建设对被征地人群的影响

1.6　社会评价的方法

本次社会评价主要采用了以下四种方法：

（1）文献收集与整理：社会评价报告编写人员查阅了有关社会评价文献资料及当地的年鉴，并走访了政府有关部门，从中收集了大量的有关土地征用、小锅炉关闭安置的政策，以及有关弱势群体的补偿安置政策及供暖优惠政策。

（2）座谈会：本次社会评价报告编写人员与项目相关利益者共召开了5次座谈会，讨论项目的社会影响及减缓风险的措施。

（3）访谈：本次社会评价报告编写人员与社区、受影响居民、受益群众、弱势群体、锅炉房业主及锅炉房工人进行小组访谈20组次，进行个体访谈70人次，深入走访20个典型的锅炉房，了解他们对本项目的看法，探讨项目的建设可能对他们造成的影响。

（4）问卷调查：本次社会评价针对受影响锅炉房的临时工进行了抽样调查，共发放问卷120份，回收有效问卷105份，对受影响12%的小锅炉房和7%的工人进行了问卷调查。对受影响的双塔区和龙城区两个区域的部分居民进行了受影响居民问卷调查，共发放问卷220份，回收有效问卷204份。

1.7　社会评价报告的安排

根据世界银行对项目社会评价政策规则的要求，由辽宁社会科学院的社会评价专家编写本项目社会评价报告。

报告主要围绕以下几个方面的问题展开：（1）项目区的社会经济发展水平；（2）项目现有设施的服务范围及项目的社会效益；（3）鉴别项目的主要利益相关者，并分析其需求及影响，特别是关闭小锅炉造成工人失业的影响、对小锅炉业主的影响，以及转变供热方式对小锅炉服务人群的影响；（4）项目实施的社会风险识别，管理和控制以及对设计的优化建议等。

2.　项目所在地社会经济概况

2.1　项目区界定

本项目共涉及朝阳市 2 个县区，影响地区涉及龙城区和双塔区。受影响区域面积共计 1 138 km²，受影响区域街道 27 个，村/居委会 190 个，受益人口 60.8 万人，项目影响范围详见表 2-1。

表 2-1　项目影响范围一览表

序号	项目所在地区	受益范围（个数）		受益面积（平方公里）	受益人口（万人）	其中城镇人口（万人）
		街道/乡镇	社区/村			
1	龙城区	12	87	636	20.8	5.4
2	双塔区	15	103	502	40	30.7
合计	2	27	190	1 138	60.8	36.1

2.2 项目区社会经济状况

朝阳市位于辽宁省西部,现辖2个市辖区(双塔区、龙城区),2个县级市(凌源市、北票市),2个县(朝阳县、建平县),1个自治县(喀喇沁左翼蒙古族自治县)。朝阳西邻赤峰、北接通辽、东连锦州,南与葫芦岛、河北直通。辖区属山地丘陵区,西北高、东南低。南北全长约216公里,东西宽约165公里,边界周长约980公里,面积近2万平方公里,约占全省总面积的13%。全市总人口344.34万人。

朝阳市处于西部京津城市群与东部辽沈城市群辐射的中间地带,市区东距辽宁省会沈阳341公里,西距国家首都北京518公里,铁路、公路可直达北京、沈阳,是北京、承德通往沈阳、丹东、大连以及东北各地的交通要道,地理位置十分重要。项目区主要人口、经济及社会指标见表2-2和表2-3。

2.3 项目区所在城市少数民族状况

为了评价项目对少数民族的影响,社会评价小组与朝阳市少数民族事务委员会进行了座谈,了解项目涉及县区

表2-2 项目区所在地人口情况一览表

序号	项目所在地区	总户数(万户)	人口(万人)	女性人口(万人)	低保户(户)
1	朝阳市	112.7	340.6	165.9	59 211
2	龙城区	6.6	20.8	10.3	5 816
3	双塔区	13.4	40	20.2	14 149

表 2 - 3　项目主要经济指标一览表

序号	项目所在地区	人均GDP（元）	第一、第二、第三产业比例（%）	广播人口覆盖率（%）	电视人口覆盖率（%）
1	朝阳市	30 788	22.3、49.5、28.2	98.06	98.13
2	龙城区	——	14.5、60.0、25.5	100	100
3	双塔区	——	4.0、40.4、55.5	100	100

的少数民族分布，以及项目对其影响。朝阳市是一个多民族的城市，除汉族外，还有蒙古、回、满等 36 个民族。少数民族人口 21.6 万人，主要是蒙古族、满族、朝鲜族等，少数民族人口最多的是蒙古族，有 17.6 万人。调查发现，少数民族人口以杂散居方式居住，与汉族人口通婚的也很普遍，大多数少数民族人口已融入当地的文化、习俗中。本项目的建设对少数民族没有特殊负面影响。

3. 主要利益相关者分析

3.1　主要利益相关者的识别

项目利益相关者是与项目有直接、间接利益关系，并对项目的成功与否有直接、间接影响的所有各方。本项目的建设将对不同的人群和机构产生不同的正面或负面的影响。社会评价小组通过具体田野调查确认，供热方式转变后影响的主要利益相关者包括：服务居民、弱势群体、原来的供热方（小锅炉业主）、承包经营方（小锅炉经营者）、小锅炉固定工、小锅炉临时工、当地政府、业主单位、设计单位和实施机构。

3.2　主要利益相关者的需求

不同的利益相关者对项目的需求不同，具体分析各类主要利益相关者的需求，有利于识别项目的主要社会事项，规避项目潜在的社会风险，促进项目的目标实现。社会评价小组通过问卷调查、访谈、座谈等方法，与项目区主要利益群体进行了充分的沟通，了解到本项目主要利益相关者的需求如下（见表3-1）：

表3-1 项目涉及的利益相关者需求分析

序号	主要利益相关者	需 求
1	服务居民	改善居住环境，提高供暖质量和供暖服务，减小工程施工带来的影响
2	弱势群体（低保、残疾人等）	供暖费用不能提高，政府给予适当的补助
3	原来的供热方（小锅炉业主）	给予适当的补偿
4	原来的经营方（小锅炉经营者）	给予适当的补偿
5	小锅炉固定工（正式合同工）	希望在新的供暖公司工作
6	小锅炉临时工（季节工）	希望在新的供暖公司工作。政府组织一些专业技能培训、提供一些就业信息，向用人单位推荐

3.3 主要利益相关者影响分析

项目实施会给不同的利益群体和组织带来不同的影响，其影响分为正面影响和负面影响两个方面。对主要利益相关者的正负面影响进行分析，可以有效地识别、控制和规避项目建设的社会风险。有关正面影响负面影响两个方面情况可见表3-2的描述，其中表明正面的影响或者正能量影响是主要的，但是负面的影响或者负能量影响也是不可忽略的，具体情况见表 3－2：

表 3－2　项目对利益相关者影响分析

利益相关者	角色	正面影响	负面影响	影响程度
服务居民	受热方	供暖质量和服务改善 环境改善，避免小锅炉运行粉尘污染； 消除小锅炉运行噪音干扰	供暖费用可能上涨； 可能受工程施工的噪音、扬尘、交通堵塞等影响	正面影响较大
弱势群体（低保、残疾人等）	受热方	供暖质量改善	价格可能上涨	一般
原供热方（小锅炉业主）	供热方	使部分小锅炉业主摆脱亏本经营的状况	部分小锅炉业主经营收入受到影响； 投资的固定资产受到损失 可能要补交供暖设施配套费 60 元/m²	负面影响较大
原经营方（小锅炉经营者）	供热方	使部分经营者摆脱亏本经营的状况	部分经营者收入损失	负面影响较大
小锅炉固定工（正式合同工）	供热方	清洁的工作环境； 减少粉尘污染对身体的影响	失业、收入减少	负面影响较大
小锅炉临时工（季节工）	供热方	清洁的工作环境； 减少粉尘污染对身体的影响	失业、收入减少	负面影响较大
当地政府	管理机构	节约能源、改善环境，提高城市整体形象	政府资金投入可能加大	正面影响较大

续　表

利益相关者	角色	正面影响	负面影响	影响程度
业主单位		节约能源、供暖效率提高，获得经济效益	可能面临收费困难	正面影响较大
实施机构		获得经济效益	可能受到施工阻挠	正面影响较大
设计机构	服务方	获得设计费用	达不到设计目标	正面影响较大

3.4　受益居民影响分析

社评小组成员深入项目地，在项目单位的必要配合下，对受影响的双塔区和龙城区两个区域的部分居民进行受影响居民问卷调查，共发放问卷220份，回收有效问卷204份。被调查的居民主要以城市居民为主占93.1%，男女比例大体均衡，年龄主要分布在30—60岁之间，职业情况分布呈现多样化，比较合理。被调查的居民最多的是工作在民营企业的职工占28.9%，私营个体职业的占11.8%，三资企业、自由职业、零工等占有一定比例，可以看到市场机制在就业中发挥了越来越大的作用。同时，低保和残疾人群体在调查中也占有一定比例，他们的健康状况令人忧虑，因为残疾、严重疾病、慢性病合计超过20%，加上15.2%的亚健康，存在健康问题的人群超过了三分之一。具体可见表3-3：

表 3-3　受影响居民基本情况

名称	类别	人数	所占比例％	名称	类别	人数	所占比例％
户口	城市	190	93.1	年龄	18 以下	0	0
	农村	14	6.9		18—30	14	6.9
性别	男	107	52.5		30—45	89	43.6
	女	97	47.5		45—60	92	45.1
民族	汉族	178	87.3		60—75	8	3.9
	少数民族	26	12.7		75 以上	1	0.5
工作	公务员	18	8.8	文化程度	小学及以下	8	3.9
	事业单位	11	5.4		初中	44	21.6
	国有企业	10	4.9		高中	43	21.1
	民营企业	59	28.9		中专职技校	33	16.2
	三资企业	1	0.5		大专或本科	72	35.2
	私营个体	26	12.7		研究生及以上	4	2.0
	公益性岗位	24	11.8	身体健康状况	非常健康	59	28.9
	自由职业	7	3.4		较健康	71	34.8
	零工	9	4.4		亚健康	32	15.6
	家庭主妇	15	7.4		慢性病	15	7.4
	待业	4	2.0		严重疾病	5	2.5
	学生	1	0.5		残疾	22	10.8
	其他	19	9.3	认定低保的标准	下岗/失业	23	48.0
是否低保	是	48	23.5		年老	4	8.3
	否	156	76.5		残疾	13	27.1
					健康状况	4	8.3
					其他	4	8.3

在被调查的居民中，2012年家庭收入和支出主要集中在1万—3万元，家庭收入的主要来源是打工和工资性收入，家庭支出主要是食品类支出和教育支出。家庭年平均纯收入38 246元，家庭年平均供暖支出是2 015元，供暖支出占整个家庭支出的2％～12％（具体见表3-4、表3-5、表3-6）。

从居民的家庭收入情况看，项目所在地中高收入的群体（5万元以上）不到五分之一，大部分人处于中低收入水平（5万元以下），其中超过百分之十的人处于贫困状况（家庭总收入每年1万元以下）。因此，考虑本项目的影响时，必须充分注意当地居民实际收入的状况，具体可见表3-4：

表3-4　受影响居民2012年家庭收入情况

名称	类别	人数	所占比例％	名称	类别	人数	所占比例％
家庭总收入	1万元/年以下	22	10.8	家庭收入主要来源	农业收入	3	1.5
	1万—3万元/年	89	43.6		养老保险	13	6.4
	3万—5万元/年	53	26.0		打工	75	36.8
	5万—8万元/年	21	10.3		政府事业国企工资	72	35.2
	8万—10万元/年	11	5.4		经营性收入	13	6.4
	10万—15万元/年	5	2.4		低保	17	8.3
	15万元/年以上	3	1.5		其他	11	5.4

从居民的家庭支出情况看，项目所在地家庭支出处于

中高水平的群体（5 万元以上），与家庭收入情况类似都是不到五分之一，大部分人的家庭支出处于中低水平（5 万元以下），其中不到百分之十的人处于很低状况（家庭总支出每年 1 万元以下）。因此，考虑本项目的影响时，也要充分注意当地居民实际家庭支出的状况，具体可见表 3-5：

表 3-5　受影响居民 2012 年家庭支出情况

名称	类别	人数	所占比例%	名称	类别	人数	所占比例%
家庭总支出	1 万元/年以下	14	6.8	家庭主要支出	生产性消费	7	3.4
	1 万—3 万元/年	96	47.0		食品	76	37.3
	3 万—5 万元/年	55	27.0		孩子教育	61	29.9
	5 万—8 万元/年	22	10.8		赡养老人	2	1.0
	8 万—10 万元/年	13	6.4		日常生活用品	30	14.7
	10 万—15 万元/年	3	1.5		医疗保健	14	6.9
	15 万元/年以上	1	0.5		保险费用	9	4.4
					随礼	5	2.4

从居民的供暖支出占家庭总支出比重情况看，项目所在地居民家庭供暖支出比重处于很低水平（0~2%）的群体，约占四分之一，接近三分之二居民家庭的供暖支出处于中低水平（2%~12%），但是，有超过百分之十的居民家庭供暖支出占了很大比重（12%~32%）。因此，考虑本项目的影响时，必须充分注意当地居民供暖支出的实际状况，特别是供暖支出负担很大的那部分居民的困难状况。具体可见表 3-6：

表3-6　供暖支出占总支出的比重

供暖支出占总支出的比重	人数	占总人数的比重%
0～2%	50	24.75
2%～12%	130	64.36
12%～22%	17	8.41
22%～32%	5	2.48

从居民的房屋居住情况看，项目所在地居民家庭基本享受了住房改革的成果，83.3%的居民住房都是自有产权，三分之二以上的居民都购买了商品房，近一半的居民住房面积达到50—80 m²，居住面积较好（80—150 m² 以上）的居民家庭已经接近40%。但是，有超过百分之十的居民家庭住房居住面积很小（30—50 m² 甚至30 m² 以下），有五分之四以上的居民住在没有电梯的多层楼房里，有三分之二以上的居民居住在房龄较长（10年以上甚至20年以上）的旧房，一般情况下这些房子的供暖质量和保暖条件都较差或很差。因此，考虑本项目的影响时，必须充分注意当地居民居住条件的实际状况，特别是房屋面积很小、房屋质量很差的那部分居民的困难状况。具体可见表3-7：

表3-7　受影响居民房屋居住情况

名称	类别	人数	所占比例%	名称	类别	人数	所占比例%
住房类型	有电梯的楼房	18	8.8	房屋来源	商品房	137	68.2
	无电梯楼房	171	83.8		动迁安置房	31	15.4

续　表

名称	类别	人数	所占比例%	名称	类别	人数	所占比例%
	平房	13	6.4		经济适用房	6	2.9
	别墅	1	0.5		廉租房	4	2.0
	其他	1	0.5		小产权房	6	3.0
房屋所有	自有	169	83.3		棚户区安置房	1	0.5
	租用（付租金）	19	9.3		公共房屋产权	7	3.5
	借用（无租金）	15	7.4		自家建造	9	4.5
建造时间	1980 年以前	13	6.4	房屋建筑面积	30 m² 以下	5	2.5
	1981—1990 年	33	16.3		30—50 m²	24	11.9
	1991—2000 年	76	37.6		50—80 m²	97	48.0
	2001—2010 年	61	30.3		80—100 m²	37	18.3
	2010 年以后	19	9.4		100—150 m²	35	17.3
					150 m² 以上	4	2.0

从居民的供暖方式情况看，项目所在地居民已经享受集中供热成果的家庭不到三分之一，一半以上的居民住房供暖都是小锅炉。小锅炉中有五分之四以上是民营的。此外，超过50%以上的居民取暖条件很差，其中包括自己烧、冷楼、不采暖等等。因此，考虑本项目的影响时，必须充分注意当地居民供暖水平的实际状况，特别是供暖质量很差的那部分居民的困难状况。具体可见表3-8：

表3-8　受影响居民供暖方式情况

名称	类别	人数	所占比例%	名称	类别	人数	所占比例%
供暖方式	集中供热	65	31.8	小锅炉房的类型	企业单位自管	14	12.0
	小锅炉	117	57.4		事业单位自管	5	4.3
	自己烧	14	6.8		国有	3	2.6
	电取暖	5	2.5		居民共有	1	0.8
	冷楼	2	1.0		民营	94	80.3
	不采暖	1	0.5				

　　从居民的供暖满意度情况看，项目所在地居民家庭表示了两个明显的不满意：一是对于供暖质量的不满意，其中明确表示不满意或者非常不满意的比例超过45％，明确表示满意的不到五分之一；二是对于供暖服务的不满意，明确表示不满意或者非常不满意的比例超过40％，明确表示满意的不到五分之一。其原因是多方面的，主要是温度低和供暖时间短。在供暖温度方面，近70％的人表示冷或者太冷，超过20％的人表示平均温度不到14摄氏度甚至不到10摄氏度。在供暖时间方面，超过60％的人表示每天供暖不到10小时甚至不到5小时。因此，考虑本项目的影响时，必须充分注意对当地居民供暖质量的实际状况，特别是对供暖质量很差的那部分居民的困难状况。具体可见表3-9：

表 3 - 9　受影响居民供热总体情况

名称	类别	人数	所占比例%	名称	类别	人数	所占比例%
供暖质量满意度	非常不满意	45	22.6	供暖不满意的主要原因	温度低	92	52.9
	不满意	47	23.6		供热时间短	53	30.5
	一般	71	35.7		房屋老旧	14	8.0
	满意	29	14.6		房屋密封差	5	2.9
	非常满意	7	3.5		压力不够	2	1.1
					其他	8	4.6
供暖温度的感觉	太冷	41	20.6	每天平均供暖时间	5 小时以下	51	25.8
	冷	99	49.8		6—10 小时	74	37.3
	舒适	38	19.1		11—15 小时	34	17.2
	热	13	6.5		16—20 小时	12	6.0
	太热	1	0.5		21—24 小时	8	4.1
	其他	7	3.5		24 小时循环	19	9.6
平均温度	10 摄氏度以下	7	3.8	供暖时间	5 个月以上	21	10.5
	10—14 摄氏度	39	21.0		5 个月	97	48.5
	14—16 摄氏度	62	33.3		5—4 个月	31	15.5
	16—18 摄氏度	36	19.4		4—3 个月	32	16.0
	18—20 摄氏度	31	16.6		3—2 个月	17	8.5
	20—25 摄氏度	11	5.9		2—1 个月	2	1.0
供热服务质量	非常不满意	26	13.8				
	不满意	57	30.2				
	一般	73	38.6				
	满意	28	14.6				
	非常满意	5	2.6				

从居民对已有的集中供热反映情况看，项目所在地居民家庭表示了两个明显的区别：一是对于供暖质量的不满意，其中明确表示不满意或者非常不满意的比例低于非集中供热 10 个百分点，明确表示满意的则超过五分之一；二是对于供暖服务的不满意，明确表示不满意或者非常不满意低于非集中供热近 10 个百分点，明确表示满意的也是超过五分之一。其原因也是多方面的：在供暖温度方面，表示冷或者太冷的人由近 70% 降到近 40%，减少了近 30 个百分点。因此，考虑本项目的影响时，必须充分注意当地居民由于集中供热明显转变供暖质量的实际状况，但是，仍然存在供暖质量较差的问题。具体可见表 3-10：

表 3-10　受影响居民集中供热情况

名称	类别	人数	所占比例%	名称	类别	人数	所占比例%
供暖质量满意度	非常不满意	11	16.9	供暖不满意的主要原因	温度低	27	50.0
	不满意	13	20.0		供热时间短	10	18.5
	一般	25	38.5		房屋老旧	7	13.0
	满意	12	18.5		房屋密封差	3	5.6
	非常满意	2	3.1		压力不够	2	3.7
	其他	2	3.0		其他	5	9.2
供暖温度的感觉	太冷	11	17.5	每天平均供暖时间	5 小时以下	13	20.6
	冷	29	46.0		6—10 小时	21	33.3
	舒适	16	25.4		11—15 小时	8	12.7
	热	4	6.3		16—20 小时	3	4.8
	太热	0	0		21—24 小时	3	4.8
	其他	3	4.8		24 小时循环	15	23.8

续　表

名称	类别	人数	所占比例%	名称	类别	人数	所占比例%
平均温度	10摄氏度以下	1	1.7	供暖时间	5个月以上	11	17.2
	10—14摄氏度	10	16.9		5个月	32	50.0
	14—16摄氏度	16	27.1		5—4个月	7	10.9
	16—18摄氏度	12	20.3		4—3个月	10	15.6
	18—20摄氏度	13	22.1		3—2个月	3	4.7
	20—25摄氏度	7	11.9		2—1个月	1	1.6
供热服务质量	非常不满意	8	12.7				
	不满意	14	22.2				
	一般	27	42.9				
	满意	11	17.5				
	非常满意	3	4.7				

　　从居民对于小锅炉供暖的满意度情况看，项目所在地居民家庭进一步表示了两个明显的不满意：一是对于供暖质量的不满意，其中明确表示不满意或者非常不满意的比例近48%，高于整体不满意度3个百分点，明确表示满意的不到六分之一，低于整体不满意度5个百分点；二是对于供暖服务的不满意，明确表示不满意或者非常不满意的近40%，明确表示满意的仅仅13.7%，低于整体满意度近3个百分点。其原因仍然是多方面的，主要还是温度低和供暖时间短。在供暖温度方面，超过74.4%的人表示冷或者太冷，高于整体不满意度5个百分点以上，超过四分之一的人表示平均温度不到14摄氏度、甚至不到10摄氏度。在供暖时间方面，超过68%的人表示每天

供暖不到 10 小时甚至不到 5 小时，高于整体不满意度 8
个百分点。因此，考虑本项目的影响时，必须充分注意
当地居民小锅炉供暖质量不满意的严重状况，特别是供
暖质量不满意很高的那部分居民的状况。具体可见表
3－11：

表3－11　受影响居民小锅炉供热情况

名称	类别	人数	所占比例％	名称	类别	人数	所占比例％
供暖质量满意度	非常不满意	27	23.1	供暖不满意的主要原因	温度低	57	54.3
	不满意	29	24.8		供热时间短	41	39.0
	一般	44	37.6		房屋老旧	4	3.8
	满意	13	11.1		房屋密封差	1	1.0
	非常满意	4	3.4		其他	2	1.9
供暖温度的感觉	太冷	23	19.6	每天平均供暖时间	5小时以下	32	27.3
	冷	64	54.7		6—10小时	48	41.0
	舒适	18	15.4		11—15小时	23	19.7
	热	7	6.0		16—20小时	8	6.8
	太热	1	0.9		21—24小时	3	2.6
	其他	4	3.4		24小时循环	3	2.6
平均温度	10摄氏度以下	3	2.7	供暖时间	5个月以上	6	5.1
	10—14摄氏度	27	23.9		5个月	58	49.6
	14—16摄氏度	42	37.2		5—4个月	23	19.7
	16—18摄氏度	22	19.5		4—3个月	17	14.5
	18—20摄氏度	16	14.1		3—2个月	12	10.2
	20—25摄氏度	3	2.6		2—1个月	1	0.9

续　表

名称	类别	人数	所占比例%	名称	类别	人数	所占比例%
供热服务质量	非常不满意	16	13.8				
	不满意	41	35.3				
	一般	43	37.2				
	满意	14	12.0				
	非常满意	2	1.7				

从居民对于自己烧供暖的满意度情况看，项目所在地居民家庭也表示明显的不满意，主要是对于供暖质量的不满意，其中明确表示不满意或者非常不满意的比例是40%，低于整体不满意度5个百分点，明确表示满意的约六分之一，同样低于整体不满意度5个百分点。其主要原因仍然是两方面的，即温度低和供暖时间短。在供暖温度方面，40%的人表示冷或者太冷，低于整体不满意度30多个百分点，有15%的人表示平均温度不到14摄氏度、甚至不到10摄氏度。在供暖时间方面，只有35%的人表示每天供暖不到10小时甚至不到5小时，低于整体不满意度25个百分点。因此，考虑本项目的影响时，应当注意当地居民自己烧供暖质量满意的较好状况。但是，他们的供暖质量依然存在较差的状况。

从居民的供暖补贴和诉求情况看，项目所在地居民存在两个明显特点：一是补贴状况差别很大，从无补贴的状况看，依序是残疾人63.3%、一般居民53.8%、公职与国企人员36.9%、低保户8.9%，可见低保户的供暖补贴状况较好，残疾人的供暖补贴状况较差；二是对于供暖补贴发放方式的诉求，一般居民与残疾人存在某些区别，其原因应该是可以理解的。因此，考虑本项目的影响时，必须充分注意当地居民供暖补贴的实际状况，同时，应该注意诉求的区别。具体可见表 3-12：

表 3-12　受影响居民供暖补贴情况

名称	类别	人数	所占比例%	名称	类别	人数	所占比例%
一般居民供暖补贴（除低保外）	单位全额补贴	3	1.9	低保居民供暖补贴	单位全额补贴	0	0
	单位部分补贴	49	31.4		单位部分补贴	2	4.4
	政府全额补贴	5	3.2		政府全额补贴	20	44.4
	政府部分补贴	9	5.8		政府部分补贴	18	40
	供热公司全额补贴	2	1.3		供热公司全额补贴	1	2.3
	供热公司部分补贴	2	1.3		供热公司部分补贴	0	0
	无补贴	84	53.8		无补贴	4	8.9
公务员、事业单位、国有企业居民供暖补贴	单位全额补贴	0	0	残疾人供暖补贴	单位全额补贴	0	0
	单位部分补贴	10	26.3		单位部分补贴	5	16.7
	政府全额补贴	7	18.4		政府全额补贴	4	13.3
	政府部分补贴	7	18.4		政府部分补贴	2	6.7
	无补贴	14	36.9		无补贴	19	63.3

名称	类别	人数	所占比例%	名称	类别	人数	所占比例%
实施世界银行项目后供暖补贴的发放方式（除低保外）	按标准直接发给个人	116	81.7	低保户对实施世界银行项目后供暖补贴的发放方式	按标准直接发给个人	28	59.6
	拿发票到单位报销	4	2.8		拿发票到单位报销	4	8.5
	政府直接拨付给供暖公司	15	10.6		政府直接拨付给供暖公司	15	31.9
	单位拨付给供暖公司	2	1.4				
	其他	5	3.5				

　　从居民对于社区以往空气质量反映的情况看，小锅炉确实严重影响了社区环境质量和居民生活质量。正如统计结果显示，项目所在地近四分之三的居民表示小锅炉严重影响社区的空气质量，其中，近40%的居民不能正常开窗，近四分之一的居民衣服爱脏，近五分之一的居民认为导致能见度差。此外，特别是有超过10%以上的居民认为导致患呼吸疾病。因此，考虑本项目的影响时，必须充分注意改善当地居民社区居民空气质量的实际状况，特别是以往受到影响较大的那部分居民的状况。具体可见表3－13：

表 3 - 13　受影响居民社区周围空气质量情况

名称	类别	人数	所占比例%	名称	类别	人数	所占比例%
房屋距锅炉房的距离	50 米以内	16	8.0	致社区周围冬季空气质量差的原因	附近小锅炉使用	133	66.0
	50～100 米	14	7.0		其他小锅炉使用	18	9.0
	100～300 米	36	18.0		自己烧取暖	12	6.0
	300～500 米	30	15.0		工业锅炉的使用	14	7.0
	500～1 000 米	38	19.0		其他	24	12.0
	1 000 米以外	64	33.0				
居住社区周围冬季的空气质量	非常差	33	16.1	社区周围空气质量差最大的影响	不能正常出行	9	4.5
	较差	53	26.0		不能开窗	78	38.6
	一般	91	44.6		患呼吸疾病	26	12.9
	较好	24	11.8		衣服爱脏	50	24.7
	非常好	3	1.5		能见度低	39	19.3

从居民对于世界银行项目反映的态度情况看，绝大多数居民明确表示了对该项目的支持和赞同。他们了解世界银行项目的途径基本是主流渠道，即政府部门、供暖单位、报纸电视、社区组织等。其支持和赞同原因依序是：改善供暖质量64.5%、改善空气质量17.3%、有益身体健康7.4%、提高供暖服务6.9%、降低噪音污染1%。可见，人们主要是从改善供暖质量和空气质量两个方面认同世界银行项目。同时，项目所在地近四分之三的居民表示实施集中供热后愿意全额支付供暖费用。至于不愿意全额支付供暖费用的人们，其原因主要是两个，一是负担不起，

二是对供暖质量不满意。此外，绝大多数人表达了对于计量供热的迫切期待。因此，考虑本项目的影响时，要充分注意当地居民对于世界银行项目的实际态度，以及他们对于从根本上改善供暖质量的一系列重要建议，主要是改造管网和强化监督。具体可见表 3-14：

表 3-14　受影响居民对于世界银行项目的态度

名称	类别	人数	所占比例%	名称	类别	人数	所占比例%
从哪里听说到了本地利用世界银行贷款实施集中供热项目	电视和报纸	25	12.3	项目实施最直接的影响	改善供暖质量	131	64.5
	供暖服务提供者	37	18.2		提高供暖服务	14	6.9
	政府官员	84	41.3		改善空气质量	35	17.3
	社区/村委会工作者	30	14.8		降低噪音污染	2	1.0
	亲戚、朋友、同事、邻居等	18	8.9		有益身体健康	15	7.4
	其他	9	4.5		其他	6	2.9
对于本地利用世界银行贷款实施集中供热项目的态度	非常迫切	65	32.3	实施集中供热后提高了供暖质量和供暖服务，您是否愿意全额支付供暖费用	非常愿意	19	9.4
	愿意	109	54.2		愿意	126	62.0
	无所谓	19	9.5		一般	22	10.8
	不愿意	5	2.5		不愿意	31	15.3
	非常不愿意	3	1.5		非常不愿意	5	2.5

名称	类别	人数	所占比例%	名称	类别	人数	所占比例%
如何从根本上改善供暖质量	改造管网	52	25.6	为什么不愿意全额支付供暖费用	供暖质量不满意	17	29.8
	更换供热设备	30	14.8		供暖公司的服务不满意	1	1.8
	提高收费标准	2	1.0		负担不起	32	56.1
	增加政府投入	30	14.8		改善供暖是政府的责任	2	3.5
	提高政府监管力度	45	22.2		其他	5	8.8
	健全群众监督机制	0	0	对于实施计量供热的态度	非常希望尽快实施	107	52.7
	提高供热公司科学化管理水平	37	18.2		可以实施	72	35.5
	其他	7	3.4		无所谓	17	8.4
					对于现状满意，实施没有必要	6	2.9
					不希望实施	1	0.5

3.5　关闭小锅炉的影响分析

由上述分析可以看出，集中供热项目负面影响较大的为关闭小锅炉房后造成的业主、承包人的经济收入损失，以及一些工人（其中较大部分是临时工）失业。本项目受影响的小锅炉房共 169 家，其中将造成 97 座锅炉房关闭，72 座锅炉房改扩建成换热站。其中国有企业锅炉房 8 家，

民营锅炉房 161 家，直接影响员工 2 833 人，其中临时工
1 523 人。具体情况见表 3-15。

表 3-15　受影响小锅炉房情况一览表

小锅炉房受影响情况	个数	正式工（人）	季节工（人）
彻底关闭	97	187	403
改扩建换热站	72	720	1 120
合计	169	1 310	1 523

对于国有企事业单位自管的锅炉房，这些锅炉房都是
由单位建设，其存在的主要目的不是盈利，而是为办公楼和
家属楼供暖，项目的建设对他们负面影响较小。

对于其他民营小锅炉房，如果集中供暖后把小锅炉房
关闭，其业主、承包人以及职工的收入将受到影响，如果
不妥善安置好这部分受影响人群，将会有一定的社会
风险。

3.6　关闭小锅炉对业主的影响分析

对受影响的小锅炉房负责人进行了 2 组小组访谈，并
对 20 位小锅炉房的负责人分别进行了深入的个体访谈，
并通过访谈了解到每位小锅炉房负责人总体都是赞同支持
本项目，但部分民营小锅炉房负责人提出要对锅炉房的锅
炉、房屋及土地等方面的损失进行合理补偿。

访谈 1： 2013 年 7 月 7 日。人物：龚科长，男，56 岁。
锅炉房名称：朝阳日报供暖公司，事业单位所有。

朝阳日报供暖公司在双塔区，2004年开始运营，为朝阳日报社1栋单位楼供暖，供暖面积8000平方米，有1台锅炉，固定资产100万元左右，生产成本15万/年，供暖费收缴率达85％，收入和成本基本持平。锅炉房有正式工1人属朝阳日报社的员工，工资2300元/月，供暖期雇临时工1人，工资1000元/月。供暖期供暖温度平均可以达到20摄氏度，每天供暖时间平均18小时左右。非常支持世界银行贷款朝阳城区集中供热项目，冬天我们省了不少事，不用自己去买煤，也不用雇人来烧，而且成本会减少。

访谈2：2013年7月7日。人物：周主任，女，43岁。锅炉房名称：宏文热电供暖股份公司，民营。

宏文供暖股份公司现为集中供热公司，1987年开始运营，为双塔区和龙城区两个区域进行供暖，供暖面积达300万平方米左右，有5台锅炉，共290吨，固定资产1.45亿元，生产成本7000万/年，供暖费收缴率达65％～70％，去年亏损1040万。锅炉房有正式工310人，工资1500—2500元/月。供暖期雇临时工140人，工资1000—800元/月。供暖期供暖温度平均可以达到20摄氏度，24小时循环供热。我们供暖公司非常支持世界银行贷款朝阳城区集中供热项目，对于改造朝阳城区供热管网起到很重要的作用，不仅可以提高居民的供热质量，而且还可以降低热能的丢失，提高供暖效率，降低企业生产成本。

访谈 3：2013 年 7 月 7 日。人物：常总，女，48 岁。锅炉房名称：常鑫供暖公司，民营。

常鑫供暖公司于 2001 年开始运营，为双塔区的 2 个小区和 3 个单位供暖，供暖面积 8 万平方米，有 2 台锅炉，固定资产 400 万元左右，生产成本 110 万/年，供暖费收缴率达 60%，净利润 10 万/年左右。锅炉房有正式工 2 人，工资 2000 元/月。供暖期雇临时工 11 人，工资 1200 元/月。供暖期供暖温度平均可以达到 18 摄氏度，每天供暖时间平均 17 小时左右。上个供暖期给 8 户困难户减免供暖费用，其中一户居民患有尿毒症，孩子上大学家庭非常困难，最多减免 500 元。对于朝阳城区利用世界银行贷款实施集中供热，我们公司是支持的，但是希望能够得到合理的补偿。

访谈 4：2013 年 7 月 7 日。人物：孙总，男，42 岁。锅炉房名称：新龙城供暖公司，民营。

新龙城供暖公司于 1983 年开始运营，为双塔区的 3 个小区和 10 个单位供暖，供暖面积 65 万平方米，有 4 台锅炉，共 70 吨，固定资产 3500 万元左右，总收入 1200 万/年，供暖费收缴率达 63%，净利润 10% 左右。锅炉房有正式工 10 人，工资 7000—1900 元/月。供暖期雇临时工 45 人，工资 1200—1900 元/月。供暖期供暖温度平均可以达到 18 摄氏度，每天供暖时间平均 16 小时左右。我们供暖公司上个供暖期投诉率 2% 左右，有直接打电话到供暖公司投诉的，也有从供暖办转过来的，还有投诉到民心网的，60％以上都是因排气阀坏了，30％是因管道堵了，由于管道老旧30年都堵死了，一般出现问题我们维修工人都能及时到达现场，1小时之内解决，但有10％是解决不了的，如顶层把山等。民心网投诉，供暖公司都会在网上及时反馈，直到老百姓满意为止。我们锅炉房比之前转制时规模扩大了很多，锅炉和厂房都扩大了，固定资产投入较大，而且土地有土地使用证，还没有到期，希望能给予合理的补偿。

访谈5：2013年7月7日上午。人物：李书记，男，58岁。锅炉房名称：滨州热源供暖公司，民营。

滨州热源供暖公司于2010年开始运营，为朝阳市柴油机厂提供蒸汽热源，供暖面积30万平方米，有4台锅炉，固定资产2000万元左右，总收入1000万/年，供暖费收缴率达80％，净利润200万/年左右。锅炉房有正式工40人，工资4000—1700元/月。供暖期雇临时工25人，工资1400—1200元/月，非供暖期雇临时工4人。淡季收入主要靠给朝阳市柴油机厂供生产所需热源维持。供暖期供暖温度平均可以达到16摄氏度，每天供暖时间平均18小时左右。我们供暖公司非常赞同朝阳城区利用世界银行贷款实施集中供热工程，对于改善朝阳冬季的空气质量、降低环境污染都是非常有益的。

3.7 关闭小锅炉对临时工的影响分析

社会评价小组人员深入到项目地，在各项目单位的配合下，对受影响的国有、民营和企事业单位锅炉房的工人分别进行了调查。由于调研时间是7月份，大部分小锅炉房都是关闭状态，锅炉工人都没有在岗。但是，在项目单位的配合下通过走访和协调，最大可能地找到部分锅炉工人，所以共发放了问卷120份，回收有效问卷105份，对受影响的12％的小锅炉房和7％的工人进行了问卷调查。

105名临时工中，男性75人、女性30人；其中城市户口87人，农村户口18人（大多数为城郊）；年龄主要为30—60岁之间，其中45—60岁的人员占调查总人数的45.7％，被调查工人中文化程度分布比较均匀。（具体见表3-16）

表 3-16　关闭小锅炉受影响工人基本情况

名称	类别	人数	所占比例%	名称	类别	人数	所占比例%
户口	城市	87	82.9	年龄	18—30岁	11	10.5
	农村	18	17.1		30—45岁	45	42.9
性别	男	75	71.4		45—60岁	48	45.7
	女	30	28.6		60—75岁	1	0.9
民族	是	92	87.6				
	否	13	12.4				
文化程度	大专以上	27	25.7	个人技能	农业技能	4	3.9
	中专职技校	22	21.0		非农业技能	93	89.4
	高中	19	18.1		其他技能	7	6.7
	初中	34	32.3				
	小学及以下	3	2.9				

　　本次调查受影响的锅炉工91.3％常年在锅炉房工作，工种主要有维修人员、司炉工、力工，88.6％都是来自民营锅炉房，家庭大部分离锅炉房比较近。具体见表3-17：

表3-17　关闭小锅炉受影响工人在锅炉房的工作情况

名称	类别	人数	所占比例％	名称	类别	人数	所占比例％
锅炉房打工的时间	12个月/年	95	91.3	家庭住址距锅炉房距离	3 km以下	61	58.7
	5个月/年	6	5.8		3 km—10 km	25	24.0
	3个月/年	2	1.9		10 km—30 km	12	11.5
	3个月/年以下	1	1.0		30 km以上	6	5.8
工种	司炉工	11	10.5	在锅炉房打工的频率	每年固定	93	88.6
	化验工	3	2.9		不固定	12	11.4
	化验员	3	2.9	锅炉房性质	企业单位自管	8	7.6
	力工	39	37.1		事业单位自管	2	1.9
	维修工	48	45.7		国有	1	0.95
	其他	1	0.9		居民共有	1	0.95
					民营	93	88.6

　　调查还发现，受影响的锅炉工家庭收入主要在2—5万元/年，74.2％的家庭靠锅炉房打工维系生活，三分之二家庭总收入主要在锅炉房打工，家庭年平均纯收入是37605元。具体情况见表3-18：

表 3-18　关闭小锅炉受影响工人 2012 年家庭收入情况

名称	类别	人数	所占比例%	名称	类别	人数	所占比例%
家庭总收入	1 万元/年以下	2	1.9	家庭收入主要来源	锅炉房打工	78	74.2
	1 万~2 万元/年	18	17.1		农业收入	1	1.0
	2 万~3 万元/年	37	35.2		养老保险	2	1.9
	3 万~5 万元/年	29	27.6		打工	9	8.6
	5 万~8 万元/年	13	12.4		政府事业国企工资	13	12.4
	8 万~10 万元/年	5	4.8		经营性收入	2	1.9
	10 万元/年以上	1	1.0				
锅炉房打工收入占个人总收入的比重	25% 以下	12	11.4				
	25%~50%	22	21.0				
	50%~75%	25	23.8				
	75%~100%	46	43.8				

　　调查还发现，受影响的锅炉工 2012 年家庭支出，其中五分之一以上的家庭水平很低，多数家庭的支出处于中低水平，家庭总支出主要集中在食品支出和孩子教育支出。具体情况见表 3-19：

表 3-19　关闭小锅炉受影响工人 2012 年家庭支出情况

名称	类别	人数	所占比例%	名称	类别	人数	所占比例%
家庭总支出	0.5 万元/年以下	1	1.0	家庭主要支出	生产性消费	1	1.0
	0.5 万~1 万元/年	7	6.7		食品	59	56.1
	1 万~2 万元/年	15	14.3		孩子教育	20	19.0

名称	类别	人数	所占比例%	名称	类别	人数	所占比例%
	2万～3万元/年	36	34.3		赡养老人	3	2.9
	3万～5万元/年	25	23.8		日常生活用品	17	16.2
	5万～8万元/年	14	13.3		医疗保健	2	1.9
	8万元/年以上	7	6.6		保险费用	2	1.9
					随礼	1	1.0

安置意愿调查发现，71.4%的锅炉工希望在新的集中供热公司中做正式工，并希望政府提供一些技术培训、提供一些就业信息或提前一年告知。他们的安置意愿见表3-20：

表3-20　关闭小锅炉受影响工人安置意愿调查

名称	类别	人数	所占比例%	名称	类别	人数	所占比例%
安置方式	政府提供其他就业机会	19	18.1	希望得到的帮助	获得技术培训	49	46.7
	在新的集中供热公司做正式工	75	71.4		获得就业信息	29	27.6
	在新的集中供热公司做临时工	5	4.8		提前一年告知	20	19.0
	符合条件的加入农村或城市低保	4	3.8		其他	7	6.7
	自己到其他企业或单位打工	2	1.9				

4. 项目社会效益分析

本项目的设计是基于对现有设施的服务能力及居民需

求的合理分析基础上展开，项目的主要目标受益人群是城市居民，特别包括被现有服务排除在外的冷楼居民。项目的开展将增加现有服务的范围，提升服务能力、质量，改善城市环境，为项目区居民，特别是弱势群体增加就业机会。

4.1　增加服务范围提升服务能力

通过本项目的开展将增加服务内容及服务能力，提升供热的技术水平。与此同时，项目的开展将提升现有实施的服务范围，服务面积从 1200 万 m^2 扩大到 2500 万 m^2，增加了 108.33%，服务保证率扩大到 100%。

4.2　改善城市环境

本项目的建设，将节约大量的能源，同时也减少了煤、渣的运输量以及带来的交通压力和汽车尾气排放，从而有利于改善城市的环境状况。同时大大提高了供热质量和人民生活水平。

4.3　增加就业机会

本项目的建设，将增加项目区的就业机会，拓宽就业渠道。预计整个项目将提供 430 个就业岗位，包括施工及运行期间的大批工人、技术人员及临时工。城市原有就业人员的结构将会发生一定的改变。

社会评价小组建议将这部分工作岗位，特别是技术含量低的岗位优先提供给受到项目影响、特别是直接影响的失业人员，包括贫困群体。这样，他们将从项目中获得收入，改善生活水平。

5. 社会风险的识别

由于项目区社会经济背景及项目自身的特点，不同的项目其社会评价的重点是不同的，需要根据项目自身的特点，找出对项目的准备与实施产生重大影响的社会因素，即需要识别项目的主要社会事项，并对主要社会事项进行调查、分析，对相关问题做出社会设计。社会评价小组于2013年6—8月相继去项目现场进行了调查，并与各利益相关者进行了问卷调查、访谈、座谈，通过社会调查，确认本项目的主要社会事项归纳如表5-1：

表5-1　项目主要社会事项一览表

项目名称	具体社会事项
朝阳市城区集中供热项目	(1) 供热方转变对服务居民的影响 (2) 供热方转变对弱势群体的影响 (3) 关闭小锅炉对小锅炉业主的影响 (4) 关闭小锅炉对原来的经营方（小锅炉承包人）的影响 (5) 关闭小锅炉对工人失业的影响

项目的特点不同，社会事项不同，所产生的社会风险也不一样。识别主要的社会风险，便于寻求规避社会风险及相应机构安排的措施。基于以上主要社会事项，本项目易发生的潜在社会风险主要有以下几个方面：

（1）贫困群体无支付能力。因为贫困群体无收入来源或收入较低，供暖费用上涨对其生活的负面影响较大，容易导致贫困群体因无力支付相关费用而无法享受相关服务。

（2）居民与实施机构的冲突。在社会评价小组与实施机构的访谈中，实施机构提到，本项目施工过程中不可避免地会增加噪音、增加交通压力，同时带来一定的危险隐患，给居民的生活带来不便。如果项目施工过程中不能很好地规避或减轻这些负面影响，将容易造成居民与实施机构的冲突，从而影响施工的进度。

（3）关闭小锅炉对小锅炉业主的影响。如果双方在补偿安置问题中不能达成一致，可能导致严重的社会矛盾，造成上访等社会风险。

（4）关闭小锅炉对工人失业的影响。本项目的建设可能造成一些工人失业，成为社会闲散人员，给社会治安造成隐患。

6. 社会风险控制

为了尽可能地帮助项目区贫困群体，让他们公平享受项目带来的社会效益，同时尽可能地规避受影响居民与实施机构、受影响工人与实施机构的冲突，社会评价小组在项目区积极开展了调查，充分了解各级相关法规、政策；积极展开公众参与，与相关政府机构、业主、实施机构、项目区居民等主要利益相关者展开了充分的讨论。在此基础上建议如下措施及监测评估机制，使得项目可能带来的社会风险降到最低程度。

6.1　减缓负面影响措施

本项目的开展将对不同利益相关者造成不同程度的负面影响，社会评价本着"以人为本"的出发点，在促进各主要利益相关者参与的基础上，建议积极采取各种措施，规避或减缓主要社会风险，促进项目建设的顺利进行。对于关闭小锅炉带来的社会问题，项目办非常重视，在与小锅炉业主、职工等比较充分协商的基础上，制订了具有较大可行性的政策，以维护原有小锅炉业主的利益，以及职工的收入。政策框架见表6-1：

表6-1 项目关闭小锅炉政策一览表

项目名称	关闭小锅炉政策要点
朝阳市城区集中供热项目	一、资产处置 1. 对于国有企事业单位自管的锅炉房的资产，由各单位自行处理，统一并网实施集中供热 2. 对于供热企业的资产及损失，由市政府聘请评估机构，依法对供热企业的厂房、设备、场地等设施以及营业损失进行评估定价，根据评估价格，由市政府向供热企业实行征用、收购 二、人员安置 1. 对于国有企事业单位自管锅炉房的受影响职工，由各单位自行安排，不得因为关闭锅炉房造成工人下岗或失业 2. 对于供热企业中的正式职工，由牵头实施单位负责，根据个人意愿，优先安排到集中供热企业就业；对于临时工，根据个人意愿，由政府组织免费技能培训，市劳动局协助推介到相应部门工作

6.2 机构安排及监测评估

为保证以上降低负面影响措施的顺利实施，辽宁省项目办负责组织相关机构执行以上措施，项目业主实施机构以及当地相关政府部门负责执行以上措施。

（1）项目设计单位。负责项目选址、路线、技术的优化，合理确定项目规模。

设计人员在充分考察项目区的自然、人文环境的基础上，已经通过与业主和当地百姓的访谈，在项目选址上，充分采纳了他们的意见和建议。线路和范围的设计上，尽可能地避免高层居民楼、学校、居委会、企业的拆迁。在管线设计时，充分考虑了弱势群体的利益，特别是棚户区、冷楼的居民。

（2）业主及实施机构。主要负责移民安置及相关资金的落实；项目施工及运行期间为弱势群体提供就业岗位及工资的及时发放；对项目施工期间所带来的居民交通、生活环境、安全等方面的问题，与居民协商，争取他们的理解和支持，并对可能降低影响的措施给予积极思考，如设置隔音板、防护栏、道路拓宽等。

（3）劳动与社会保障部门。主要负责劳动就业安置、岗位培训等工作。

（4）民政部门。负责项目区纳入最低生活保障人口的识别，并监督相关费用和弱势群体扶持政策的落实情况。

（5）物价局、财政部门。落实相关费用和弱势群体扶持政策，并负责监督相关政策的执行情况。

7. 结论与建议

7.1　发现

（1）目前项目涉及的大部分建筑都是由分散的中小锅炉房供热。分散供热锅炉效率低，除尘设备落后，污染严重，能源浪费大，不仅对城市环境造成了极大的污染，还占用了大量的建筑用地和城市绿地，严重影响了城市景观和环境质量。因此建设集中供热项目势在必行。

（2）通过建设集中供热项目，不仅可以节约大量的能源和土地，减少空气污染，改善空气质量，而且还可以提高供热质量，有助于提高市民的身体健康水平及城市的整体形象。因此这是一项民心所向的惠民工程。

（3）项目的建设可能带来一些社会风险，其中最为关键的是由于项目建设所导致的很多小锅炉房关闭，从而给锅炉房经营者和承包者的经济造成损失、使工人面临失业。如果不能合理补贴以及妥善安置这部分关闭的小锅炉房的业主、承包人和员工，就有可能导致相关人员合法权益的损失，造成新的贫困人群和一系列社会问题。

（4）大力减少项目的负面影响。政府针对各种不同性质的锅炉房与锅炉房业主，进行了初步协商，形成一个补偿和安置方案，主要原则是：①在充分协商的基础上，对资产进行合理处置与补偿；②对于国有企事业单位自管锅炉房的受影响职工，由各单位自行安排，不得因为关闭锅炉房导致工人下岗或失业；③对于供热企业中的正式职工，由牵头实施单位负责，根据个人意愿，优先安排到集中供热企业就业，对于临时工，根据个人意愿，由政府组织免费技能培训，市劳动和社会保障部门协助推介到相应企业工作。

7.2　建议

为了实现项目的发展目标，确保当地社会经济可持续性发展，建议进一步改善和加强以下几个方面的工作：

（1）通过优化工程设计使项目减少负面影响。新建换热站选址尽量选择在该区域内不影响居民生活的位置，减少或者避免征地拆迁，减少由于换热站离居民小区近带来的噪音等环境污染。

（2）建立项目长期监测机制。由辽宁省、朝阳市项目办进行内部监督，每半年向世界银行汇报项目执行情况，并聘请外部独立监测机构进行独立监测评估（项目每年2

次）。通过监测评估及时反映项目实施过程中社会因素的变化，对项目的实施进行有效的社会控制，特别是关注受影响小锅炉的资产处置与人员安置情况。这样，可以提高项目实施方的责任感，维护受影响人群的利益，避免不良社会影响的产生。

（3）广泛的公众参与。在项目实施前，社评小组进行广泛的公众参与，收集各种利益相关者的意见；在项目建设过程中，继续进行广泛的公众参与，认真听取各种利益相关者新的意见，把隐藏的问题及早揭示出来，有利于项目的实施。在项目实施的全过程中，通过多种媒体介绍集中供热项目，使居民更多地了解项目的建设和运行，积极参与到项目的建设过程中来。

（4）妥善安置受影响的锅炉房业主、承包人及职工。对于关闭小锅炉房造成业主及承包人的经济损失，以及关闭小锅炉房造成固定工下岗、临时工失业问题，在充分协商的基础上，政府制定补偿安置的方案。并承诺，针对各种不同性质的锅炉房业主及承包人的损失，以及对固定工和临时工的影响程度，在实施前制定一个切实可行的安置计划。

（5）合理调配项目施工创造出的劳动岗位。应当把这些岗位优先分配给能胜任的、受项目影响的、因关闭小锅炉房导致下岗失业的工人。对于项目建成后需要的技术人员和临时工，也应该把这部分受影响人作为首选。

（6）移民安置计划。对于相关联项目导致失地农民的安置问题，应按照世界银行OP4.12的要求，编制移民安置计划。

7.3 行动

（1）根据社评小组提出的建议，进一步减少换热站选址的不利影响。新建换热站的具体位置暂时还无法确定的，需要在城区改造的过程中根据小区位置尽快地确定换热站的具体位置。某些由于城区部分改造还没有开始实施，方案也没有出台，有关换热站位置无法确定的，项目单位采纳了社评小组提出的建议，在改造方案出台前，提前做好换热站的选址，并且尽量减少对居民生活的不利影响。

（2）根据社评小组提出的建议，市项目办决定建立一个长期的项目监测机制：一方面，由辽宁省、朝阳市项目办负责内部监测；另一方面，在项目实施前聘请外部独立监测机构进行独立监测评估。

（3）根据社评小组提出的建议，在项目实施前朝阳市政府有关部门将与受影响人进行广泛的协商，了解他们的实际困难，积极听取他们的意见。并且准备利用电视、广播、报纸等媒体对项目进行告知和宣传。

（4）对于关闭小锅炉房造成业主和承包人的经济损失，以及关闭小锅炉房造成固定工和临时工的失业问题，朝阳市政府有关部门根据社评小组的建议已经制定了一个安置方案。在项目实施之前将会制定一个详细的安置计划，尽量降低业主和承包人的经济损失，降低小锅炉工的收入损失。

（5）各实施机构承诺，对于施工期间和运行期间需要的工作岗位，优先提供给关闭小锅炉房受影响的工人。

（6）按照世界银行 OP4.12 的要求，相关联项目涉及征地拆迁的问题，朝阳市政府项目办协同工程项目单位编制了移民安置计划。

第七章
中国世界银行贷款项目的非自愿性移民机制

一、 非自愿性移民的理论界定

"移民"一词最早出现于《周礼》《管子》。《辞海》对于移民一词的解释是：（1）迁往国外某一地区永久定居的人；（2）较大数量、有组织的人口迁移。作为名词，移民是迁移人口的个体或其集合；作为动词，移民是指人口的迁移活动。《中国移民史》将移民定义为：具有一定数量、一定距离、在迁入地居住了一定时间的迁移人口。河海大学教授施国庆将移民定义为：移民是人口在不同地点之间的迁移。国际上一般将移民划分为两类：自愿移民和非自愿性移民[1]。

非自愿性移民属于移民的一种，相对于自愿移民的自主性，因为外力作用而被动迁移的人口流动称为非自愿性移民，突出了一种被动性，其特点是迁移的时间、地点都缺乏自由选择性。这种迁移的动因一般是逃避灾难或者出让资源，大多数是受外力的强制作用而发生的。在非自愿性移民中，以经济社会发展

---

[1] 张晓磊：《水库移民政策历史演进研究》，硕士学位论文，中国地质大学，2013年。

为目的的工程建设所导致的迁移被称为工程移民[①]。

国内学者魏珊在其著作《非自愿性移民可持续安置与发展研究》中分别从广义和狭义两个方面定义了非自愿性移民。他认为：从广义上来说，那些具有非自愿和受外部力量影响而造成的强制性特征的移民行为属于非自愿性移民，主要包括由于战争、重大自然灾害、宗教迫害、政治运动和重大建设项目征地拆迁等引起的人口迁移；从狭义上来讲，目前大多数国际机构、组织以及专家学者（其中包括世界银行和亚洲开发银行）都仅仅将由于重大工程项目建设征地拆迁所导致的移民称为非自愿性移民。

世界银行移民政策研究专家 Michael M. Cermea 曾说过："非自愿性移民问题，甚至在世界上最重要的城市如巴黎、纽约、波士顿、东京、名古屋和其他城市，以及非洲、拉丁美洲和亚洲已建成水坝的农村地区都发生过。在今天，非自愿性移民问题，在发展中国家更为明显。简单地说，是因为这些国家，为了提高人民生活水平，在向落后挑战，为实现工业化而斗争。在此进程中，有必要在那些地区进行再分配，以便更好地利用稀缺的自然资源。"

人类发展进程中已经有了几千年的历史，每当一个国家的人民和政府想要改善生产、生活条件并以重要的方式改变他们利用土地、水资源等自然资源和习惯的时候，就会产生非自愿性移民问题。这种非自愿性移民问题，不仅发生在西方发达国家和地区，实际上，在一个国家和地区的发展中，建造主要的水电站大坝、灌溉和供水系统、扩展高速公路网以及城市中的

[①] 张晓磊：《水库移民政策历史演进研究》，硕士学位论文，中国地质大学，2013 年。

城区改造等，都或多或少地伴随着困苦与损失的移民。值得注意的是，大部分的征地移民都属于"被动的非自愿性移民"。但是，随着经济社会的发展和国家有关优惠政策的制定落实，随着有关补偿标准的提高和人们改善生产生活条件愿望的增强，征地移民也会从被动的非自愿性移民演变为被动的自愿性移民。

二、 世界银行贷款项目的非自愿性移民

（一） 项目管理中的非自愿性移民

自 20 世纪 80 年代以来，世界银行对贷款项目下的非自愿性移民问题，制定并实施了具体而富有开创性的移民政策，明确了非自愿性移民的政策目标、非自愿性移民政策涉及的影响、非自愿性移民计划政策的基本要求、获取补偿的资格等几个方面，建构了世界银行非自愿性移民政策体系。非自愿性移民政策有三个主要目标。首先，探讨一切可行的项目设计方案，以避免或减少非自愿性移民。其次，如果移民不可避免，移民活动作为可持续发展方案来构思和执行。应提供充分的资金，使移民能够分享项目的效益；应与移民进行认真的协商，使他们有机会参与移民安置方案的规划和实施。最后，应帮助移民提高生计和生活水平，至少使其真正恢复到搬迁前或项目开始前的较高水平。[①]

世界银行贷款项目的非自愿性移民计划政策有七项基本要求。

---

① 潘良君，何勇，王海涛：《世界银行贷款项目社会评价精解》，东南大学出版社，2017 年，第 228—234 页。

第一，贷款方应编制一份移民安置计划或移民安置政策框架。

第二，在涉及强制性地限制使用法定公园和保护区的项目中应由移民参与项目设计和实施。在这种情况下，贷款方编制一份银行认可的过程框架，说明参与过程。

第三，为实现政策目标，应该特别关注移民中弱势群体的需要，尤其是那些处于贫困线以下的人、没有土地的人、老年人、女性、儿童、土著人、少数民族，或是可能不会受到国家土地补偿法规保护的人。

第四，依附于土地具有传统生产方式的土著人的移民问题尤其复杂，移民可能对他们的身份特征和文化延续造成严重的不利影响。因此，世界银行需要弄清楚贷款方是否探寻了所有可行的项目设计方案，以避免这些群体的实际迁移。

第五，为了确保必要的移民安置措施落实以前不会发生搬迁或限制使用资源、资产的情况，移民活动的实施需要和项目的实施需要及项目投资环节的实施相联系。

第六，对于靠土地为生的移民，应当优先考虑依法安置战略。

最后，为财产损失支付现金补偿。

由于移民安置涉及补偿，所以必须确认获取补偿的资格。首先要确定项目有无必要进行非自愿性移民。贷款项目方需进行人口普查，确认将受到项目影响的人员、决定哪些人员有资格接受帮助并防止无此资格的人员进入。在确定补偿资格标准时，要对移民进行分类，包括三类：一是对土地拥有正式的合法权益的人（包括国家法律认可的、一贯的和传统的权利）；二是在普查开始时对土地并不拥有正式的、合法权益；三是那些对他们占据的土地没有被认可的合法权益或要求的人。为了推动政策目标的实现，经贷款方请求，世界银行可以通过提供以下援助来支持贷款方和其他相关单位，援助的主要内容如下：其一，评估和加强国家、区域或部门一级的移民政策、战略、法律框架和具体计划；其二，提供技术援助资金，用于提高移民负责部门或受影响人更有效地参与移民行动的能力；其三，提供技术援助资金，用于制定移民政策、战略和具体计划，并用于移民行动的实施、监测和评价以及资助移民投资所需要的费用。

在此，对世界银行非自愿性移民政策的适用范围做补充说明。首先，并不是所有的世界银行投资项目都要遵循非自愿性移民政策。该政策不适用于社区项目中对自然资源使用的限制。即用资源的社区自行决定限制使用这些资源，但前提是经过符合银行要求的评估，确定社区决策过程充分完全，并且如果出现任何不利社区中弱势成员的影响，能够制定消除这些影响的相应措施。这种项目政策还不适用于自然灾害、战争或内乱导致的难民。其次，强制性土地征用，主要搬迁或丧失住所，失去资产或获取资产的渠道，丧失收入来源或谋生手段，无论受影响的人是否必须迁至他处，都要遵循非自愿性移民政策。最后，强制性限制利用法定公园和保护区，从而对移民生活造成不利影响，要遵循非自愿性移民政策。[1]

（二）移民安置工作的创新

1. 项目准备期充分注重人权。

世界银行贷款项目在执行过程中，对受影响移民的人权造

---

[1] 何勇，潘良群，王蔚：《世界银行贷款项目管理实务精解》，东南大学出版社，2017年，第228—234页。

成不法侵害的社会现象，屡有发生。20 世纪 80 年代以后，伴随着世界银行移民政策的制定和实施，世界银行贷款项目造成对移民基本人权的侵害现象最终消失。在今天对于申请世界银行贷款项目的任何政府、组织和贷款项目执行单位而言，只要项目建设涉及土地征收、划拨、房屋拆迁、移民安置、生计恢复等，就必须按照世界银行移民政策的要求和世界银行《非自愿性移民：业务政策 OP4.12 及附件》，编制《世界银行贷款项目移民安置行动计划报告》（RAP）。《移民安置行动计划报告》将作为与项目的《可行性研究报告》和《环境评价报告》同等重要的文件，进入世界银行的审查程序。如果在移民报告中，显示项目的移民安置工作存在严重的侵害移民利益而当地政府和项目业主又无法克服的移民问题，那么，该项目将从申请世界银行贷款项目的预备名单中删除。

　　正因为如此，世界银行的移民政策以及由此要求的申请世界银行项目的《移民安置行动计划报告》，被看作受项目建设影响移民基本人权和基本权益的保障。从世界银行项目执行的历史来看，对移民权益的保护，是与世界范围内的人权观念和人权理论发展紧密相关。20 世纪 70 年代以后，人权观念和人权理论，已经深入人心。同时，世界银行也在反思贷款项目执行过程中存在的侵犯移民人权的问题。于是，保护移民基本人权和基本利益的移民政策，便应运而生了。世界银行有关移民政策的制定和实施，正是人权观念和人权理论在世界银行项目中的具体运用，它拓展了人权观念和理论的应用范围，符合人类民主化和法制化发展的历史潮流。①

① 宋全成，国爱文：《论世界银行的非自愿移民政策———以农民为主要对象的工程移民为例》，《淄博学院学报》，2000 年第 3 期。

2. 注重恢复和提高移民生产和生活水平。

世界银行贷款项目《移民安置行动计划报告》的严格实施，对于受项目建设影响的移民生产水平和生活水平的恢复和提高，发挥了重要作用。对于农民而言，土地既是农业生产的载体，又是农民收入的基本来源和保障。因此，在一定意义上，失去土地就意味着失去了职业和收入，也就失去了以后生活的基本保障。依据世界银行贷款的有关规定，所有的受援国政府、业主、项目执行单位及有关机构，必须承诺在世界银行贷款项目实施中，严格遵循这些移民政策文件。《移民安置行动计划报告》一旦提交给世界银行并获得世界银行的通过，将作为法律文件，进入世界银行贷款项目实施的全过程。如果这一作为法律文件的移民行动计划能够完全得以实施的话，那么，移民因为工程的实施而造成的权益损失，不仅必然会得到补偿，而且移民未来的生产、生活和社会秩序及收入水平，也必然得到稳定的提高。因为依据世界银行移民政策的规定，移民的生产必须得到恢复，移民的收入水平必须得到提高，至少不低于世界银行贷款项目实施前的水平。世界银行贷款项目移民政策中关注移民生产和生活水平的恢复和提高的政策及其保证实施措施，有利于受项目建设影响的移民生产水平和生活水平的发展，有利于消除移民贫困。①

3. 提高征地补偿标准。

世界银行贷款项目的移民安置工作，在土地征收的补偿问题上，不仅注重征地补偿标准的不断提高，而且还更加注重移民视为永久性资本和不动产的土地资源的恢复和重建。综观世

---

① 宋全成：《论世界银行贷款项目移民安置工作的创新与问题——兼与国内项目移民安置工作的比较研究》，《人文杂志》，2011 年第 1 期。

界银行贷款项目中国城建环境项目的实施，较之非世界银行贷款的国内项目相比，在土地征收的问题上，体现了如下两个方面的创新。一是土地补偿的标准较高。尽管依据的法律法规依然是《中华人民共和国土地管理法》及各省市的《〈土地管理法〉实施办法》，但新增了世界银行的移民政策 OP4.12，因此，较之非世界银行贷款的国内项目，世界银行移民官员和专家更倾向于提高征收土地的补偿标准，以此保护在政府和移民之间的社会关系中，处于弱势地位的受影响移民的权益。在世界银行贷款项目的征地和土地补偿的实际工作中，也正体现了世界银行的这一原则。二是极力主张实施"以土地换土地"的原则。也就是说，移民失去的土地，如果可能，项目业主或当地政府将优先考虑在临近移民不远的地方，不是将土地补偿费直接发放到移民手中，而是以土地补偿费新购土地，并分配给受项目影响的失地移民。以此保证受影响移民的农业生产得以继续。在世界银行贷款城建环境项目中，整体搬迁村庄的村民，正是通过此种以土地换土地的方式，重新获得了赖以生存的不动产——土地。这对于受影响移民的可持续发展和生产与生活的迅速恢复，发挥了重要作用。[①]

4. 注重公众参与。

世界银行贷款项目的移民安置工作，十分注重公众参与，以此保证移民安置工作实施过程中的公开性、客观性和科学性。尽管学术界对于世界银行项目的公众参与主体的理解还众说纷纭、莫衷一是。非自愿性移民领域中的公众参与者通常有如下四种类型：受重大工程影响或者怀疑可能受到影响的公众、专家

---

① 宋全成：《论世界银行贷款项目移民安置工作的创新与问题——兼与国内项目移民安置工作的比较研究》，《人文雅志》，2011 年第 1 期。

学者、感兴趣团体和新闻媒体。有的学者认为，在大中型水库工程移民领域，作为参与者的公众主要是指水库区和移民安置区的移民和非移民。在非自愿性移民活动中，作为公众参与者首先是指狭义上的非自愿性移民，其次是移民群体代表和移民团体、移民组织，最后还应包括参与整个移民安置实施工作的外部监测评估单位。

但无论是哪些公众参与，世界银行的移民政策指南，都特别强调移民的公众参与，认为制定和实施移民安置计划的政府和机构，有义不容辞的责任征求移民者的积极参与。世界银行的非自愿性移民政策为此特别建议："在各种移民方案的社会和经济问题方面，应直接地或通过正式的和非正式的领导人、代表或非政府机构来征求移民的意见，这样做可以增加对他们的需要、资源和选择的了解，防止要付出昂贵代价的错误，减少可以理解的、对移民的抵触与移民有关的压力，从而加快向新地点的过渡和在新地点的聚合过程。"

只有包括移民在内的广泛的公众参与，才能保证移民安置工作实施过程中《移民安置行动计划报告》的公开性、客观性和科学性。① 因为只有广泛的公众参与，才能有效制止违反《移民安置行动计划报告》现象的发生，无论是移民代表、移民团体或是移民工作外部监测评估机构，都有权利和义务监督项目实施单位，严格遵循世界银行移民政策要求和《移民安置行动计划报告》，也只有这样，才能更好地保护受影响移民的合法权益。

5. 引进独立外部监测与评价机构。

世界银行贷款项目移民安置政策的实施，引进了具有移民

---

① 宋全成：《论世界银行贷款项目移民安置工作的创新与问题———兼与国内项目移民安置工作的比较研究》，《人文雅志》，2011 年第 1 期。

社会学或社会学、人类学等知识背景的移民安置的独立外部监测与评估机构，全程监测与评估移民安置计划实施的情况，并及时发现移民问题，给世界银行和项目业主提出解决这些移民问题的建议，这具有重要的创新意义。世界银行贷款项目的移民安置在实施过程中，一定会要求省市项目办或项目业主，聘请一个具有移民社会学或社会学、人类学、经济学等知识背景的、通晓世界银行移民政策的、独立于地方政府、项目业主和受影响移民的移民安置外部监测评估机构，来监督项目业主关于移民安置计划执行情况。

依据世界银行的有关规定，从事世界银行贷款项目的移民外部监测评估机构，必须拥有具备移民社会学或社会学、人类学、经济学等专业背景的学者、专家和工程技术人员（包括女性工作人员），具有丰富的非自愿性移民业务的经验和经历，主要工作人员已接受过世界银行非自愿性移民政策安置政策和监测评估业务培训，掌握世界银行非自愿性移民政策，熟悉移民监测评估业务，具有完善的工作质量保证体系。世界银行特别主张，外部监测评估机构必须保证机构和工作的独立性、客观性和公正性，独立地开展移民监测评估工作，包括独立搜集材料、独立分析评估、独立编制报告等。

为此，世界银行特别推荐与移民实施机构无直接行政隶属关系的社会组织，特别是研究世界银行移民政策的大学移民研究机构或社会学研究组织，作为移民安置外部监测评估机构。外部监测评估机构的主要任务是：编制移民外部监测评估工作大纲，明确移民外部监测评估的工作内容、工作方法、工作程序、时间安排、人员安排；按照世界银行批准的移民监测评估工作大纲，进行现场调查和监测，发现移民实施中存在的问题，并预测潜在的问题，提出改进措施和建议，对移民安置的效果进行评估；编制外部监测评估报告，呈报项目业主和世界银行；接受世界银行移民业务指导；根据世界银行的意见及时修正移民外部监测评估工作。移民外部监测评估机构的人员，能够及时发现移民工作中的问题，并通过世界银行和移民外部监测机构，及时制止项目业主对受影响的移民的合法权益可能造成的伤害，并对移民权益的不法伤害进行及时的补偿。显然，世界银行移民政策中关于移民外部监测评估机构及其独立、有效地工作，不仅能有效监督移民的合法权益得到维护，而且还有利于避免移民与项目业主的冲突，保证世界银行项目建设的顺利开展①。

三、 中国世界银行贷款项目的非自愿性移民

（一） 非自愿性移民的实施

在世界银行贷款项目中，中国特别针对可能导致临时或永久非自愿性移民的土地征用而制定移民安置框架，这个框架的主要目标是：

（1）避免或尽量减少建造期间因临时占用土地而对种植活动造成的负面影响。

（2）制订措施，改善受影响的民生，或至少减少负面影响，及早或在征地后恢复原有的生产和生计。

（3）加强项目监察，及早发现在分项目建造期间可能出现的

---

① 宋全成：《论世界银行贷款项目移民安置工作的创新与问题——兼与国内项目移民安置工作的比较研究》，《人文杂志》，2011年第1期。

土地征收和占用情况。

（4）明确执行组织的时间和义务。

此框架用以避免可能发生的负面影响并保护移民的合法权益。

根据世界银行关于非自愿性移民安置的相关条款，在无法避免安置和征地的情况下，该项目应为受影响人提供足够的资金和机会，以改善或至少恢复他们以前的生产和生计。因此，在项目建设、移民安置、征地、退耕还林等过程中，如有无法避免的情况，将按照以下规定办理：

（1）本工程取得的土地，必须遵守《中华人民共和国土地管理法》《中华人民共和国土地管理法实施条例》。根据《中华人民共和国土地管理法》，建立了土地使用权有偿使用制度。建设单位必须遵守法律规定的审批程序，向当地土地管理部门提出申请，通过行政划拨和财政补偿取得土地使用权。省、地、县级国土局对各级土地利用法律实施情况进行审查和监督。征地必须报经县级以上人民政府批准。

（2）根据《中华人民共和国土地管理法》，乡镇基础设施建设需要使用土地的，应当先经乡（镇）政府审核批准，然后向县土地局提出申请。项目实施前，由县土地局审核，报县以上政府批准。

（3）临时征用土地，应当按照实际损失合理支付青苗补偿费。原则上，补偿标准应以当地市场价格或回购价格为基础。临时征地完成后，应当恢复耕地。根据土地管理办法和有关政策，制定切实可行的补偿标准报省、自治区、直辖市人民政府批准后，方可实施。

在世界银行贷款项目中，凡涉及征地安置活动，都要制定征地安置实施方案，作为开展征地安置活动的基础。在受影响人数不足 200 人的地方，将编制一份简短的计划，包括：①对流离失所者进行普查和评估资产；②说明将提供的补偿和其他安置援助；③与流离失所者协商可接受的替代办法；④执行的机构责任和申诉程序。如果超过 200 人受到影响，将会准备一份完整的计划。整个征地和重新安置计划的基本大纲将包括：①土地征用的目标及其地点和范围；②征地原则及有关政策和法律；③对征地范围进行社会和经济调查；④土地征用和补偿标准的影响；⑤恢复受影响人民生计和生产的措施；⑥购置土地的费用概算和资金管理；⑦实施计划；⑧设立征地机构和人员分配；⑨公众参与；⑩征地将给农民和社区带来什么影响；⑪抱怨和委屈；⑫监测、评价和报告制度；⑬附件、地图和表格。

在世界银行贷款项目实施过程中，征地和重新安置的设计程序将包括：

（1）调查拟征地地区的社会及经济情况（社会经济调查）。

（2）调查及登记受影响人口（人口、住户、乡村、种类及数量、受影响范围等，即普查及清查）。

（3）根据有关政策、法律、法规和补偿标准，制定征地拆迁措施。

（4）制定征地设计及实施方案。

除此之外，在世界银行项目的实施过程中，还制定了监测与评价的内容：在项目征地拆迁的情况下，将聘请独立的第三方对征地拆迁补偿进行监测和评估。此外，各级项目管理办公室向上级项目管理办公室提交建设用地、征地和补偿项目时，应在项目进度表中列入。监测和评价人员应定期检查和访问现场，以评估进展和确定问题，并要求各级项目办公室采取措施解决

问题。主要监测指标包括:

(1) 签订征地协议。

(2) 赔偿费用的支付。

(3) 筹集赔偿基金的时间及其支付期限。

(4) 受影响家庭经济情况的转变。

(5) 计划措施的实施及被占用土地的用途。

(6) 临时征用土地的复垦时间。

(二) 非自愿性移民的机制

世界银行贷款项目非自愿性移民的机制使中国更加注重受项目影响移民的基本权益。在以往的移民项目中,由于处理不当或多或少地会引起安置区移民的不满。有着相对丰富移民经验和完善移民机制的世界银行给中国带来了行动指导,使中国更加注重受项目影响移民的基本权利。在移民安置工作方面,世界银行贷款项目的具体要求和世界银行移民政策实施所体现出来的那些创新,对于保护受项目影响的移民基本人权、确保受项目影响的移民基本权益、迅速恢复受项目影响的移民生计能力和收入水平、实现世界银行贷款项目建设的顺利进行、推进中国城建环保行业的健康可持续发展,具有重要的现实意义。特别是移民安置外部监测评估机构和外部监测评估机制的引入,对于严格执行移民安置计划、限制和监督项目业主的移民行动、保证受影响移民的合法权益不受侵害,发挥了重要作用。从世界范围已实施的世界银行贷款项目的实践来看,世界银行贷款项目中关于移民安置工作中的这些创新,在中国的所有城建项目中,具有普适的推广价值。如果在中国今后的项目建设中，引进和普遍推行世界银行贷款项目中这些创新的移民政策，对于推动中国重大的城建项目的健康发展、贯彻科学发展观、建立和谐社会、维护基本人权价值观，必将发挥重要的作用。

这种非自愿性移民的机制也使中国在项目实施中更加注重公众参与。在国内进行的一般建设项目中，项目业主将受影响移民只是看作被动的受体，而不能作为主体直接参与到项目的移民安置计划及其实施的全过程中。因此，要么是在一般建设项目中，根本不需要编制《移民安置行动计划报告》，也就谈不上受影响移民的公众参与，要么是在大中型水利工程项目中，尽管编制了《移民安置行动计划报告》，但由于缺乏包括移民在内的公众参与，则从移民安置的愿望、征地标准的制定、地面附着物的补偿标准、移民再安置的具体方案、移民生计恢复的具体措施等等，都是由项目业主或当地政府自行制定和实施，而受影响的移民只是被动地接受。在这种情况下，再加上缺乏移民外部监测评估机构的有效监督，出现侵害移民合法权益的现象，也就不可避免。世界银行贷款项目的移民安置十分注重公众参与，促使中国在项目的实施中也逐渐重视公众参与。在项目实施的过程中，有关部门会与受影响人口进行参与协商：

（1）直接方式，通过与受影响人口代表召开座谈会，围绕受影响人口比较关注的中心问题，收集其意见，并就这些问题征求各级部门的建议；

（2）间接方式，受影响人口和安置办公室、监测部门都要反映抱怨、意见和建议，安置办公室还要按照处理程序，反馈处理意见。从而确保受项目影响的移民基本权益、迅速恢复受项目影响的移民生计能力和收入水平，实现项目建设的顺利进行。

完全按照世界银行贷款项目要求，实现世界银行移民政策关于切实保护移民的合法权益、保证贷款项目建设的健康、顺利实施的现实总目标，任重而道远。尽管从理论上看，解决世界银行贷款项目在移民政策实施过程中存在的那些问题，是完全可能的。但是，在项目实施的具体实践中，由于当地政府、项目业主和相关利益单位，因为利益相关或利益冲突方面的原因，在移民安置计划中标准的制定和实施、移民的生产和收入水平的恢复与发展、移民安置工作中的公众参与、移民安置外部监测评估机构的聘用、移民安置机构的运转与效率等诸多方面，还远远达不到世界银行贷款项目移民政策要求，违背世界银行贷款项目的有关程序、不遵循世界银行移民政策的现象也时有发生。因此，加强移民安置工作方面的立法、细化移民工作的实施程序和步骤、严格移民的法律和法规，已成为当下中国利用世界银行贷款的城建项目亟待解决的重大现实问题。显然，这些问题不可能在短时间内轻而易举地解决。这样，借鉴和应用世界银行的移民政策、实现受影响移民合法权益有效保护的总目标，也就有很长的路要走。为移民安置问题能够妥善处理，为保护移民者的合法权益，中国也在不断地完善相关的法律法规，砥砺前行。

（三）非自愿性移民的成功案例

中国利用世界银行贷款支持现代化建设，已经走过了 40 年的历程，贷款额度从 1981 年 2 亿美元发展到 2018 年累计贷款额度 619 亿美元。中国已成为世界银行最重要的贷款国家。中国在引进世界银行贷款的同时，也引进了世界银行先进的移民政策应用于贷款项目的移民安置工作，并取得了世界瞩目的成就。下面是由我主持完成的"世界银行贷款辽宁中等城市基础设施能源项目锦州市义县城区集中供热管网改扩建工程"征地移民安置计划。这项工作主要包括前期准备工作、现场调查工作、后期统计分析和撰写报告及修改工作三个阶段。前期准备工作从 2013 年上半年开始；现场调查工作从 2013 年 7 月初开始进行，8 月上旬结束；后期统计分析撰稿工作主要在 8、9 两个月内进行，具体调研分析报告如下：

世界银行贷款辽宁中等城市基础设施能源项目
锦州市义县城区集中供热管网改扩建工程征地移民安置计划

1. 项目概述

1.1 项目背景

中共中央、国务院《关于实施东北地区等老工业基地振兴战略的若干意见》，辽宁省委、省政府实施的"突破辽西北战略"，给锦州市义县"十二五规划"期间的发展带来新的机遇。义县抓住机会，一方面加强对老城区的改造，另一方面积极拓展城东新区的建设，创造了良好的投资环境。因此，建设和改造义县的供热管网工程是必要的。

（1）从改善民生的需要看，义县地处东北地区，属大陆性气候，四季分明。年平均气温 7.8℃，冬季最低气温－22.9℃，取暖期长达 150 天，取暖期室外平均温度－3.9℃。此项工程实施可迅速解决中东部城区群众没有集中取暖，仍然靠火炕取暖的状态，明显改善这部分群众的生存环境，也为旧城区的改造工程奠定基础。

（2）从城市发展的需要看，按照城市发展规划，随着锦阜公路东移工程的实施，东部新城区为义县今后几年城市化发展的重点。2013 年将有公安局业务用房工程，环保局、司法局、卫生局、党校、教育局、档案局等综合业务用房工程，凌南中学工程，职教中心工程，天合公司专家公寓工程，城东商业综合体工程，以及住宅小区工程。2013 年将有 20 万平方米的商住办公工程进行兴建。

（3）从治理环境污染的需要看，虽然部分城区已实行集中供暖，但目前本项目范围内仍有供暖小锅炉房 4 座，许多群众还处于冬季自行取暖状态，造成供暖期空气严重污染，烟尘和噪声严重影响群众生活质量和城市品位。

（4）从改造老城区供热管网的需要看，义县老城区的集中供热管网建设较早，集中供热管网存在不同程度地管道老化、"跑冒滴漏"现象严重、管道腐蚀严重、技术落后、浪费能源、安全事故时有发生，供热安全、节能和经济方面的突出问题，影响了城市生产和生活秩序。每年政府都被迫拿出 400 多万元用于管网的修复。

（5）从节约能源的需要看，减少污染坚持可持续发展是我们的国策。在中国北方地区，特别是东北，供热取暖是能源消耗较大的一个领域，因此有关部门积极倡导实行集中供热。因为大型热源厂要比分散的小锅炉房提高热效率达 30% 以上，节能效果十分明显，所以说本工程的实施也是节约能源的迫切需要。

目前义县的供热面积为 210.53 万平方米,下设 42 座换热站,其中需改造 30 座换热站的二级管网。老城区供热管道存在质量问题,大部分管网老化腐蚀,管道泄漏和堵塞严重影响供暖质量。管网的补水量达到 8% 以上,部分管道材质低劣,保温材料破损,管件质量问题日益严重。地沟防水破坏或达不到防水效果。地沟内管道长期浸泡在水中,导致管道保温材料脱落,大大加剧管网热损失,达不到预期的供热效果。同时,伴随管道外腐蚀的发生,大大缩短管网寿命,严重影响管网的正常运行。管网设计缺乏统筹规划,管网铺设不合理,加之近年来用热负荷发生较大变化,致使目前管网的水力工况与热力工况严重失调。本项目内容见表 1-1:

表 1-1　项目内容一览表

序号	项目名称	项目内容
1	一级管网的建设	新建一级热水管网 17.02 公里,改造一级管网 7.29 公里
2	二级管网的建设	新建二级热水管网 18.91 公里,改造二级管网 75.046 公里
3	换热站的建设	新建 17 座换热站和 10 座楼宇换热站。对 42 座换热站内增设软化水装置
4	其他	在试点区域安装楼栋热计量表 54 块

1.2　项目概况

1.2.1　项目组成及征地范围

世界银行贷款锦州市义县城区集中供热管网改扩建工

程，义县城市总体规划区域是大凌河以南范围内的老城区和东部新城区。新建一级热水管网 17.02 公里，改造一级管网 7.29 公里，新建 17 座换热站和 10 座楼宇换热站。项目组成详见表 1-2：

表 1-2　项目组成简述

项目内容	简要描述	项目负面影响（征地拆迁/锅炉拆迁）
换热站	新建 17 座换热站和 10 座楼宇换热站	换热站涉及永久占用国有土地
管网	新建一级热水管网 17.02 公里，改造一级管网 7.29 公里	管网涉及临时占用道路用地

1.2.2　项目的社会经济效益

分析显示拟建项目会带来很大效益，不仅节约运营成本，还能够促进可持续发展的环境效益。

1.2.3　项目用地

本项目计划共需要永久占用国有土地 4.76 亩（3 175.63 平方米），涉及临时占用国有土地 470.88 亩（313 923 平方米）。

1.2.4　投资估算及实施计划

工程总投资为 15 116.68 万元，其中拟利用世界银行贷款 1710 万美元，其余由地方自筹。来自于地方城市建设配套费，其中土地工程费用估算为 1818.68 万元，占项目总投资的 12.03%。本项目计划两年内实施完成。

1.2.5 相关联项目鉴别

相关联项目是指在本项目准备与实施过程中，与本项目建设功能或效益直接发生关系的其他项目。项目设计过程中，项目单位十分重视相关联项目的识别，项目办会同项目设计单位，对所有工程均进行了关联分析。经分析，本项目不存在相关联项目。

2. 项目影响

2.1 避免或最大限度减少征地拆迁措施

在工程设计阶段，考虑尽可能不征地动迁，考虑项目建设尽可能对当地的经济社会不产生太大的负面影响，主要原则如下：进行方案优化比选，在不可避免占地时，尽可能占用荒地、滩地和国有土地，避免占用基本农田；在不可避免拆迁时，尽可能减少拆迁量，并将此作为方案优化比选的关键性因素。例如换热站选址尽量多利用原锅炉房进行改造，减少或者避免征地拆迁；设计单位对一级网下管网的线路走向进行合理分析，将供热管道布设在城区道路中间或边缘，尽量避免房屋拆迁，尽量减少工程对其他设施的破坏。

2.2 调查方法及过程

本项目的调查时间从 2013 年 7 月至 8 月，采取问卷调查、个体访谈、小组访谈、召开座谈会和实地调查等方式了解征用土地等有关指标。与此同时，计划编制人员也深入到受影响地区与部分受影响人进行了访谈，了解他们对本项目的看法，以及本项目的建设对他们的影响情况。

2.3　项目影响范围的确定

项目涉及义县义州镇的土地利用，拟新建小区换热站17 座、楼宇换热站 10 座，合计 27 座换热站共占地 4.76 亩，全部为国有土地；建设一级管网临时占用国有土地共 470.88 亩，项目建设过程中不涉及移民拆迁。具体见表 2-1：

表 2-1　项目组成情况表

项目内容	影响范围	涉及行政区划	备注
共 27 座换热站	占地 3 175.63 m²	义州镇	共占地 4.76 亩
新建 17 座换热站	占地 3 175.63 m²	义州镇	涉及占用国有土地 4.76 亩
新建 10 座楼宇换热站	占地 0 m²	义州镇	涉及占用国有土地 0 亩
一级管网临时用地	共占用 313 923 m²	义州镇	共临时占用土地 470.88 亩
国有土地	占用 313 923 m²	义州镇	涉及临时占用国有土地 470.88 亩

2.4　项目影响实物指标

本项目不涉及征用集体土地和移民拆迁等问题，对于居民的生计没有影响，项目整体对于当地居民影响较小。

2.4.1　永久占用国有土地

本项目永久占用国有土地新建的换热站，位置为规划区域，可研阶段规划院只能给出换热站大致位置，具体建设位置暂不确定。换热站用地情况见表 2-2：

表 2-2 换热站用地情况表

序号	换热站名称	供暖规模（万平方米）	占地面积（m²）	建设时间	用地性质	移民影响	区域位置
1	瑞和华庭	16.3	199.63	2013	国有	新建	城关乡
2	阳光花园	20	199.63	2014	国有	新建	振兴社区
3	兴华园	7	153.66	2014	国有	新建	站前社区
4	幸福家园	4	153.66	2014			
5	公安局	1.6	153.66	2014	国有	新建	城关乡
6	迎宾路北	13	199.63	2014			
7	惠发天合	18.3	228.5	2014			
8	中学	3	153.66	2015			
9	新开发	13	199.63	2015			
10	迎宾路南1	11	199.63	2015	国有	新建	振兴社区
11	迎宾路南2	9	199.63	2015			
12	迎宾路南3	11	199.63	2015			
13	迎宾路南4	9	199.63	2015			
14	国税局	1	153.66	2015	国有	新建	城关乡
15	西北街	12	199.63	2014	国有	新建	西北街社区
16	西北街	18	228.5	2014			
17	职业高中	3	153.66	2014	国有	新建	东关村

续　表

序号	换热站名称	供暖规模（万平方米）	占地面积（m²）	建设时间	用地性质	移民影响	区域位置
18	君御华庭 1						
19	君御华庭 2						
20	君御华庭 3						
21	君御华庭 4						
22	君御华庭 5						
23	君御华庭 6	4.3	在已有建筑内	2013	国有	新建	振兴社区
24	君御华庭 7						
25	君御华庭 8						
26	君御华庭 9						
27	君御华庭 10						

2.4.2　临时用地

本工程临时占用国有土地面积为 470.88 亩，全部为管线开挖的机动车道和人行道。在可行性研究阶段，根据规划院提供的图纸，移民计划编制小组进行了现场调查与勘察，调查结果显示，不存在征地拆迁问题。若实施过程中由于方案调整导致征地和拆迁问题，将按照移民安置政策框架执行。具体见表 2-3：

表 2 - 3   供热管网临时用地表

长度 (m)	管径 (mm)	建设性质	建设位置		施工方式	
			街路名称	宽度 (m)	施工地点	作业宽度 (m)
315	DN300	新建	宜州大道	3.01	机动道	50
455	DN300	新建	朱瑞路	3.01	机动道	24
330	DN350	新建	迎宾路	3.02	行人道	55
530	DN200	新建	迎宾路	2.29	行人道	55
471	DN300	新建	东一街	3.01	机动道	24
275	DN150	新建	振兴路	2.54	行人道	24
845	DN300	改善	宜州大道	3.01	机动道	50
210	DN250	新建	文化路	2.89	机动道	18
565	DN250	改善	宜州大道	2.89	机动道	50
260	DN150	改善	宜州大道	2.61	机动道	50
157	DN150	改善	东南环路	2.61	机动道	24
445	DN800	新建	军民路	4.50	机动道	32
395	DN800	新建	寺东街	4.50	机动道	24
347	DN400	改善	朱瑞路	3.22	行人道	24
270	DN350	改善	朱瑞路	3.02	行人道	24
433	DN300	改善	朱瑞路	2.82	行人道	24
245	DN300	改善	友谊街	3.01	机动道	18
250	DN250	新建	友谊街	2.89	机动道	18
210	DN200	新建	迎宾路	2.71	机动道	55
173	DN150	新建	迎宾路	2.54	行人道	55
363	DN700	改善	朱瑞路	4.03	行人道	24

长度 （m）	管径 （mm）	建设 性质	建设位置		施工方式	
			街路名称	宽度 （m）	施工地点	作业宽 度（m）
105	DN250	改善	朱瑞路	2.89	机动道	24
40	DN200	改善	朱瑞路	2.71	机动道	24
336	DN600	改善	文昌街	3.75	行人道	24
250	DN500	改善	文昌街	3.74	机动道	24
470	DN500	改善	迎宾路	3.46	行人道	55

3. 社会经济调查与分析

义县位于辽宁省西部锦州市以北 50 公里处，东依医巫闾山与北宁市相邻，南与凌海市接壤，西接北票市，北毗连阜新市清河门区，辖区面积 2 476 平方公里。全县现有总人口 44 万，有汉、满、蒙、回、锡伯、朝鲜等 17 个民族。全县辖 18 个乡镇，下设 9 个社区，239 个行政村。

义县 2012 年全县地区生产总值由 2007 年的 35.2 亿元提高到 120 亿元，年均增长 27.8%；全社会固定资产投资由 2007 年的 16.4 亿元提高到 100 亿元，年均增长 44%；公共财政预算收入由 2007 年的 0.755 亿元跃升到 11 亿元，年均增长 70.9%，创造了享誉辽沈的"义县速度"。

按照义县城市发展总体规划建设"水城相依凌河景，古今相宜文化城"的规划理念，"一河、两岸、三岛、四园、五区"的规划结构，将建成以大凌河景观为特色的生态之城，以佛教文化为主题的文化之城，以打造辽西最具幸福感的宜居之城。积极搭建"一轴一带四心七区"的总

体空间格局，把义县建设成为功能明确、结构合理、交通
方便、环境优美、经济繁荣的宜居新城。义县主城区的城
市性质为：以文化旅游为特色的生态宜居城市。

4. 法律框架与政策

4.1 世界银行政策

世界银行业务政策 OP4.12《非自愿性移民》及其附
件（2002 年 1 月 1 日起执行）。

4.2 中国法律法规及相关政策条款

就本项目而言，《中华人民共和国土地管理法》是本
项目的主要政策基础，国土资源部及辽宁省也颁布了相应
的规定及政策文件。表 4-1 描述了国发 [2004] 28 号、
国土资发 [2004] 238 号、财综 [2006] 48 号的主要条款
及在项目中的应用。

表 4-1 国发 [2004] 28 号、国土资发 [2004] 238 号、
财综 [2006] 48 号及辽政发 [2004] 27 号主要条款及应用

国发 [2004] 28 号——完善征地补偿和安置制度		国土资发 [2004] 238 号	财综 [2006] 48 号
第12条完善征地补偿办法	• 县级以上地方人民政府要采取切实措施，使被征地农民生活水平不因征地而降低。 • 要保证依法足额和及时支付土地补偿费、安置补助费以及地上附着物和青苗补偿费。依照现行法律规定支付土地补偿费和安置补助费，尚不能使被征地农民保持原有生活水平的，不足以支付因征地而导致无地农民社会保障费用的，省、自治区、直辖市人民	• 统一年产值标准的制订。 • 统一年产值倍数的确定。 • 征地区片综合地价的制订。 • 土地补偿费的分配。	• 新增建设用地为农用地和未利用地转为建设用地。新增建设用地土地有偿使用费，由市、县人民政府按照国土资源部或省、

国发［2004］28号——完善征地补偿和安置制度	国土资发［2004］238号	财综［2006］48号
政府应当批准增加安置补助费。土地补偿费和安置补助费的总和达到法定上限，尚不足以使被征地农民保持原有生活水平的，当地人民政府可以用国有土地有偿使用收入予以补贴。 ● 省、自治区、直辖市人民政府要制订并公布各市县征地的统一年产值标准或区片综合地价，征地补偿做到同地同价，国家重点建设项目必须将征地费用足额列入概算。		自治区、直辖市国土资源管理部门核定的当地实际新增建设用地面积、相应等别和征收标准缴纳。
第13条妥善安置被征地农民 ● 县级以上地方人民政府应当制定具体办法，使被征地农民的长远生计有保障。 ● 对有稳定收益的项目，农民可以经依法批准的建设用地土地使用权入股。 ● 在城市规划区内，当地人民政府应当将因征地而导致无地的农民，纳入城镇就业体系，并建立社会保障制度；在城市规划区外，征收农民集体所有土地时，当地人民政府要在本行政区域内为被征地农民留有必要的耕作土地或安排相应的工作岗位；对不具备基本生产生活条件的无地农民，应当异地移民安置。 ● 劳动和社会保障部门要会同有关部门尽快提出建立被征地农民的就业培训和社会保障制度的指导性意见。	● 农业生产安置。 ● 重新择业安置。 ● 入股分红安置。 ● 异地移民安置。	● 从2007年1月1日起，新批准新增建设用地的土地有偿使用费征收标准在原有基础上提高1倍，提高后的新增建设用地土地有偿使用费征收标准。

续 表

国发〔2004〕28号——完善征地补偿和安置制度		国土资发〔2004〕238号	财综〔2006〕48号
第14条健全征地程序	• 在征地过程中，要维护农民集体土地所有权和农民土地承包经营权的权益。 • 在征地依法报批前，要将拟征地的用途、位置、补偿标准、安置途径告知被征地农民；对拟征土地现状的调查结果须经被征地农村集体经济组织和农户确认；确有必要的，国土资源部门应当依照有关规定组织听证。要让被征地农民知情、确认的有关材料作为征地报批的必备材料。 • 要加快建立和完善征地补偿安置争议的协调和裁决机制，维护被征地农民和用地者的合法权益。经批准的征地事项，除特殊情况外，应予以公示。	• 告知征地情况。 • 确认征地调查结果。 • 组织征地听证。	• 新增建设用地土地有偿使用费征收标准提高后，仍实行中央与地方30∶70分成体制。同时，为加强对土地利用的调控，从2007年1月1日起，调整地方分成的新增建设用地土地有偿使用费管理方式。地方分成的70%部分，一律全额缴入省级（含省、自治区、直辖市、计划单列市，下同）国库。
第15条加强对征	征地补偿安置不落实的，不得强行使用被征土地。 • 省、自治区、直辖市人民政府应当根据土地补偿费主要用于被征地农户的原则，制订土地补偿费在农村集体经济组织内部的分配办法。	• 公开征地批准事项。 • 支付征地补偿安置费用征地批后监督检查。	省级财政部门以及财政部驻各地财政监察专员办事处要加强对新增建设用地土地

续　表

国发［2004］28号——完善征地补偿和安置制度	国土资发［2004］238号	财综［2006］48号
地实施过程监管 ● 被征地的农村集体经济组织应当将征地补偿费用的收支和分配情况，向本集体经济组织成员公布，接受监督。农业、民政等部门要加强对农村集体经济组织内部征地补偿费用分配和使用的监督。		有偿使用费管理的监督检查，建立定期检查制度。

5. 征地移民安置措施

5.1　征地移民安置目标

如果本项目发生征地移民安置问题，其工作目标是：为受项目影响的人员，制定出一个安置及恢复的行动规划，以保证他们在项目中受益，他们的生活水平得到改善，或者至少在项目完成后，生活水平可以得到恢复。

5.2　国有土地划拨

根据辽宁省及项目地的相关法规及政策，本项目永久占用国有土地实行无偿划拨，不需要补偿和安置劳动力。若实施过程中由于方案调整导致征地和拆迁，将按照移民安置政策框架执行。

5.3　临时占地恢复

本项目临时占地均为管线开挖临时占地。管线工程临时开挖时，采取建设和修复一体化的方法，流动性较快。占用期满后由项目建设单位负责恢复、清理场地。

6. 组织机构

6.1 机构设置及其责任

为保证本项目（目前的设计没有发生土地征收及移民安置问题）顺利实施并达到预期效果，2013 年 5 月，义县人民政府成立了义县城区供热管网改扩建工程领导小组（义政办发［2013］15 号），进行项目的前期准备及后期管理工作，义县常务副县长任组长，副组长由副县长担任，城乡建设局局长、发改局局长、财政局局长、监察局局长、审计局局长、国土局局长、安监局局长、环保局局长、土地储备中心主任担任成员。领导小组下设办公室、综合部、社会部、招标采购部、工程部、财务部，社会部负责临时占地等工作。成员均具有丰富的征地拆迁和移民安置方面的工作经验，主要负责项目的准备、组织协调、实施及管理工作。

6.2 人员配备及培训计划

6.2.1 人员配置

今后如果本项目设计调整发生征地移民安置问题，为使工作得以顺利进行，本项目工作机构均配备了专门的工作人员，形成上下畅通的信息传输渠道。项目如果涉及征地移民安置，有关机构人员配备见表 6-1：

表 6-1 项目移民机构人员配备表

征地移民安置机构名称	平均工作人员（人）	高峰期工作人员总数（人）	工作人员资格	备注
义县城区供热管网改扩建工程领导小组	15	21	政府官员、工程技术、管理人员	

续　表

征地移民安置机构名称	平均工作人员（人）	高峰期工作人员总数（人）	工作人员资格	备注
义县城乡建设局征收办	4	8	公务员	项目征地管理和实施机构有较好的交通、通讯工具。调查设计、监测评估机构有很强的计算机工具和技术水平，项目征地实施和监测评估机构有丰富的征地、拆迁和移民安置工作经验。
义县城区供热管网改扩建工程领导小组社会部	2	4	政府官员、管理人员	
社区、村联社	4	8	干部	
辽宁社会科学院	4	8	研究员 2 人；副研究员 3 人；助理研究员 5 人	
独立监测机构	4	10	专业技术人员	
合计	33	59		

6.2.2　培训计划

为使本项目能够更好实施，如果今后发生征地移民安置问题，在有关工作实施之前，辽宁省发改委外资办将组织从事征地移民安置工作的骨干人员进修学习，并聘请国内外知名社会学专家讲解世界银行项目移民政策业务，以及征地移民安置实施过程中应注意的问题，同时组织从事移民安置工作人员考察一个国内世界银行项目，从中借鉴成功经验。

7.　公众参与及抱怨申诉

7.1　公众参与

在本项目准备和实施期间进行公众参与是十分必要的。如果今后发生征地移民安置问题，为维护移民合法权益，减少不满和争议，需要听取广大移民的意见和建议，进一步制定好项目征地安置有关政策和实施细则，编制好移民安置计划，做好实施组织工作，以实现妥善安置移民的目标。

7.1.1　项目准备期间的公众参与

项目准备期间公众参与活动，详见表7-1：

表7-1　项目准备期间的公众参与

单位	日期	参与者	人数	目的	主要意见/内容
城乡建设局	2013.6	城乡建设局、发改局、国土局、财政局、义州镇政府代表、供热公司	10	讨论项目的可行性，换热站选址	确定换热站位置，认为项目可行
市政府办公室	2013.7	城乡建设局、发改局、财政局、国土局、供热办、房产局、住建局、人社局、金融办等	18	讨论项目是否存在征地事宜，负责内容和职责	确定征地移民负责部门和职责，明确征地补偿事宜

7.1.2　实施期间的公众参与计划

如果本项目今后发生征地移民安置问题，在移民安置实施过程中，义县项目办还将开展进一步的公众参与，详细安排见表7-2：

表7-2　项目实施期间的公众参与计划

目的	方式	时间	单位	参与者	议题
了解征用小锅炉房业主和承包人的补偿安置政策	座谈	2013.10	义县城区供热管网改扩建工程组织领导小组办公室	城乡建设局、土地局、供热公司、受影响的小锅炉房业主和承包人	进一步确定换热站位置，确定小锅炉房业主和承包人的补偿标准

续　表

目的	方式	时间	单位	参与者	议题
了解小锅炉工的安置和收入恢复情况	座谈	2013.11	义县城区供热管网改扩建工程组织领导小组办公室	城乡建设局、供热公司、人社局、民政局、受影响的小锅炉工	小锅炉房的临时工的就业安置方式

7.2　抱怨申诉

如果本项目今后发生征地移民安置问题，在编制与实施移民行动计划的过程中，公众参与都是予以鼓励的，因此，巨大的争议可能不会出现。但是整个过程中还将有一些不可预见的问题发生。为了有效解决问题，保证项目建设和征地的成功实施，项目建立了一个透明而有效的抱怨与申诉渠道。基本的处理程序如下：

阶段1：如果移民对移民安置感到不满意，他们可以向义县项目领导小组社会部提出口头或书面申诉。如果是口头申诉，则要由义县项目领导小组社会部书面记录，并在2周内做出处理决定。

阶段2：移民若对阶段1的处理决定仍不满意，可以在收到决定后向义县项目办提出申诉。义县项目办应在2周内做出处理决定。

阶段3：移民若对阶段2的处理决定仍不满意，可以在收到决定后向义县国土资源局提出申诉，由监督仲裁机构进行行政仲裁。行政仲裁机构应在3周内做出处理决定。

阶段 4：移民若对阶段 3 行政仲裁机构的仲裁决定仍不满意，可在收到行政仲裁决定后，根据民事诉讼法，向民事法庭起诉。移民可以针对移民安置的任何方面提出起诉，包括补偿标准等。

上述申诉途径将通过会议和其他方式告知被征地居民，使被征地居民充分了解自己具有的申诉权利。同时将利用传媒工具加强宣传报道，并将各方面对移民工作的意见和建议整理成信息条文，由各级移民机构及时研究处理。

本项目的移民安置实施机构是义县城乡建设局，申诉接待地点：义县城区供热管网改扩建工程领导小组社会部。

接待人员：谭义　　　　　　联系电话：0416－7730877

义县项目领导小组的申诉接待地点：项目办

接待人员：丁铁剑　　　　　　联系电话：0416－7713599

8. 征地移民预算

8.1　征地移民预算

如果本项目今后发生征地移民安置问题，在征地和移民安置过程中所发生的费用列入本项目总预算。

总预算中的规划费、税费的计算按照如下标准进行：规划设计费按征地补偿费用工程总额的 0.82% 计算；实施管理费按征地补偿费用工程总额的 3.35% 计算；技术培训费按征地补偿费用工程总额的 0.55% 计算；监测监理费按征地补偿费用工程总额的 0.55% 计算；基本预备费按征地补偿费用工程总额的 4.19% 计算。

本项目永久或者临时占用国有土地的工程费用总计 1818.68 万元，其中破路及道路修复费 1524.51 万元，占总费用的 83.83%，各种税费合计 121.96 万元，占总费用的 6.71%。详见表 8-1：

表 8-1　征地补偿费投资估算汇总表

序号	项目	补偿标准（万元/单位）	数量（亩）	总费用（万元）	比例（%）
1.0	破路及道路修复费		470.88	1524.51	83.83
2.0	规划设计费			15.00	0.82
3.0	实施管理费			60.98	3.35
4.0	技术培训费			10.00	0.55
5.0	监测监理费			10.00	0.55
6.0	基本预备费			76.23	4.19
7.0	税费			121.96	6.71
8.0	总费用			1818.68	100

8.2　征地移民投资计划及资金来源

如果本项目今后发生征地移民安置问题，所有征地移民安置活动计划都将在 2014 年实施，移民资金全部在 2014 年发放。项目移民资金来源全部为本级财政拨款。

8.3　征地移民资金管理及拨付

如果本项目今后发生征地移民安置问题，要保证其移民补偿资金按照移民安置计划中确定的补偿政策和补偿标准，及时、足额地支付给受影响人。本项目资金流程是：

财政拨款拨付到义县项目领导小组办公室；由项目办按资金使用计划将资金拨付给供热公司，供热公司根据征地的实际需要进行资金的合理支配；基础设施及附属物补偿费由供热办直接支付给有关单位或个人。

9. 征地移民实施计划

9.1 征地移民安置实施原则

根据本项目实施进度的计划安排，项目工程从 2013 年开工至 2015 年整个工程完成。如果本项目今后发生征地移民安置问题，为使移民进度计划与项目建设计划安排相衔接，征地工作计划可从 2013 年 10 月以后开始，至 2014 年 7 月结束。移民安置实施的基本原则是：

征地工作完成时间应在项目开始建设之前 1 个月内完成，具体开始时间应根据征地拆迁与移民安置工作需要确定。

安置过程中，受影响人应有机会参与到项目中。在项目开工建设之前，将征地范围予以公告，发放移民安置宣传手册，做好公众参与相关工作。

各类补偿将在征地补偿、安置方案批准之日起 1 个月内直接全额支付给财产所有权人，任何单位及个人不得代表他们使用财产补偿费，在发放中也不得因任何原因打折扣。

9.2 征地移民工程实施时间表

如果本项目今后发生征地移民安置问题，可根据项目建设征地实施进度，拟定本项目征地移民总进度计划。具体实施时间可能会因项目实施的实际进度调整而调整，其实施时间表（包括可能情况下的征地移民安置活动）详见表9-1：

表 9-1　本项目工程实施时间表

序号	征地移民活动内容	时间安排	进展
1	准备移民计划阶段		
1.1	成立项目办	2013.5.12	
1.2	实施详细的社会经济调查	2013.7—2013.8	
1.4	编制移民计划	2013.8—2013.9	编制完毕
2	信息公开及公众参与		
2.1	向有关部门及移民咨询意见	2013.7—2013.9	
2.2	向网站/报纸公开移民计划	2013.10—2013.12	
2.3	在世界银行网站上公布移民计划	2013.9—2013.10	
3	建设用地程序		
3.1	土地预审	2013.12	
3.2	批准用地	2014.3	
4	实施阶段		
4.1	征地公告	2013.4	
4.2	实物指标复核	2013.8	
4.3	征地协议	2013.3	
4.4	征地费用支付	2013.4	
4.5	征地技能培训	2013.5	
4.6	征地恢复措施	2013.7	
5	监测与评估		

序号	征地移民活动内容	时间安排	进展
5.1	基线调查	2013.3	
5.2	内部监测	2013.3	
5.3	外部监测与评估	2013.3—2014.10	

10. 监测与评估

如果本项目今后发生征地移民安置问题，为了确保征地移民安置计划顺利实施，实现妥善安置移民的目标，要按世界银行移民政策的要求，将对征地拆迁和移民安置活动的实施进行定期监测和评估，监测分移民安置机构内部监测和外部监测两部分。

10.1　内部监测

内部监测由省项目办公室、县项目办公室、县城乡规划局和县发改局等组成，以确保所有负责单位遵守移民安置计划的原则及时间表来实施征地拆迁与移民安置。内部监测的目的是在实施过程中使移民安置机构保持良好的职能。指挥部推行一个内部监测运行机制来检查移民安置活动。指挥部建立征地拆迁与移民安置基本数据库，并利用其编制移民安置计划和对所有移民户及拆迁单位进行监测，对移民安置准备和实施的全过程进行内部监督检查，并每季度准备一份征地拆迁与移民安置进展报告，递交省项目办，省项目办公室向世界银行递交征地拆迁与移民安置进度报告。

10.2　外部监测

义县城区供热管网改扩建工程项目办公室拟聘请专业

的征地拆迁独立监测机构，其监测评估小组由4位具有丰富的工程移民及社会学工作经验的移民专家组成。

外部独立监测评估单位定期对移民安置的实施活动进行跟踪监测评价，对移民安置的进度、质量、资金进行监测，并提出咨询意见。对移民住房质量、生产生活水平进行跟踪监测，并每半年向世界银行及项目办提交监测报告及评估报告。报告提交安排详见表10－1：

表10－1 移民监测与评估日程表

	评估报告	日 期
1	社会经济基线调查	2013.3
2	监测评估报告	半年一次
3	后评估报告	2015.12

第八章

中国世界银行贷款项目的移民外部监测机制

一、 移民外部监测的理论界定

外部监测评估，是独立于项目业主及移民实施机构的具有移民监测评估能力的组织或机构，它对移民活动进行周期性的监测和客观评估，通过现场调查访问等方法，对移民安置实施活动进行数据和信息的收集，在此基础上对项目移民实施工作进行客观评估，以发现已经存在或潜在的问题，提出解决问题的意见和建议，并反馈给项目业主和移民实施机构，以推动移民安置实施工作的不断改进和完善。

移民外部监测机构是独立的、与业主和移民实施机构无直接行政隶属关系的社会组织（研究机构、设计机构、咨询机构、大学等非政府机构）。外部监测评估机构必须保证机构和工作的客观性、公正性，独立地开展移民监测评估工作，包括独立收集资料、独立分析评估、独立编制报告等[1]。根据世界银行的有关规定，能够成为

---

[1] 尹明燕，王松江，苑鹏博：《公共基础设施项目移民安置外部监测评估研究》，《中国高校科技与产业化》，2006 年第 12 期。

外部监测评估机构应具备以下资格[①]：

（1）拥有具备社会学、人类学、经济学等专业背景的学者、专家和工程技术人员（包括女性工作人员）。

（2）具有丰富的非自愿性移民业务的经验和经历。

（3）主要工作人员已接受过世界银行非自愿性移民安置政策和监测评估业务培训，熟悉移民监测评估业务。

（4）在少数民族地区，应配备具有少数民族工作经验和能说少数民族语言的工作人员。

移民外部监测评估机构的主要任务为：

（1）编制移民外部监测评估工作大纲，明确移民外部监测评估的工作内容、工作方法、工作程序、时间安排、人员安排。

（2）按照世界银行批准的移民监测评估工作大纲，进行现场调查和监测，发现移民实施中存在的问题，并预测潜在的问题，提出改进措施和建议，对移民安置的效果进行评估。

（3）编制外部监测评估报告，呈报项目业主和世界银行。

（4）接受世界银行移民业务指导，根据世界银行的意见及时修正移民外部监测评估[②]。

移民外部监测评估的原则包括：周期性的调查，了解和评价移民安置行动计划实施的情况；准确地进行数据采集和资料分析，保证监测结果的准确性；科学、客观、公平地评价移民安置行动计划的实施情况；及时地向项目业主和投资方报告，使其能及时了解项目的进展并进行科学决策。

---

① 吕中国，王常才，曹松来：《亚行贷款公路项目移民安置外部监测评估研究——以安徽省无为县 S319 一级公路改建工程为例》，《山东农业工程学院学报》，2016 年第 3 期。

② 尹明燕，王松江，苑鹏博：《公共基础设施项目移民安置外部监测评估研究》，《中国高校科技与产业化》，2006 年第 12 期。

二、 世界银行贷款项目的移民外部监测

在世界银行的贷款项目中，为了确保信息的完整性和客观性，实施机构通常任命一个独立机构从事外部监测评估。移民的后评价是项目周期中一个不可缺少的部分。外部研究或咨询机构、大学部门或发展性非政府组织可以进行独立的评估。外部监测评估机构的任务包括四项：一是核实内部监测结果；二是评估移民目标是否达到，特别是生计和生活标准是否已恢复和提高；三是评估移民效率、有效性、影响和可持续性，吸取的教训作为未来制定移民政策和规划的指南；四是查证移民的资格权利是否恰当地满足目标要求，这些目标是否影响人的生活状况。其中，对外部监测评估人员的要求有以下几点：

（1）独立监测评估人员必须具有从事世界银行项目的经验，熟悉世界银行有关移民方面的政策和法律法规。监测评估小组必须由有经济学、社会学、人类学等方面知识的人员组成。

（2）独立监测评估人员在进行外部监测时应具有独立性和公正性[①]。

（一） 移民外部监测的内容

移民外部监测评估的内容具体包括：

（1）移民机构。通过调查访谈，监测业主与移民实施机构的设置、分工与人员配备情况，移民机构能力建设与培训活动并

---

① 何勇，潘良君，王蔚：《世界银行贷款项目管理实务精解》，东南大学出版社，2017年，第237—252页。

与移民安置行动计划比较，评估其适宜性。

（2）移民政策与补偿标准。调查了解移民实施的主要政策，并与移民安置行动计划比较，分析其变化情况，评估其适宜性。典型抽样核实各类移民损失（尤其是永久征地、房屋拆迁等主要损失）的补偿标准实际执行情况，并与移民安置行动计划对比，分析其变化情况，评估其适宜性。

（3）移民实施进度。主要采用综合查阅文献资料和现场抽样调查法，典型抽样监测各主要移民活动进度，包括移民机构、项目区永久征地、临时占地、安置区土地（包括生产用地、宅基地、公共设施用地等各类安置用地）调整、征用（或划拨）及将其分配给移民、房屋拆迁、安置房重建、移民搬迁、生产开发项目实施、公共设施建设、专项设施复建（迁、改）、工矿企事业单位迁建、劳动力安置就业的实施进度，并与移民安置行动计划中的进度计划进行比较，分析和评估其适宜性。

（4）移民补偿资金与预算。抽样监测各级移民机构资金支付到位情况，抽样监测因征地影响到的村、拆迁店铺与企业的征地拆迁补偿资金使用情况，与移民安置行动计划比较，分析评估移民预算的适宜性，并提出建议，评估移民资金使用管理的状况。

（5）移民生产就业安置。通过典型抽样调查和跟踪典型移民户监测，对移民生产就业安置与收入恢复计划实施情况进行评估。包括农村移民生产用地的调整、征用、开发与分配，农村移民的农转非及非农业就业（企业安置、自谋职业、养老保险等）安置，被拆迁店铺移民就业安置，被拆迁企业移民就业安置，受临时用地影响的企业、店铺人员的就业安置，少数民族、残疾人、妇女及老人家庭等脆弱群体的生产安置，并与移民安置行动计划比较，评估其适宜性。

（6）移民房屋重建与生活安置。通过抽样调查，进行分析评估。包括农村移民的主要安置方式；安置点的选择——宅基地的安排、分配与"三通一平"；旧房屋拆除与新房屋重建方式搬迁前后房屋条件比较（房屋面积、质量、位置、交通、供水、供电、采光、环境等）；过渡期补助；搬迁各类公共设施配套情况——城市移民的安置区选择、补偿安置方式选择、过渡期安排，搬迁前后居住条件比较；公共配套设施建设等。要与移民安置行动计划比较，评估其适宜性。

（7）工商企事业单位恢复重建。通过文献阅读，典型抽样调查与跟踪监测，了解企事业单位与店铺的拆迁与重建情况并与移民安置行动计划比较，评估其适宜性。

（8）城（集）镇及专项设施恢复重建。通过文献资料查阅和实地调查，掌握城（集）镇迁建与恢复实施状况，与移民安置行动计划比较，评估其适宜性。

（9）移民收入与生产生活水平恢复。通过征地拆迁之前的基底调查和之后的抽样调查与跟踪监测调查，掌握典型移民户的收入来源。根据数量、结构、稳定性和支出结构、数量，进行移民搬迁前后经济收支水平的对比分析，评估收入恢复等移民目标实现的程度。通过对居住（房屋等）、交通、公共设施、社区环境、文化娱乐、经济活动等方面的比较，分析评估移民收入与生活水平恢复目标实现的程度。

（10）抱怨与申诉。通过查阅文件资料和现场典型户调查，监测移民抱怨和申诉的渠道、程序，主要抱怨事项及处理情况。

（11）公众参与、协商和信息公开。通过查阅文件资料和现场调查，监测移民实施过程中的公众参与、协商活动、移民信息册的编制、印发与反馈、移民信息公开等活动及其效果。

（12）落实处理投资方检查团备忘录及上期移民安置外部监测评估报告中提出的问题。

（13）结论与建议。对移民行动计划的实施进行归纳总结，得出相应的结论。对存在的问题进行跟踪，直到处理完毕。

（二）移民外部监测的指标

监测与评估小组通常至少进行一次基底评估调查，以评估移民目标的达到程度、生活标准和生计变化以及受影响者经济与社会基础的恢复情况。外部监测主要包含了6项监测指标，每一项监测指标都包括若干指标依据：

（1）受影响家庭基本信息：①位置；②组成和构成、年龄、教育和技能水平；③家庭户主的性别；④是否为少数民族；⑤获得卫生、教育、实用设施和其他社会服务；⑥住房类型；⑦土地及其他资源拥有和使用模式；⑧职业和就业模式；⑨收入来源和水平；⑩农业生产资料（用于乡村住户）；⑪在邻里和社区组织中的参与；⑫获得文化场所和活动；⑬组成资格权利和移民资格权利的所有资产估价。

（2）生活水平恢复：①受影响人的住房补助津贴是否在毫无折旧费用和迁移费用下支付的；②受影响人是否采用住房选择；③"社区"的概念是否恢复；④受影响人是否获得主要社会和文化要素的替代品。

（3）生计恢复：①补偿费用是否足够替代失去的财产；②是否有足够的符合标准的替代土地；③收入替代是否允许重建企业或恢复生产；④是否为脆弱群体提供创收的机会；⑤提供的

工作是否恢复项目以前的收入水平和生活水平。

（4）受影响人的满意程度：①受影响者对移民步骤和权利知道多少；②他们知道这些（移民步骤和权利）是否已经达到要求；③受影响人如何评价他们自己的生活标准和生计已经恢复的程度；④受影响者知道多少有关申诉程序和解决冲突的步骤。

（5）移民规划的有效性：①受影响人和他们的财产是否正确地列出；②有任何土地投资者获得协助吗；③时间表和预算足以达到目标吗；④权利是否太慷慨；⑤脆弱群体是否确认和获得协助；⑥移民实施者如何处理未预见的问题。

（6）其他影响：①是否有非故意的环境影响；②是否有对就业或收入非故意的影响。

外部监测的结果要以报告的形式提交项目业主和世界银行，这就是所谓的"外部监测报告"。从移民搬迁活动开始至结束，外部监测承担机构需要每半年向世界银行和项目业主提交一份监测评估报告。从移民搬迁活动开始至移民安置目标实现之间，每年提交一份监测评估报告。搬迁前要进行一次基底调查，并提交基底调查报告。移民活动结束后，进行一次总结性评估，并提交总结评估报告。根据项目实施情况或项目管理的需要，进行专题调查并提交报告①。

（三）移民外部监测的方法

移民外部监测实际上是对移民行动计划执行情况的跟踪，是移民行动计划的延续，其主要关注的是受影响者的安置情况，

① 潘良君，何勇，王海涛：《世界银行贷款项目社会评价精解》，东南大学出版社，2017年，第228—234页。

一般包括：房屋拆迁进度、资金拨付、补偿标准、房屋重建等情况；关注基础设施恢复重建情况；关注机构能力建设情况，并对移民实施组织机构能力进行评估；关注移民实施的过程，公众参与和协商情况；关注移民抱怨和申诉渠道构建以及运转情况。

外部监测评估方法包括：

（1）抽样跟踪调查。跟踪调查是移民外部监测评估的一个重要手段。在基底调查后，就必须选定样本，确定其为跟踪调查的对象。在历次的监测过程中对被选定为跟踪样本的移民进行调查，依据对他们的调查，来分析项目对移民的影响和移民在安置后的变化。如果移民的生计受到项目的影响，则必须跟踪到移民的收入是否恢复到搬迁前的水平。

（2）座谈会。座谈会有利于广泛收集项目征地拆迁实施机构、有关街道、居委会、移民户对项目的看法和要求，了解征地拆迁与移民安置的情况，以及居民自愿搬迁情况。

（3）文件资料调查。查阅有关征地拆迁与移民安置的文件、协议、统计报表，并进行核实；查阅移民和项目业主签订的房屋补偿协议，结合调查结果查看业主是否履行承诺。

（4）采访关键信息提供者。关键信息提供者往往对信息掌握较为全面，对问题了解比较透彻，并有自身的看法。关键信息提供者包括拆迁办主任、居委会主任、移民户主等。移民外部独立监测是一种先进的项目管理方法，具有客观性、真实性和实用性的特点，有助于在移民安置过程中发现问题，找出移民的需求，并根据环境的变化提出建议，调整移民行动计划，从而有助于项目的顺利进行[①]。

---

① 龙腾飞，董铭，施国庆：《中国城市更新项目移民监测评估》，《水利经济》，2008 年第1 期。

三、 中国世界银行贷款项目的移民外部监测

（一） 移民外部监测的机制

中国在与世界银行合作四十年中，外部监测作为贷款项目中必不可少的一部分，它给中国主要带来以下两方面的影响：

一是提高中国的项目管理水平。移民外部监测是世界银行对移民贷款项目实施管理的重要手段。在项目涉及移民需求的时候，世界银行需要对项目中所涉及的移民进行外部监测，对移民安置实施活动进行持续的调查、检查、监督和评估工作。世界银行在贷款项目中不仅为中国带来了资金支持，也为中国带来了先进的项目管理经验，为中国培养了有关项目管理的专业人才，从而有利于减少中国在项目工作中的失误和提高中国的项目管理水平。

二是提高公众参与意识和关注弱势群体。在移民外部监测中，移民监测机构通过问卷调查、抽样调查、座谈会采访关键信息提供者的方式，对移民的情况进行全方位的了解。在此过程中，移民的困难和心声得到了有效的途径进行反馈，移民充分体会到了来自项目组的重视，提高了移民的公众参与意识。在项目实施的过程中，世界银行尤其重视移民中的弱势群体，对移民中弱势群体移民后的生产生活恢复进行充分的关注。中国在实施世界银行贷款项目时吸取这些好的经验，在以后的项目管理过程中更加充分关注弱势群体。

（二） 移民外部监测的成功案例

在中国的世界银行贷款项目中，移民外部监测是一项独立

于项目业主及移民实施机构之外的第三方监测，对移民安置实施情况进行全过程的现场跟踪调查和周期性监测，收集相关数据和信息，找出存在或潜在的问题，提出合理化建议，为项目顺利实施及移民利益切实保障提供外部支持。下面是我主持完成的"世界银行贷款辽宁沿海经济带基础设施和环境治理项目"征地移民外部监测评估完工报告。这项工作主要包括前期准备工作、现场调查工作、后期统计分析和撰写报告及修改工作等三个阶段。前期准备工作从2014年初开始第一次监测调研，每半年一次监测报告，共进行了9次大规模调研，撰写了9份移民外部监测报告，于2019年末完成移民外部监测完工报告，历时6年的时间。移民外部监测完工报告摘要如下：

世界银行贷款辽宁沿海经济带基础设施和环境治理项目
征地移民外部监测评估完工报告（摘要）

1. 征地移民安置概况

世界银行辽宁省沿海经济带基础设施和环境治理工程主要包括道路项目和污水处理项目，是为解决制约辽宁沿海具有潜力的中小城市发展问题。共7个子项目。其中道路工程包括：凌源市道路项目、朝阳市道路项目、东港市客运站区域路网工程项目、盘锦市公交发展项目、宽甸县老城区交通基础设施改造。污水项目包括：凌源市排水及再生水回用工程和绥中县排水及再生水回用工程。

根据移民行动计划，项目涉及4个市（凌源市、朝阳市、东港市、盘锦市）、2个县（绥中县和宽甸县）的11个乡镇/街道，1个国有农场，18个村和社区。辽宁省建设沿海经济带基础设施和环境治理项目总共影响 1 825 户，影响人口计 7 313 人。项目永久影响 1 650 户计 6 743 人，其中，征收集体土地影响 1 167 户计 4 095 人；受房屋拆迁影响有 540 户计 1 917 人；拆迁企事业单位 15 家，影响人口计 520 人；永久占用国有土地影响 60 户计 641 人；拆迁店铺 62 个影响计 292 人；短期影响人口（临时占地影响）175 户计 570 人。

截至 2019 年 9 月项目完工统计，世界银行辽宁省沿海经济带基础设施和环境治理工程主要包括道路项目和污水处理项目，共完成 5 个子项目，包括：凌源市道路项目、东港市客运站区域路网工程项目、盘锦市公交发展项目、宽甸县老城区交通基础设施改造、凌源市排水及再生水回用工程。已经完成永久征地 802.79 亩，实际完成临时占地 37.54 亩，比计划减少 146.46 亩，并且全部临时占地已完成复垦工作。具体情况见表 1-1：

表 1-1　项目征地拆迁情况汇总表

序号	项目名称	土地永久占用			征地拆迁总影响		临时占地影响	
		集体土地（亩）	国有土地（亩）	户数	房屋拆迁（m²）	户数	集体土地（亩）	户数
1	东港市建设客运站区域路网工程项目	341.64	8.62	316	64 434	442		
2	宽甸老城区基础工程建设		148.09					

续　表

序号	项目名称	土地永久占用			征地拆迁总影响		临时占地影响	
		集体土地（亩）	国有土地（亩）	户数	房屋拆迁（m²）	户数	集体土地（亩）	户数
3	凌源市道路建设项目	166.65	119.04		130865.09	422		
4	凌源市城市排水及再生水回用工程		18.75				37.54	20
5	盘锦市城市基础设施改造工程							
	合计	508.29	294.5		195299.09	864	37.54	20

2. 征地移民情况

在项目实施到完工的整个过程之中，辽宁社会科学院作为项目的外部监测单位，多次到东港市开展全方位的调研工作。其中，对项目征地拆迁影响的居民安置工作进行实时监测与跟进，有利于项目的顺利推进。

2.1　征收集体土地

（1）东港道路项目

本项目计划永久征收集体土地365.2亩，受影响422户1247人；实际征收集体土地341.64亩，受影响316户890人。东港市项目办已于2016年12月15日得到全部征收集体土地批复，项目永久征收集体土地的影响情况详见

表 2-1：

表 2-1 东港道路项目永久征收集体土地情况

	道路名称	面积（亩）	户数（户）	受影响人口（人）	土地批复文件
土建 1 包	站前大道	99.09			
土建 2 包	海关北路	78.92	81	230	辽政地〔2016〕381 号
	高铁大街	56.44	65	184	辽政地〔2016〕397 号
土建 3 包	横一路	26.12	30	85	辽政地〔2016〕393 号
	横二路	59.37	111	311	辽政地〔2016〕379 号
	横三路	21.70	29	80	辽政地〔2016〕401 号
合计（实际）		341.64	316	890	
合计（计划）		365.20	422	1 247	

（2）凌源道路项目

本项目计划永久征收集体土地 235.32 亩，涉及影响家庭 300 户 1 283 人；实际征收集体土地 166.65 亩，受影响 365 人。土建 1 包（文艺路和滨河东路南段）已于 2016 年 12 月 15 日得到全部征收集体土地批复，本项目永久征收集体土地的影响情况见表 2-2：

表 2-2 凌源道路项目永久征收集体土地的情况

	道路名称	区域	征收面积（亩）	受影响人口（人）
土建 3 包	滨河东路北段	东城街道高杖子村	11.83	13
		东城街道单家店村	3.24	

续　表

道路名称		区域	征收面积（亩）	受影响人口（人）
土建 2 包	物流大道	东城街道高杖子村	23.28	118
		东城街道高杖子村	3.59	15
		东城街道高杖子村	0.60	
土建 1 包	文艺路	东城街道辛杖子村	39.14	93
		城关街道凌河村	26.91	
		南街街道城南村	1.17	
	滨河东路南段	东城街道辛杖子村	39.26	56
		东城街道辛杖子村	17.63	70
合计（实际）			166.65	365
合计（计划）			235.32	1 283

2.2　永久占用国有土地

（1）东港道路项目

本项目在建设过程中计划占用 6.82 亩国有土地，实际永久占用 8.62 亩国有土地，其中 2.68 亩为军事设施用地，此前未做军事用途使用。国有土地已全部划拨完成。永久占用国有土地影响见表 2-3：

表 2-3　东港道路项目永久占用国有土地情况

道路名称		计划		实际	
		面积（亩）	户数（户）	面积（亩）	户数（户）
土建 1 包	站前大道				

道路名称		计划		实际	
		面积（亩）	户数（户）	面积（亩）	户数（户）
土建2包	海关北路				
	高铁大街			2.40	
土建3包	横一路	5.20		2.68	
	横二路	1.62	3	3.54	3
	横三路				
合计		6.82	3	8.62	3

（2）宽甸道路项目

世界银行贷款宽甸项目土建工程共三个工程包，改造巷路 36 条，累计道路总长 21 733 米，涉及国有土地 210 367 m²（具体见表 2-4）。截至 2019 年 8 月 30 日，宽甸县道路工程均为在原有巷路上进行改造，没有涉及征收集体土地。但是，巷路改造对于邻近巷路的居民也有所影响。

表 2-4　宽甸道路项目工程建设一览表

序号	项目内容	建设（m）		占地面积（m²）	土地性质	征地移民影响（新建/改造）
		长	宽			
一包工程						
1	学府路	1 032	7/12	12 861	国有	改造
2	青山沟路	329	10/12	6 380	国有	改造
3	河口路	329	24	7 855	国有	改造

续　表

序号	项目内容	建设（m）		占地面积（m²）	土地性质	征地移民影响（新建/改造）
		长	宽			
4	不夜城一条街	303	8/10	4 108	国有	改造
5	东滨河东路	614	5	3 224	国有	改造
6	房产胡同	359	4/8.5	2 580	国有	改造
7	站前胡同	366	5	3 118	国有	改造
8	北营二路	658	4.2/12.7	5 523	国有	改造
9	北营西街	668	8/21.5	8 380	国有	改造
10	二高路	628	7.5/16.4	8 052	国有	改造
11	公仆路	799	6.5/10.5	7 698	国有	改造
12	组团一路	338	8.2/10	5 719	国有	改造
13	组团二路	337	8/14.5	4 801	国有	改造
14	组团三路	187	6.5/12	1 533	国有	改造
15	组团四路	291	7/14	3 178	国有	改造
16	组团五路	287	8.5/12.5	3 143	国有	改造
	合计	7 526		88 153		

二包工程

1	新华街	915	5.5、11.5	7 626	国有	改造
2	东滨河西路	1 255	5	6 621	国有	改造
3	西滨河东路	1 397	4.5	6 830	国有	改造

序号	项目内容	建设（m）		占地面积（m²）	土地性质	征地移民影响（新建/改造）
		长	宽			
4	城西胡同	392	4、7	2 412	国有	改造
	合计	3 959		23 489		

三包工程

1	北营东街东延	287	15	2 688	国有	改造
2	北山新苑路	833	6	4 596	国有	改造
3	东滨河西路北段	510	6	20 561	国有	改造
4	东滨河西路南段	115	5、6	5 332	国有	改造
5	东滨河东路中段	343	4、6	3 086	国有	改造
6	学府路东延	160	6	2 050	国有	改造
7	房产胡同延伸段	716	4—12	586	国有	改造
8	城西胡同北段	460	4	2 545	国有	改造
9	六局管理处路	207	4、6	1 420	国有	改造
10	柴油机厂胡同	901	5	6 708	国有	改造
11	隋家堡路	509	5	1 859	国有	改造
12	小台山胡同	439	6	1 390	国有	改造
13	西滨河东路北段	1 346	18、7	4 505	国有	改造

续　表

序号	项目内容	建设（m）		占地面积（m²）	土地性质	征地移民影响（新建/改造）
		长	宽			
14	西滨河西路北段	287	7	2 545	国有	改造
15	丹宽路	956	12、16	22 800	国有	改造
16	左子元街	2 179	12、7	16 054	国有	改造
	合计	10 248		98 725		
36	总共	21 733		210 367		

（3）凌源道路项目

本项目涉及计划占用国有土地 88.81 亩，实际永久占用国有土地 119.04 亩，其中滨河东路北段占用国有土地 87.55 亩，物流大道占用国有土地 31.49 亩。国有土地已全部划拨完成。永久占用国有土地影响见表 2－5：

表 2－5　凌源道路项目永久占用国有土地情况

	道路名称	实际占用国有土地面积（亩）	计划占用国有土地面积（亩）
土建 2 包	滨河东路北段	87.55	73.07
土建 3 包	物流大道	31.49	15.74
	合计	119.04	88.81

（4）凌源中水项目

永久征地占用的是国有土地，总面积为 18.75 亩，与计划中预期占用的 8 亩相比，实际超出 10.75 亩。但是，针对超出的这部分永久占地的办理是严格按照有关程序和规定要求进行征用的，并且当地政府也将补偿款按时完成拨付。见表 2-6：

表 2-6　永久占用国有土地情况

	项目名称	项目内容	拟占用国有土地/亩	影响人口		备注
				户	人	
计划	凌源市城市排水及再生水回用工程	再生水一级加压泵站	8	0	0	国有建设用地，污水处理厂预留建设用地
实际	土建 3 包	二级泵站	18.75	0	0	经济开发区已征地

（5）盘锦公交项目

本项目涉及计划占用盘锦市兴隆农场的国有土地96.3亩，实际永久占用国有土地108.673亩，所占用土地均为水田，种植水稻，现已承包到户。其中兴隆台区停车场占用国有土地73.173亩，属于兴隆农场的农业用地，现在已经转换成建设用地，受影响16人均为国有农场职工；双台子区停车场占用国有土地35.5亩，属于盘锦市公交公司所有的建设用地。国有土地已全部划拨完成。永久占用国有土地影响见表2-7：

表 2-7　永久占用国有土地情况

	项目内容		永久占用国有土地/亩	涉及的村/农场	备注
计划	建设公交车停车场	兴隆台区停车场	60.8	二十里铺分场	国有农用地
		双台子区停车场	35.5	——	盘锦市公交公司所有的建设用地
实际	建设公交车停车场	兴隆台区停车场	73.173	兴隆农场二十里铺分场	国有农用地水田68.209 5 亩；沟渠4.963 5 亩
		双台子区停车场	35.5	——	盘锦市公交公司所有的建设用地

2.3　房屋征收拆迁

（1）东港道路项目

在对东港项目进行完工阶段的征地移民安置工作监测调研时了解到，截至 2019 年 8 月 30 日，本项目房屋拆迁征收工作已经全部完成，最终实际征收房屋面积 64 434 m²，受影响 126 户。其中有照房屋面积 5 963 m²，受影响 57 户；无照房屋面积 51 355 m²，受影响 108 户；企业单位建筑面积 7 116 m²，受影响 7 家。具体房屋拆迁情况，见表 2-8：

表 2-8　世界银行贷款东港项目的房屋拆迁情况

工程名称	道路名称	总体情况		有照房屋		无照房屋		企业单位	
		户数	面积/m²	户数	面积/m²	户数	面积/m²	户数	面积/m²
土建1包	站前大道	22	9 175	16	1 611	21	6 876	1	688

续 表

工程名称	道路名称	总体情况		有照房屋		无照房屋		企业单位	
		户数	面积/m²	户数	面积/m²	户数	面积/m²	户数	面积/m²
土建2包	海关北路	6	23 981	—	—	6	23 981	—	—
	高铁大街	33	12 155	17	1 295	32	9 654	1	1 206
土建3包	横一路	22	8 738	11	892	19	2 624	5	5 222
	横二路	33	7 998	13	2 165	20	5 833	—	—
	横三路	10	2 387	—	—	10	2 387	—	—
总数（实际）		126	64 434	57	5 963	108	51 355	7	7 116
总数（计划）		—	—	76	6 290.95	5	2 277.00	21	

（2）凌源道路项目

本项目涉及拆迁房屋面积 130 865.9 m²，受影响居民 422 户，其中，有照住宅房屋面积 18 699.49 m²，受影响居民 104 户，有照非住宅房屋面积 3 297.46 m²，受影响居民 26 户，现已全部签订协议，补偿费用已发放到受影响居民手中，拆迁工作全部完成。房屋拆迁情况见表 2-9：

表 2-9　房屋拆迁情况

道路名称		总体情况		有照房屋			
		户数	面积/m²	住宅（户）	面积/m²	非住宅（户）	面积/m²
土建3包	滨河东路北段	89	17 289.86	63	13 992.40	26	3 297.46

续 表

	道路名称	总体情况		有照房屋			
		户数	面积/m²	住宅（户）	面积/m²	非住宅（户）	面积/m²
土建2包	物流大道	71	8 569.23	41	4 707.09		
土建1包	文艺路	154	55 565	无		无	
	滨河东路南段	108	49 441	无		无	
	合计（实际）	422	130 865.09	104	18 699.49	26	3 297.46
	完成比例%	100	100	100	100	100	100

2.4 临时占用土地

凌源市政府对临时占地的补偿款发放工作高度重视，此项目临时占用的集体土地 37.54 亩，按照 3 750 元/亩/年的标准进行补偿，补偿费用共计 21.44 万元，补偿费用已经足额发放到村。根据调研了解到，村民也都按时领取了补偿款。临时占用集体土地情况见表 2-10：

表 2-10 凌源项目临时占用集体土地情况

项目内容	所在位置	管网起止点		管径（mm）	管道长度（m）	施工方式（开挖/顶管/其他）	临时占地面积（亩）	土地性质		影响人口	
		起点	终点					国有	集体	户	人
计划	滨河南路	工业园区西南侧	铁路桥南侧	D600-1500	2 300	机械开挖	34	—		0	0

续　表

项目内容	所在位置	管网起止点		管径(mm)	管道长度(m)	施工方式(开挖/顶管/其他)	临时占地面积(亩)	土地性质		影响人口	
		起点	终点					国有	集体	户	人
污水截流干管工程	滨河东路	南大桥	大凌河河右岸	D600－1500	4000			提上城市排水项目			
	滨河西路	凌热桥	北大桥南侧	D600－1500	7000						
再生水回用工程	滨河东路	东城污水处理厂	凌源市工业园区	DN800×2	22000	机械开挖	150	—	耕地	175	570
合计							184	—	—	175	570
实际工业园区排水工程	园区路网	外环路、产业大街及开发路	工业园区东南角	D400－1200	23453	机械开挖	37.54	—	绿化带	20	56
	园区路网	产业大街及开发路	大凌河	D600－2400							
合计							37.54			20	56

2.5　占用红线外土地

（1）东港道路项目

在项目建设过程中需要在道路两侧预留 5 米宽的边沟，所以地方政府与村集体及村民协商一致，在项目征地红线以外合计占用 77.58 亩土地，用于作业边沟，并给予村民补偿，补偿标准与项目范围内征收的集体土地标准一样，按 6.5 万元/亩进行补偿。占用红线外土地情况见表 2-11：

表 2-11　东港道路项目占用红线外土地情况

道路名称		涉及村	面积（亩）
土建 2 包	海关北路	刘家泡村	7.37
		新沟北村	16.55
		站前菜农委	1.43
	高铁大街	刘家泡村	13.88
土建 3 包	横一路	刘家泡村	14.50
	横二路	刘家泡村	15.79
		新沟北村	0.82
	横三路	新沟北村	7.24
合计			77.58

（2）凌源道路项目

占用红线外土地的原因是：文艺路，为了方便施工放坡操作，避免影响周边居民生产生活；滨河东路南段，原来就有乡间作业道，占用红线外的土地是为了恢复乡间作业道，方便村民将生产资料运送出去，所以要留有 5 米宽土地作为乡间作业道。占用红线外土地情况见表 2－12：

表 2－12　凌源道路项目占用红线外土地情况

	道路名称	涉及村	用途
土建 3 包	滨河东路北段		
土建 2 包	物流大道		
土建 1 包	文艺路	辛杖子村、凌河村、城南村	施工放坡、操作面及避免影响周边居民
	滨河东路南段	辛杖子村	田间巷路、施工操作面
合计（实际）			

3. 补偿安置政策

3.1　征收集体土地补偿标准

（1）东港道路项目

本项目中征收红线内集体土地的补偿标准，按照辽宁省国土资源厅《关于开展征地片区综合地价调整工作的通知》（辽国土资发〔2015〕190 号）文件的有关规定，根据丹东市人民政府办公室《关于实施丹东市征地片区综合地价标准的通知》（丹政办发〔2015〕81 号）文件的要求，结合该项目自身的特点，东港市人民政府办公室制定了《站前组团路网工程建设项目土地征收与房屋征收补偿方案》（东政办发〔2016〕23 号）文件。

征收红线内涉及新城街道办事处和大东街道办事处的土地。其中，新城街道办事处的土地按照 6.5 万元/亩补偿；大东街道办事处的土地按照 12 万元/亩补偿。每户所得土地补偿费中包含失地农民的社会保障费用。地上附着物等参照市场价格或采用评估的方式进行征收。

（2）凌源道路项目

本项目中征收红线内集体土地的补偿标准，按照辽宁省国土资源厅《关于开展征地片区综合地价调整工作的通知》（辽国土资发〔2015〕190 号）文件的有关规定，根据朝阳市人民政府《关于公布实施朝阳市征地区片综合地价的通知》（朝政发〔2015〕60 号）文件的要求，结合该项目自身的特点，凌源市人民政府办公室制定了征收土地方案，该方案符合以上文件的规定和要求，并且符合移民安置计划中集体土地的补偿标准。具体标准见表 3-1：

表 3-1　征收集体土地补偿标准

	道路名称	区域	面积（亩）	补偿标准（万元/亩）	备注
土建3包	滨河东路北段	东城街道高杖子村	11.83	5 4（未利用地）	青苗补偿按一茬作物给予补偿
		东城街道单家店村	3.24		
土建2包	物流大道	东城街道高杖子村	23.28	5	
		东城街道高杖子村	3.59		
		东城街道高杖子村	0.60		

续　表

道路名称	区域	面积（亩）	补偿标准（万元/亩）	备注
	东城街道辛杖子村	39.14	5.8	
文艺路	城关街道凌河村	26.92		
	南街街道城南村	1.17		
滨河东路南段	东城街道辛杖子村	39.26	5	
	东城街道辛杖子村	17.63	5.8	
合计（实际）		166.65		
合计（计划）		235.32	5	青苗补偿费1200元/亩/年

表格最左侧有合并单元格"土建1包"。

3.2　房屋征收补偿标准

（1）东港道路项目

根据有关法律、法规、政策，东港市人民政府办公室制定了《站前组团路网工程建设项目土地征收与房屋征收补偿方案》（东政办发〔2016〕23号）文件。本项目涉及居民个人产权房屋的征收补偿，实行货币补偿和房屋产权调换补偿两种方式，由被征人自主选择。临时建筑、房屋附属物等按《房屋配套棚厦及附属设施补偿标准》实行货币补偿。

（2）凌源道路项目

凌源市人民政府决定对凌源市文艺路和滨河东路南段区域的房屋及地上物等进行征收，制定了《凌源市文艺路区域房屋及地上物征收补偿实施方案》和《凌源市滨河东路南段区域房屋及地上物征收补偿实施方案》。

3.3　临时占地补偿标准

根据项目单位目前已经提供的资料来看，本项目临时占用的集体土地累计达到 37.54 亩，占用时间为 1 年，主要用于排水管道的建设，补偿标准是 3 750 元/亩/年。具体补偿标准和金额如表 3-2 所示：

表 3-2　临时占用集体土地补偿标准

	项目	占用面积（亩）	补偿费（元/亩/年）	备注
计划	临时占地补偿标准	184	7500	临时占地1年
实际	临时占地补偿标准	37.54	3750	临时占地1年

4. 补偿费用

4.1　集体土地补偿费用

（1）东港道路项目

本项目集体土地征收补偿费用已全部划拨下去，其中总共补偿费用是 2172.7208 万元，补偿标准为 6.5 万元/亩；海关北路 5.3415 亩，补偿标准为 12 万元/亩，涉及 2 户，属于站前菜农委的土地。集体土地具体征收补偿费用见表 4-1：

表 4-1   集体土地征收补偿费用

道路名称	补偿费用（万元）	拨款时间	补偿标准（万元/亩）
站前大道	566.757 8	2015. 11. 19	6.5 万元/亩，其中海关北路 5.341 5 亩补偿标准为 12 万元/亩，涉及 2 户，属于站前莱农委的土地
站前组团	494.032 5	2016. 11. 14	
站前组团	147.832 5	2016. 11. 14	
站前组团	900.000 0	2016. 11. 14	
海关北路	64.098 0	2016. 11. 15	
合计	2 172.720 8		

通过到站前大道及海关北路、高铁大街、横一路、横二路、横三路等地进行走访，了解到占用集体土地对老百姓生活的一些具体影响：占用集体土地的补偿标准较合理，每户占用集体土地面积平均 1.08 亩，对每户影响并不大，所以并没有给受影响居民的生活带来很大影响，同时加快了当地城镇化的进程。

（2）凌源道路项目

红线范围内征收集体土地补偿费用 2016 年底已全部支付。项目范围内征收集体土地 166.65 亩，全部补偿费用为 888.581 7 万元。其中土建 1 包中文艺路区域征收集体土地 67.23 亩，补偿费用为 389.907 9 万元；滨河东路南段区域征收集体土地 56.89 亩，补偿费用为 298.549 8 万元。补偿费用已由凌源市国土资源局转账给各村集体组织，村集体组织已发放到每个被征地农民手中。集体土地征收补偿费用见表 4-2：

表 4 - 2　集体土地征收补偿费用

	道路名称	区域	面积（亩）	补偿标准（万元/亩）	补偿费用（元）	公告时间	补偿时间
土建 3 包	滨河东路北段	东城街道高枝子村	11.83	5	473 040	2014.11.10	
		东城街道单家店村	3.24	4（未利用地）	154 650		
土建 2 包	物流大道	东城街道高枝子村	23.28		1 164 150	2015.5.18	
		东城街道高枝子村	3.59	5	179 250	2015.3.11	
		东城街道高枝子村	0.60		30 150	2015.12.30	
土建 1 包	文艺路	东城街道辛枝子村	39.14		2 270 004		2016.12.26
		城关街道凌河村	26.91	5.8	1 561 389	2016.12.23	2016.12.30
		南街街道城南村	1.17		67 686		
	滨河东路南段	东城街道辛枝子村	39.26	5	1 962 900	2015.3.11	
		东城街道辛枝子村	17.63	5.8	1 022 598	2016.12.23	2016.12.26
合计			166.65		8 885 817		

4.2　国有土地补偿费用

（1）盘锦公交项目

本项目占用兴隆农场的国有农业用地 73.173 亩（4.878 2 公顷），其中水田 68.209 5 亩（4.547 3 公顷），按 8 万元/亩（120 万元/公顷）进行补偿，高于征地移民计划中 7.2 万元/亩的标准，补偿总费用 585.384 万元，现已拨付给兴隆农场，具体标准见表 4-3：

表 4-3　永久占用国有农地补偿标准

	项目名称	影响范围	征地数量（亩）	区片综合地价（元/亩）	备注	补偿总费用（元）	影响人口	
							户数	人口
计划	兴隆台区停车场	兴隆农场	60.8	72 000	青苗费为 2 000 元/亩		45	121
实际		兴隆农场	73.173	80 000		5 853 840		16

4.3　房屋征用补偿费用

（1）东港道路项目

本项目房屋拆迁工作现已全部完成，共拆迁 126 户，房屋征用补偿金额共 8 076.75 万元，都已签订补偿协议，补偿资金都已发放到受影响居民手中。其中有照房屋补偿费用是 3 065.92 万元，无照房屋及附属物补偿费用为 4 517.59 万元，其他补偿费用是 493.24 万元。被征用房屋 126 户，补偿方式主要以货币补偿为主有 124 户，有 2 户选择了房屋置换的补偿方式。通过调查了解到补偿款全部发放到位，房屋置换也都拿到了钥匙。补偿具体情况见表 4-4：

表 4 - 4　房屋征用补偿费用

	道路名称	总补偿金额（万元）	有照房屋（万元）	无照房屋及附属物（万元）	其他费用（奖励、经营损失、搬迁、补助等）（万元）	受影响居民（户）	选择货币补偿方式（户）	选择房屋补偿方式（户）
土建 1 包	站前大道	1536.48	653.02	833.65	49.81	22	21	1
土建 2 包	海关北路	1059.59	0.00	979.45	80.14	6	6	—
	高铁大街	1616.38	528.55	969.73	118.11	33	32	1
土建 3 包	横一路	1395.50	356.85	950.42	88.22	22	22	—
	横二路	2363.33	1527.51	678.87	156.96	33	33	—
	横三路	105.47	—	105.47	—	10	10	—
合计		8076.75	3065.92	4517.59	493.24	126	124	2

（2）凌源道路项目

房屋及地上物征收补偿费用总共 13 257.558 2 万元。其中滨河东路北段 7 771.539 9 万元；物流大道 290.834 9 万元；文艺路 2 446.092 0 万元；滨河东路南段 2 749.091 4 万元。补偿费用已经全部支付完成。房屋及地上物征用补偿费用见表 4-5：

表 4-5　房屋及地上物征用补偿费用

	道路名称	总体完成情况		补偿费用（万元）	完成比例%
		户数	面积 m²		
土建 3 包	滨河东路北段	89	17 289.86	7 771.539 9	100
土建 2 包	物流大道	71	8 569.23	290.834 9	100
土建 1 包	文艺路	154	55 565	2 446.092 0	100
	滨河东路南段	108	49 441	2 749.091 4	100
	合计（实际）	422	130 865.09	13 257.558 2	100

4.4　临时征用补偿费用

根据项目单位目前提供的相关资料，本项目临时占地补偿总费用为 21.44 万元，其中地上树木补偿 1.060 33 万元。补偿费用 2016 年 12 月发放到村。具体如表 4-6 和表 4-7 所示。

表 4-6　集体土地临时占用补偿费用情况

项目	占用面积/亩	受影响居民/户	占用时间/年	补偿金额/万元
土建 1 包	37.54	20	一年	21.44

表 4-7　临时占用集体土地地上附着物补偿情况

项目	地上附着物内容	受影响居民/户	受影响人口/人	地上附着物补偿标准	地上附着物补偿总金额/万元	补偿金到位时间
土建1包	树木	20	56	——	1.060 33	2016.12

4.5　弱势群体的社会保障政策

本项目涉及的弱势群体主要包括两类人：低保户和五保户。弱势群体在安置过程将获得优先选择的权利，并同时获得各项扶持政策。

第一，对弱势群体家庭中的劳动力进行职业培训，同时提供各种就业信息和指导，使其增加就业机会。

第二，在项目施工过程中，优先考虑招收弱势群体家庭的劳动力做一些非技术性的工作。

第三，被征地农民身份属农村居民并符合农村最低生活保障条件的，纳入农村最低生活保障。

（1）农村低保户

根据《辽宁省农村居民最低生活保障办法》（第223号）文件的相关规定，"辽宁省享受低保对象包括：家庭年人均收入低于户籍所在地农村最低标准的困难家庭，可以申请享受农村最低保障待遇"。现行的农村低保保障标准为1690元/年。

家庭年人均纯收入低于户籍所在地农村低保标准，但有赌博、吸毒、非法婚姻、非法收养或者无正当理由不参加劳动等行为的，不享受农村低保待遇。详细的规定由凌源市人民政府制定并公布。

（2）农村五保户

根据《辽宁省农村五保供养办法》（辽宁省人民政府令第218号）相关规定，辽宁省农村五保对象为：辽宁省农村村民，属于年满或者超过60周岁的老年人、未满16周岁的未成年人、经县民政部门指定医院鉴定为无劳动能力的残疾人，并且其本人或者家庭年生活来源低于当地农村五保供养标准，又无法定赡养、抚养、扶养义务人，或者法定赡养、抚养、扶养义务人无履行法定义务能力的，可以申请享受农村五保供养待遇。

凌源市现行的农村五保标准为：集中供养标准年人均增加额度不低于360元，分散供养标准年人均增加额度不低于220元。

（3）失地农民

凌源市人民政府征收土地方案公告的规定，被征收土地所涉及的农业人员安置办法是：对应安置的农业人员实行货币安置，符合社保条件的由相关部门实行社保安置。执行《辽宁省被征地农民社会保障暂行办法》（辽政办发〔2005〕81号）文件。

东港市人民政府办公室制定的《站前组团路网工程建设项目土地征收与房屋征收补偿方案》（东政办发〔2016〕23号）文件，明确提出"每户所得土地补偿费中包含失地农民的社会保障费用"。同时，丹东市人民政府《关于被征地农民参加城镇企业职工基本养老保险的意见》，对完全失地和大部分失地的农民也有明确规定：已经参加城镇企业职工养老保险的被征地农民，继续按现行的参保、缴费和退休政策执行。未超过法定退休年龄，且没有参加城镇企业职工养老保险的被征地农民，即男未满60周岁、女未满55周岁的，可以自愿按灵活就业人员身份参加城镇企业职工养老保险，并允许自愿参保的被征地农民根据个人年龄情况适当补缴2001年以后养老保险费。缴费基数为历年对应期的职工在岗平均工资的1.0倍，缴费额全部由个人承担。参保人员达到法定退休年龄时且缴费满15年以上的，可按城镇企业职工养老保险政策办理退休，享受城镇企业职工养老保险待遇。超过法定退休年龄的被征地农民，允许自愿按灵活就业人员身份参加城镇企业职工养老保险。可一次性补缴15年企业养老保险费。

5. 公众参与、抱怨和申诉

5.1 公众参与

居民可以通过向村委会和各级移民安置管理部门、监测部门反映抱怨、意见和建议，安置办公室将按照处理程序，反馈处理意见。

5.1.1 公众参与移民安置计划的编制

在编制移民安置计划的过程中，宽甸县政府、宽甸县世界银行项目办及设计部门通过多种渠道，采取了不同形式向受影响人公布本项目的有关信息和移民安置政策。

5.1.2 施工期间与受影响居民保持协商的工作原则

通过与受影响人口代表、村干部座谈和问卷调查，全面了解项目对于邻近居民生活和出行的影响，重点就避免或者减少影响的方案征求意见和建议，改进相关的行动计划。

5.1.3　工程进度和有关政策向公众公开

在工作实施以前，通过当地报纸或广播电视发布有关项目的公告和张贴告示，宣传相关的方针政策、申诉渠道等。

5.2　抱怨与申诉

通过实地调研了解，相关部门没有收到对邻近居民生活和出行影响的申诉抱怨。项目单位也表示，下一步如有申诉抱怨的情况都将记录并报告上级部门，予以重视解决，保证老百姓的基本权益得以保护。

5.2.1　申诉途径

为了保证项目建设和征地成功的实施，建立了抱怨与申诉渠道。居民可以针对项目工作的任何方面提出申诉，包括补偿标准等。各机构将免费接受受影响人的抱怨和申诉，由此发生的合理费用将从不可预见费中支付。

5.2.2　处理抱怨的原则

项目实施机构对群众提出的抱怨问题，根据国家法规和安置行动计划规定的各项原则和标准，提出处理意见。对无能力处理的抱怨问题，及时向上级部门反映情况，并协助搞好调查。

5.2.3　答复抱怨的内容和方式

在行动计划执行期间，项目实施机构要做好抱怨资料和处理结果资料的登记与管理，每月一次以书面材料形式报上级部门。项目单位将对抱怨处理登记情况进行定期检查。

6. 结论

6.1 经验

世界银行贷款辽宁沿海经济带基础设施和环境治理项目实现了其原有的目标，整个项目实施过程秉承人文理念与价值关怀的初衷，体现出世界银行贷款一直所坚持和提倡的价值准则。在项目的实施过程中不论是从工程整体的进度还是项目管理等方面都积累了宝贵的经验，执行机构能力建设的目的也已经达到，这为项目地未来的发展奠定良好的基础。

6.1.1 政府的支持是推动项目有序开展的重要保障

辽宁省政府和地方政府对项目推进给予了大力支持，对移民安置方案编制相关工作尤为重视。地方政府成立了世界银行项目办公室，负责具体工作的协调与督导。项目办的有效领导和政府承诺是项目成功实施的重要因素，其间与项目实施有关的各级部门都在积极配合项目开展，凸显出有为政府的高效指导作用。

6.1.2 专业的团队是维护项目正常工作的关键支撑

世界银行项目为各项目实施单位锻炼、培养了一支参与整个项目周期的外资管理团队。本期项目是小城镇基础设施建设项目，促使以前没有机会参与外资项目的区县级人员切身感受和学习国际对基础设施项目建设和移民安置方面的管理理念和方法，这为以后在辽宁开展世界银行其他项目培养了人才。

另外，在项目实施过程中，辽宁省项目办组织了多次有针对性的培训，通过培训和学习，包括相关政府部门、项目实施单位、土地征用单位、移民安置单位、工程承包人等队伍在内，所有项目参与队伍的整体水平得到明显的提升，保证了土地征用和资金拨付与赔偿工作的顺利进行。

6.1.3　先进的理念是引导项目合理运行的思想根基

先进的理念是指导工作的必备基石，是项目成功的关键性因素。世界银行贷款不仅仅只是提供简单的资金支持，还为项目的执行和企业运营提供先进的理念，如现代项目的管理、公开招标、建设监理、国际惯例、性能测试以及完工验收与评估。项目实施单位的合同和项目管理能力及财务管理能力、新建设施的运营与维护能力以及环境监测能力、社会效益提升能力都得到了体现。国际专家和咨询企业参与了项目的建设和项目环境与社会效益的评价工作，从全方位、多角度对土地征用、款项拨付与项目影响的价值进行了科学性的评估。外部监测单位通过参与工程的社会效益评价与评估工作的调研，为整个工程各阶段的顺利推进与完工做出了不可忽视的贡献。

6.1.4　良好的沟通渠道是展现项目社会效益的平台

在项目建设过程中，建立良好的信息公开和申诉渠道，便于地方政府、项目办和施工单位及时了解百姓的意见与合理建议，为项目的成功推进树立典范。这也是本次辽宁省利用世界银行贷款进行小城镇建设体现民生工程的代表。

6.2　建议

（1）建议项目办和相关责任主体，重视未完成施工工程的建设工期，严格把握项目施工的进度，在保证项目建设质量的前提下，适当加快工程进度、提升施工效率，以保证项目可以按时、高质量地完成。

（2）建议地方政府有关单位成立专门的小组，以保证在规定的时间内完成施工。

（3）建议世界银行征地移民安置与项目建设等方面出具更为详细和具体的社会效益评价指标体系，以便与项目各阶段的监测对比，从而做出更具代表性和针对性的报告。

第九章

中国世界银行贷款项目的绩效评价机制

一、 绩效评价的理论界定

绩效一词最早来源于人力资源管理、公共部门管理、工商管理和社会经济管理方面。"绩"就是成绩，"效"就是效率、效益。在人力资源管理和公共部门管理中，"绩效是指一个组织、群体和个体在一定环境中表现出来的成绩和贡献"。在工商管理和社会经济管理中，"绩效是指单位将投入通过一个过程转化为产出，再转化为结果的工作"。所谓评价，是指为达到一定目的，运用特定的指标、设定的标准和规定的方法，对一个组织、群体和个体发展结果所处的状态或水平进行分析判断的计量或表达过程。简单地说，评价就是一个比较分析做出全面判断的过程。为此，评价必须具有以下特征：一是评价的依据具有合理性，二是评价的标准具有客观公正性，三是评价的方法具有科学性，四是评价的结果具有可比性。绩效评价是对传统管理模式中评价的升级和改进。在传统管理模式中，公共部门管理注重规章制度和程序，强调遵从事先设计的指导方针和办事程序提供公共服务，重视的是"正确地做事"，以合规性为导向，对服务对象的需求重视不足。而绩效评价不仅要求"正确地做事"，更注重"做正确的事"。所谓"做正确的事"就是满足服务对象的需求和达到预期的结果，也就是主要关注工作的效果。

绩效评价，从人力资源管理上来定义，是对员工一个既定时期内对组织的贡献做出评价的过程，从数量和质量两方面对其工作的优缺点进行系统地描述。绩效评价是一个复杂的过程。从企业管理上来定义，是对企业占有、使用、管理与配置经济资源的效果进行评价。从公共部门管理上来定义，是指政府体系的产出产品在多大程度上满足社会公众需要。从资金的利用和管理上来定义，是指在资金利用的过程中，对资金利用的效益性和经济性进行评价[①]。

绩效，国外研究者视之为单维度的概念。他们把绩效看作一种产出或结果。结果绩效可以用诸如产出、指标、任务、目标等词表示。Peter F Drucker 认为，绩效意味着集中于现实结果的有用的资源，而不是对不可实践的东西做出的承诺。有些人把绩效看作个体行为，绩效是效率（Efficiency）和效果（Result）的总和[②]。绩效评价在国际上的定义是"确定一项活动、政策、规划的价值或重要性的过程"，是绩效管理的重要环节和手段。其实质是依照预先确定的标准和评价程序，运用科学的评价方法，按照评价内容和标准对评价对象的工作能力和业绩进行考核。

关于"绩效评价"，1992 年，普兰卡和诺顿在《哈佛商业评论》发表了著名的论文《平衡记分卡——业绩衡量与驱动的新

① 杨伶：《中国林业世界银行贷款评级体系研究》，硕士学位论文，中南林业科技大学，2007 年。

② 胡胜：《世界银行贷款内河二项目绩效评价分析》，硕士学位论文，西南交通大学，2010 年。

方法》，首次提出平衡记分卡理论。这是一种评价及实施企业战略的理论，被管理学界评为 75 年来最具影响力的管理学说。平衡记分卡通过建立一套财务和非财务指标体系，包括财务绩效指标、客户指标、内部业务流程指标、学习与成长绩效指标，对企业的经营绩效和竞争状况进行综合、全面、系统的评价，从而使财务指标和业务指标在企业的绩效评价中完美结合起来。[①]

国际金融组织贷款项目绩效评价，是指运用一定的评价准则、评价指标和评价方法，对国际金融组织贷款项目的相关性、效率、效果、可持续性等进行的客观、科学、公正的评价。国际金融组织项目绩效评价应该从项目实施者对项目的要求和关心的目标出发，从贷款项目个体和贷款项目整体两个层面以及借、用、还三个环节，结合国际金融组织（如世界银行、亚洲开发银行等）、政府部门和社会公众等多方面的利益，综合考虑项目的技术、管理、经济、社会、环境和可持续发展等多方面的绩效，对项目预期目标的实现程度、贷款项目的实施效果以及可持续状况等进行评价。[②]

二、 世界银行贷款项目的绩效评价

（一） 绩效评价的内容

在世界银行贷款项目中，绩效评价是对项目成果、成果的可持续性以及机构发展影响等进行评价。在评价项目成果时要

---

① 胡胜：《世界银行贷款内河二项目绩效评价分析》，硕士学位论文，西南交通大学，2010 年。
② 同上。

考虑项目的相关性、有效性、效率性和持续性。贷款项目绩效评价主要从项目投入、项目产出、效果及影响等方面来进行，指标涉及经济、社会等多个方面。为了在评价的基础上总结经验和教训，从而完善所执行的项目，世界银行在总部成立了独立评估局，并特由其来负责其贷款项目的绩效监管工作。自1998年实施《综合发展框架》以后，世界银行进一步重视从其贷款项目对人群及其需求产生的影响角度对这些项目进行绩效评估。为此，世界银行建立了一套严格的制度，规定采取多种方式对项目绩效进行评估。世界银行进行贷款项目绩效评价时，主要依据其自身编制的《项目绩效评价报告》，采用以结果为导向的绩效评价法、成本效益分析法、影响力评价法等方法进行绩效评价。目前，独立评估所开展的绩效评价包括四个方面：一是单个项目进行绩效评价，针对的是世界银行开展的各项业务的绩效；二是国家援助评价，其目的是评级世界银行在过去的四到五年时间里，在某特定国家的工作绩效；三是部门与专题回顾，考察世界银行在过去五到十年的时间里，在某个贷款部门（如农业、交通等）或专题领域（如减贫、性别等）中开展工作和绩效的经验；四是程序性回顾，每年对两到三个正在展开的项目过程的总体效率和成效以及是否符合既定目标进行考察。所进行的独立评估，其目的是总结经验教训，为评估世界银行的工作业绩提供客观的依据，在世界银行方面进行问责，并且根据评估结论提出建议，从而改进世界银行的工作。[①]

世界银行对于项目评价的流程、方式等内容进行了详细的规定。对于单个项目的绩效评价包括项目人员的自评、独立评

---

① 周开让，林原：《世界银行项目绩效评估及其启示》，《生产力研究》，2008年第11期。

估所进行的项目回顾和影响评价三个部分。在每个世界银行贷款项目支付期末（支付期为 1 到 10 年不等），项目人员撰写实施完工报告，对项目的绩效进行自评，其内容主要包括所取得的成果、存在的问题以及吸取的经验教训。独立评估并非对世界银行的所有项目都进行评估，在实施完工报告的基础上，独立评估的相关人员挑选出那些绩效特别好或特别不好的项目进行项目回顾。项目回顾是独立评估最常采用的一种绩效评估方式，每年大约有 25% 左右的已完工项目是由独立评估进行绩效评估的。项目评价人员在绩效评估报告编写的过程中，一般要进行实地考察，报告的撰写大约要耗时六周。影响评估属于对项目进行二次评价，一般是在贷款关账后 5 到 8 年进行，其中评估报告重点评估项目的经济价值以及对人与环境的长期影响。项目绩效评估结果直接上报世界银行董事会，用于系统安全地总结其开发援助的经验，弄清项目成功或失败的原因，以及改进世界银行对未来项目援助的决策和执行。同时也为世界银行向其成员国汇报工作业绩服务。[①]

（二）绩效评价的要求

项目绩效评价的内容及技术要求：

一是项目过程评价。项目过程评价应包括项目前期准备工作评价、建设实施评价和运行管理评价：

（1）前期准备工作程序合规性评价。应对前期准备工作程序执行国家及地方相关法律、法规、部门规章的情况进行评价。

（2）资质评价。应对项目承担单位的资质及业务范围是否符

① 周开让，林原：《世界银行项目绩效评估及其启示》，《生产力研究》，2008 年第 11 期。

合有关规定进行评价。

（3）方案合理性评价。应对项目建议书、可研性研究报告和初步设计方案的合理性进行评价。

（4）"四制"执行情况评价。应对项目法人责任制、招标投标制、建设监管制、工程承包合同制的执行情况进行评价。

（5）投资评价。应对项目资金筹措方式、资金到位及使用情况、资金拨付控制手段等内容进行评价。

（6）技术应用情况评价。应对项目采用新技术、新工艺、新材料、新设备情况，对技术进步的推动作用等内容进行评价。

（7）竣工验收评价。应对工程竣工验收程序的合规性，验收结论及工程移交情况，遗留问题处理等内容进行评价。

（8）运行管理机构评价。应对机构设置、人员配置、规章制度建设等情况进行评价。

（9）工程运行管理评价。应对工程完好性、运行状况，规章制度执行情况，运行观测资料的完整性、连续性等内容进行评价。

二是项目经济评价。项目经济评价应包括国民经济评价、效果评价和财务评价，以国民经济评价和效果评价为主：

（1）国民经济评价应对经济内部收益率（EIRR）、经济净现值（ENPV）、经济效益费用比（EBCR）等指标进行评价。

（2）财务评价应对财务内部收益率（FIRR）、财务效益费用比（FBCR）、投资回收期（PT）等指标进行评价。

（3）项目实施效果评价，如包括①节水效果评价：农业节水灌溉项目应对项目实施后项目区灌溉水利用系数、亩均节水量等进行评价；②增产增收效果评价：农业节水灌溉项目应对项目实施后项目区亩均增产量、亩均增收等进行评价；③肥料施用及土地占用效果评价：农业节水灌溉项目应对项目实施后肥料施用和减少占地情况进行评价；④能源消耗及省工效果评价：农业节水灌溉项目应对项目实施后能源消耗、省工等情况进行评价①。

三是项目影响评价。项目影响评价应包括环境影响评价、水土保持评价和社会影响评价：

（1）环境影响评价主要包括：①水环境影响，对项目区及周边地表水、地下水污染状况及地下水位变化情况进行评价；②土壤环境影响评价，对项目区土壤污染及涝、渍、碱的影响情况进行评价；③生态环境影响评价，对项目区及周边湖泊、湿地、林草、局部气候的影响情况进行评价。

（2）水土保持评价。对项目区土壤侵蚀和流失状况进行评价。

（3）社会影响评价。对项目影响生产方式、农民人均收入、减少贫困人口、劳动生产率和促进农村社会进步的情况进行评价。

四是项目目标与可持续性评价。项目目标与可持续性评价应包括项目目标评价和项目可持续性评价。其中项目目标评价应包括：

（1）实现程度评价。应对项目目标的实现程度进行评价，并分析偏离原因。

（2）适应性评价。应对项目原定目标的合理性、准确性、必要性进行评价。而项目可持续评价包括：

（1）内部条件评价。应对项目的技术水平、能耗及环保水平、人才素质、财务状况、组织运营管理水平等内部条件对其可持续性发展的影响进行评价。

（2）外部条件评价。应对相关政策、法律法规、社会经济发

---

① 何勇，潘良君，王蔚：《世界银行贷款项目管理实务精解》，东南大学出版社，2017年，第270—273页。

展、资源配置、生态环境保护、技术进步、资金来源、地方政府支持及群众意愿等外部条件对项目可持续发展的影响进行评价。

五是项目综合评价。项目综合评价应包括评价结论、主要经验、存在问题及建议：

（1）评价结论应对在项目的过程评价、经济评价、影响评价、目标和可持续性评价的基础上，依据确定的评价方法、评价指标体系，进行综合分析后得出。

（2）主要经验和存在问题应在对项目决策、实施和运营过程中的做法进行分析和总结的基础上提出，并阐明问题产生的原因。

（3）应从完善已建成项目、指导拟建项目的目的出发，在评价结论的基础上，针对存在的问题提出建议和改进措施。[1]

三、　中国世界银行贷款项目的绩效评价

为了加强国际金融组织贷款项目绩效评价的作用，中华人民共和国财政部从以下几个方面来对项目绩效评价进行分析和应用：

（1）及时归纳、分析、总结绩效评价结果，通报相关主管部门或地区政府，并将其作为申报和审核新项目的重要参考。

（2）及时向项目实施机构及其主管部门反馈绩效评价结果，并督促其落实整改措施，改善项目管理或调整项目内容。

（3）建设绩效评价信息交流平台，促进项目管理最佳时间、

---

[1] 张鑫琦：《世界银行对华援助战略研究》，硕士学位论文，吉林大学，2007 年。

经验教训和绩效评价工作经验的共享与交流。

财政部、中央有关部门及地方财政部门要按照政府信息公开的有关规定，在适当范围内公开绩效评价结果。

（一）绩效评价的机制

首先，世界银行贷款项目绩效评价有利于中国扩大市场机制，提高经济效益。在与世界银行合作之前，中国的生产力相对不发达、效率相对低下、市场机制有待更大程度的发挥。在与世界银行打交道的过程中，世界银行不断向中国传授经验和技术，使中国在学习国际规则的过程中能够不断变革公共事务的治理模式。世界银行对基础设施项目贷款，其以结果为导向的绩效评价体系的用意，很大程度上在于扩大市场机制，提高经济效益，减轻财政拨款的压力。中国在与世界银行合作的过程中不断地学习和借鉴其先进的评价体系与管理经验，在应用绩效评价体系的过程中，市场化不仅减轻政府项目投资的包袱，而且让政府承担更加严格监管的责任，有利于中国扩大市场机制，提高经济效益。

其次，世界银行贷款项目绩效评价对促进中国可持续性发展具有重要意义。中国自改革开放以来，经济获得了快速发展，但同时环境污染问题也越来越严重。通过完善经济、政策和法律等手段以达到保护环境资源的目的呼声日益高涨。世界银行项目十分重视项目的可持续性，在世界银行贷款项目绩效评价指标体系的设置中，可持续性所占的权重比较高。这就使世界银行贷款项目绩效评价突破了投入产出的框架和对经济效益的分析而更注重项目的效果和影响，尤其注重项目对周边环境所带来的短期和长期的影响。通过对世界银行贷款项目绩效评价进行研究，分析绩效如何评价、评价程序如何应用等问题，结合中国的实际情况，研制出一套符合中国国情的绩效评价体系，对促进中国可持续性发展具有重要意义。

最后，世界银行贷款项目绩效评价对健全中国项目绩效评价体系具有重要影响。世界银行贷款项目绩效评价采用框架式体系，在评价工作实施前进行充分的准备工作，从编制评价任务大纲到开发评价框架，再到形成评价方案，逐层细化，在这一过程中，将评价的指标体系、证据及来源、时间和人员安排等都形成了书面材料，充分准备工作为绩效评价的成功开展奠定了基础。中国在与世界银行的项目合作中，不仅把绩效评价作为世界银行贷款项目中的重要组成部分，而且还把绩效评价应用到国内的其他项目中。财政部在修订《财政支出绩效评价管理暂行办法》（财预〔2011〕285 号）基础上，结合绩效自评管理有关要求，印发了《项目支出绩效评价管理办法》（财预〔2020〕10 号，以下简称《办法》）。《办法》明确绩效评价范围涵盖一般公共预算、政府性基金预算、国有资本经营预算的所有项目支出。政府投资基金、主权财富基金、政府和社会资本合作（PPP）项目、政府购买服务、政府债务项目等绩效评价可参照执行。绩效评价按照"科学公正、统筹兼顾、激励约束、公开透明"的原则开展，分为单位自评、部门评价和财政评价三种方式，三者各有侧重，相互衔接。单位自评由项目单位自主实施，即"谁支出、谁自评"，旨在落实资金使用单位绩效主体责任，要求实现全面覆盖。财政和部门评价在单位自评基础上开展，评价对象要"突出重点、兼顾一般"。部门评价优先选择部门履职的重大改革发展项目，原则上应以 5 年为周期实现部门重点项目绩效评价全覆盖。财政评价优先选择贯彻落实党中央、国务院重大方针政策和决策部署的项目，覆盖面广、影响力大、社会关注度高、实施期长的项目，对重点项目应周期性组织开展绩效评价。中国项目中的绩效评价体系能够得到不断的健全和完善，世界银行的帮助与合作在其中起到重要的作用。

（二）绩效评价的成功案例

财政部对于世界银行贷款项目绩效评价的组织实施，一般分为评价准备、评价设计、评价实施和评价报告等 4 个阶段。对于世界银行贷款项目，一般在项目完工后 3 年内组织一次完工项目绩效评价。对于世界银行赠款及技术支援，一般在项目结束后 2 年内开展绩效评价。项目绩效评价主要对世界银行贷款项目的相关性、效率、效果和可持续性等 4 个方面进行评价：

（1）相关性，是指项目目标与国家、行业和所在的区域的发展战略、政策重点及需求的相符程度。

（2）效率，是指项目投入和产出的对比关系，即能否以更低的成本或者更快的速度取得预计产出。

（3）效果，是指项目目标的实现程度以及实际产生的效果和相关性目标群体的获益程度。

（4）可持续性，是指项目实施完工后，其独立运行的能力和生产效益的持续性。

对于完工项目，应对上述 4 个方面进行全面评价并据以得出项目的综合绩效等级。对于在建项目，重点评价项目的相关性、效率和效果。

下面是我参与完成的辽宁社会科学院课题组做的"世界银

行贷款辽宁环境项目"绩效评价报告。这项工作是由财政部支持，课题组受辽宁省财政厅委托，得到辽宁省城市建设改造项目办公室大力协助。工作主要包括前期准备工作、现场调查工作、后期统计分析和撰写报告及修改工作三个阶段。前期准备工作从 2008 年中旬开始；现场调查工作从 2008 年 7 月初开始进行，8 月上旬结束；后期统计分析撰稿工作主要在 8、9 两个月内进行，具体绩效评价报告摘要如下：

世界银行贷款辽宁环境项目绩效评价报告（摘要）
Liaoning Environment Project
（贷款编号 3781 - CHA）

项目关键数据

项目名称	中文　辽宁环境项目 英文　Liaoning Environ-ment Project
贷款编号	3781 - CHA
项目投资总额 国际金融组织名称 国内	326.45（百万）美元 世界银行 101.2（百万）美元 225.25（百万）美元
项目预评估时间	1993 年 11 月
贷款合同签订时间	1995 年 1 月
项目预计开工时间 项目实际开工时间	1993 年 7 月 1993 年 11 月
项目预计完工时间 项目实际完工时间	2002 年 12 月 2003 年 12 月
项目预计关账时间 项目实际关账时间	2001 年 6 月 30 日 2003 年 6 月 30 日

续 表

项目目标	(a) 保护辽宁省的主要水源（包括浑太流域），保证生活、工业及农业用水安全，及经济的可持续发展；(b) 加强收费及机构建设，保护环境，控制水污染，污水及固体废物管理，以及 (c) 大气污染控制及文化遗产管理的机构措施
项目实施地点	辽宁省沈阳市、大连市、鞍山市、锦州市、本溪市、抚顺市、葫芦岛市、朝阳市
项目活动（组成）	(a) 鞍山污水，抚顺污水；(b) 本溪污水和大气治理；(c) 大连污水、固体废物及节水；(d) 锦州供水；(e) 环境恢复及建设；(f) 辽宁环保周转金；(g) 机构加强、技术援助及培训
项目办	辽宁省城市建设改造项目办公室

绩效评价等级

评价准则	权重	绩效等级	评级分值	加权平均得分
相关性	20%	高度相关	3	0.6
效率	20%	效率高	2	0.4
效果	40%	非常满意	3	1.2
可持续性	20%	很可能	3	0.6
综合绩效	100%	非常成功	/	2.8

执行摘要

概述

根据财政部有关试点工作的要求，辽宁省确定世界银行贷款辽宁环境项目为辽宁省绩效评价试点项目。本次绩效评价试点，根据《国际金融组织贷款项目绩效评价操作指南》（以下简称《指南》）的要求，对辽宁环境项目的相关性、效率、效果、可持续性以及综合绩效进行客观、公正的评价。主要目的是在实践中检验、修订和完善财政部关于推进绩效评价工作文件的针对性和可操作性，完善绩效评价框架和方法、推动制度建设。同时通过绩效评价总结环境治理项目的经验教训，为未来开展环境治理工程提供参考与借鉴，探索辽宁自主开展绩效评价工作的有效模式。

绩效评价描述

辽宁环境项目的绩效评价主要采用了案卷研究、面访、座谈会、实地调研和网上信息收集等证据收集方法。该项目的绩效评价工作由辽宁社会科学院社会学所组成的评价小组组织实施。2009 年 8 月 16—31 日，绩效评价小组进行项目的证据收集工作。2009 年 9 月 1—5 日，绩效评价小组进行项目证据的整理与分析工作。2009 年 9 月 6—10 日，评价小组形成辽宁环境项目绩效评价结论，总结绩效评价教训和建议，完成绩效评价报告。

世界银行贷款辽宁环境项目包的所有子项目于 1994 年开始正式进行评估工作，随后各工程陆续开工，各子项目实施周期距今时间较长，普遍存在部分负责人由于退休、工作变动等原因而无法取得联系和个别绩效评价指标无法获得详细全面的证据的问题，这在一定程度上影响了绩效评价工作无法取得充分的证据。

本溪集中供热项目中原项目单位东坟地区集中供热公

司、锦州金城造纸厂污染治理项目的金城造纸总厂以及大连节水项目中的个别企业都经历过企业转制、重组，在此过程中项目资料交接不及时，导致竣工报告、评估报告等大量项目案卷资料遗失。因此对于完工情况的判断主要是根据各项目执行单位提供的工程情况说明，评价指标主要依靠面访和座谈会记录。相关工程情况说明以及访问记录已经由各市财政局、省财政厅相关处室证实。这些情况一方面造成部分指标的缺失和证据不足，另一方面也导致证据验证性不足。这在一定程度上影响了绩效评价工作的质量。

另外，辽宁省环保局利用周转金形式用于工业点源治理工程涉及的项目单位数量较多，项目实施地也分散在各个城市，由于时间的限制，无法逐一进行调研，只能采取案例研究方法，对典型项目进行深入了解，并结合案卷研究和面访等方式来评价绩效工作的整体性。

最后，世界银行贷款辽宁环境项目包中的4个文化环境恢复与重建子项目、抚顺和大连城市污水治理等子项目因具有社会公益事业性质，项目执行单位在工程建设和项目运行过程中不进行营利性经营，所以绩效评价中经济内部收益率这个指标不适用于这一类项目。

项目绩效分析总结

辽宁环境项目的绩效评价工作采用相关性、效率、效果和可持续性4个评价准则。

(1) 相关性

相关性项目绩效分析发现，世界银行贷款辽宁环境项目 16 个子项目绩效评价结果均为高度相关。即"相关性"评价准则的关键问题都得到肯定的回答,绩效评价等级为"高度相关"。

（2）效率

项目绩效分析发现,世界银行贷款辽宁环境项目 16 个子项目绩效评价中有 11 个子项目的绩效评价等级为效率高,占总项目数的 68.75％,有 4 个子项目的绩效评价等级为效率一般,占总项目数的 25％。结合绩效评价规则,从总体上看,项目至少满足实现了 85％（含）以上的项目产出,并且项目实施延期不超过 1 年,绩效评价等级为"效率高"。

（3）效果

项目绩效分析发现,世界银行贷款辽宁环境项目 16 个项目中,鞍山污水、抚顺污水、本溪污水、本溪集中供热、本溪大气治理、大连固体废物、大连污水、锦州供水、金城造纸厂、省博物馆等 10 个项目绩效评价等级为"满意";牛河梁、九门口两个项目因缺乏资料而无法进行客观评价。根据绩效评价证据,结合评级规则,绩效评价等级为"非常满意"。

（4）可持续性

项目绩效分析发现,世界银行贷款辽宁环境项目 16 个项目中,鞍山污水、抚顺污水、本溪污水、本溪大气治理、大连固体废物、大连污水、锦州供水、金城造纸厂、省博物馆、碣石宫、环保周转、机构完善培训项目的绩效评价等级为"很可能";本溪集中供热项目绩效评价等级为

"不太可能"，大连节水项目绩效评价等级为"不太可能"；牛河梁、九门口两个项目因缺乏资料而无法进行客观评价。根据绩效评价证据，结合评级规则，绩效评价等级为"很可能"。

评价结论、经验教训和建议总结

总体而言，项目被评为"非常成功"。辽宁环境项目与辽宁发展需求、中国政府和世界银行发展战略高度相关。项目在计划周期内完工，并实现了绝大部分的预期产出，效率高。项目实现了预期目标，使目标受益群体获益，效果良好，并且项目具有良好的可持续性。

辽宁环境项目绩效评价得到的经验教训如下：

（1）技术在各个项目运行中起到至关重要的作用。鞍钢污水处理项目的回用水处理的工艺、大连市固体废物处理项目的垃圾处理工艺和本钢大气治理项目的焦炉装煤推焦除尘技术等等对项目的成功运行起到关键作用。因此，技术改造成为每个项目的必要环节。

（2）缺乏科学管理是项目成功运行的一个障碍因素。本溪集中供热项目：管理主体缺位，缺乏专门且具有权威的监管部门，使得项目后期走向无法得到有效的引导与控制；企业转制过程不合理，资产与债务问题未能有效理顺，影响了工程绩效与可持续性。

（3）资金也是各个项目成功运行的重要因素。抚顺城市污水治理工程项目经费来源于城市污水治理费的收缴，抚顺市的污水治理费上缴情况良好，保障了该项目的可持续性发展。但是本溪市城市污水治理工程存在因内配资金到位率过低，影响了项目的建设进度，拖延了建设工期，使得一些本应有效益的项目因错过市场机会而亏损，失去了还贷的基础。

（4）项目开工的延期影响了绩效评价的效率。锦州金城造纸厂污染治理工程比预计延迟了一年，此种情况与当时金城造纸厂的生产经营状况、土建工程支付比例过低有关，这在一定程度上使该项目的整体效率受到影响。大凌河水源工程项目由于辅助工程是在2001年完成，中间间隔了5年的时间，原因是其中涉及一些市政配套管网整体工程，这在一定程度上使该项目的整体效率和效果受到影响。

（5）世界银行贷款审批程序复杂，影响项目单位积极性。大连市节水项目世界银行贷款审查审批程序烦琐、时间长，贷款过程成本高，因此不适合城市用水单位的节水项目。辽宁省环保局利用周转金形式用于工业点源治理工程，由于申报世界银行环境周转金审批过程复杂，难度较大，且需要偿还本息。因此对世界银行环境周转金感兴趣的项目单位越来越少。同时有企业反映，50万美元的贷款额度有限，无法满足其治污需要。

（6）对辽宁环境项目，财务管理能力建设的投入过早了。由于咨询专家是在合同生效后，新公司尚未完全按照独立企业运行前就进行投入，A包的成效受到限制。

（7）文物保护项目普遍存在材料保管不力、权力交接不清晰、宣传力度不够等弊病，这导致项目无法评价。

辽宁环境项目绩效评价总结的项目完善建议如下：

（1）全民动员，加强监督。要充分发挥新闻媒体舆论监督作用，对各种污染环境的违法行为进行曝光；要鼓励群众对环保污染违法行为进行举报和监督，对举报属实的个人，政府部门要给予重奖。

（2）建议成立专门的管理部门，建立评价工作责任机制并落实到具体负责人，以保证项目的稳定运行和发展。加强对项目实施过程的绩效跟踪评价，可分为初期、中期和终期评价，以便及时发现问题并加以解决。

（3）政府在项目运行过程中应该起到重大作用。一是推动企业理顺资产与债务关系，明确责任；二是对于有效益而无配套资金的项目，各地和有关部门要帮助企业尽快落实配套资金，保证这些项目发挥效益；三是对那些债务主体不存在或者无效益前景和收益周期较长的项目，要采取资本营运方式进行产权改革，如兼并、租赁、股份制等形式筹资还款；四是对不良资产，如已形成呆账、死账的资产，各地政府应果断拍卖变现，以减少损失。

（4）简化世界银行贷款程序，降低项目成本，同时，建议世界银行有针对性地提高贷款额度，以满足部分企业在治污方面的资金需求。

（5）建议在项目设计与评估之初，就应将项目涉及的有关市政等其他方面的配套建设考虑周到，安排好时间进度，合理制定设备采购清单，合理安排土建工程支付比例，保证资金充足，从而保证项目达到预期的效率效果。

（6）能力建设的时间应考虑接受方的准备情况和接受

能力，提高新技能和技术。项目执行单位应与咨询顾问共同制定研究计划。这样做，既可以了解咨询顾问的具体研究计划，为以后管理咨询顾问的工作提供基础，又可以了解咨询顾问对项目单位的需求，有利于项目单位主动配合咨询顾问开展工作，及时完成项目任务。

（7）文物保护项目应该加强档案的科学管理，保持项目的连贯性，便于后续的监测和管理。

第十章

中国世界银行贷款项目的可持续发展机制

合作的全球经济秩序如何变得可持续？20 国集团的重大改革计划让全球金融体系变得更安全、更简单、更公平。但是否能让全球金融体系变得足够安全，这只能拭目以待。更重要的问题是，是否维持必要程度的合作。如今全球合作比 76 年前更重要，但也变得更困难。布雷顿森林会议塑造了"二战"后时期，并非因为达成的具体协议，而是因为其具体象征的对制度化合作的承诺。经历了随后 76 年的迂回曲折，这一承诺仍很重要，而且仍与以前一样重要。人类社会必须发展，必须应对新挑战。然而，如果世界无法维持并发展对合作的潜在承诺，那就无法维持全球进步。

一、 可持续发展的必要性

（一）中国仍需要与世界银行合作

1. 中国仍是世界上最大的发展中国家

改革开放以来，中国经济取得了举世瞩目的成就，随着经济规模的持续扩大和科学技术的不断进步，国内外有些人对中国目前所处的发展阶段和发展水平产生了误判，认为中国不再是发展中国家了。国际上少数别有用心的人继前些年鼓吹"棒杀论""崩溃论"无果后，近年来又宣扬"捧杀论""责任论"，把中国与一些发达大国相提并论。对此，我们务必要有清醒客观的认识。从人均水平、产业结构、就业结构、创新能力、发展的平衡性和充分性等方面考察，中国目前仍是世界上最大的发展中国家。

中国仍处于并将长期处于社会主义初级阶段的基本国情，决定了中国仍是世界上最大的发展中国家。虽然中国社会生产力有了很大发展，经济总量不断增长，已成为世界第二大经济体，但中国人均GDP只有美国的1/7，全球排名仅列60多位；社会生产力总体水平仍不高，生产力结构还不够合理，高投入、高消耗的增长方式尚未得到根本改变，科技创新能力仍有明显不足，城乡区域发展差距较大。中国制造业、国际贸易等在世界上的规模很大，但国民经济仍存在大而不强的问题。社会建设和社会治理取得长足进步，但社会事业发展和社会治理现代化水平都有待进一步提升。文化软实力不断增强，但远没有改变"西强我弱"的状况。科学技术得到迅猛发展，但仍然没有掌握尖端科技的制高点。国防和军事实力有了很大提升，但离建成与国土规模和经济实力相称的世界一流军事力量体系还有较大距离。综合起来看，中国仍是一个典型的发展中国家[1]。中国虽然经济总量大，但是人均GDP还是过低，并且中国还存在一定的贫困地区和贫困人群，因此，中国仍然需要与世界银行的合作。

---

[1] 韩震：《中国仍是世界最大发展中国家》，《人民日报》，2018年4月30日。

2. 中国区域发展间存在不平衡

相对而言，发达国家内部的发展较为平衡，城乡之间、区域之间差距较小。而中国仍处在发展不平衡问题较为突出的阶段，城乡之间、区域之间的差距较大。一是区域发展不平衡。2016 年东部地区人均 GDP 分别是中部、西部、东北地区的 1.77、1.85、1.62 倍，省与省之间人均 GDP 差距最高达 4 倍以上。二是城乡发展不平衡。2017 年中国城市化率为 58.52%，仍然远低于发达国家 80% 左右的平均水平。中国城乡居民收入差距仍然较大，城乡基础设施和公共服务的差距仍很明显。2017 年，城镇居民可支配收入是农村居民的 2.7 倍，城镇居民人均消费支出是农村居民的 2.2 倍。三是收入分配不平衡。2016 年中国的基尼系数为 0.465，如果考虑到财产存量的差距，分配不平衡的问题更加突出。四是经济与社会发展不平衡。看病难、择校难、养老难等问题，仍然是人民群众的操心事、烦心事。五是经济与生态发展不平衡。人民群众对美好环境和生态产品的需要日益增长，与生态环境总体不佳的矛盾仍很突出。① 如今的中国仍需与世界银行的贷款合作，利用资金缓解中国的区域发展不平衡问题。

3. 中国环境保护方面要解决的问题较多

在全球化的大背景下，当初为了赶上世界发展潮流，我们别无选择，只能大力发展经济避免落后被淘汰。我们必须承认，发展是需要付出代价的，但是现在我们赶上了时代的潮流，是时候偿还曾经付出的代价。中国的环境现状就像一个全力奔跑了多年的巨人已经累得伤及自身元气，必须要好好休息调养恢

① 王远鸿：《如何看待中国仍是最大的发展中国家》，《经济日报》，2018 年 5 月 10 日。

复。目前中国的大气、水资源和土地资源都面临着很大的压力。

在治理大气污染方面虽然取得一定的进步，但相比于欧美国家，中国仍需继续努力。但是中国一些欠发达的地区，大气污染问题还是较为严重。

在水环境方面中国也面临着巨大的压力。中国是一个缺水严重的国家，淡水资源总量为 28 000 亿立方米，占全球水资源的 6%，但人均拥水量只有 2 300 立方米，仅为世界平均水平的 1/4，是全球人均水资源最贫乏的国家之一。扣除难以利用的洪水径流和散布在边远地区的地下水资源后，中国现实可利用的淡水资源量则更少，仅为 11 000 亿立方米左右，人均可利用水资源量约为 900 立方米，并且其分布极不均衡。到 20 世纪末，中国 600 多座城市中，已有 400 多个城市存在供水不足问题，其中缺水比较严重的城市达 110 个。中国城市缺水总量为 60 亿立方米。水利机构预测，2030 年中国人口将达到 16 亿，届时人均水资源量仅有 1 750 立方米。在充分考虑节水情况下，预计用水总量为 7 000 亿至 8 000 亿立方米，要求供水能力增长 1 300 亿至 2 300 亿立方米，中国实际可利用水资源量接近合理利用水量上限，水资源开发难度极大。

土壤污染严重。目前，中国土壤重金属污染程度正在加剧，污染面积在逐年扩大，土壤生态问题比较普遍，主要包括土壤污染、土壤侵蚀、土壤沙化、土壤酸化、土壤生物多样性减少（土壤生物功能退化或土壤健康恶化）、次生盐渍化、养分非均匀化、土壤结构恶化等。影响土壤质量的因素有自然因素和人为因素。自然因素包括地形、气候、地质背景等。人为因素如施肥、打药、农膜使用、耕作制度、耕种措施、灌溉、放牧等农业活动，工业活动包括开矿、工业和城镇"三废"排放。[1]

4. 中国人力资源结构问题较为突出

创新发展战略的实施要求劳动者具备相应的教育水平和经验技能，要求一定的人力资本存量和结构与之相适应、相匹配。创新驱动意味着产业发展朝着价值链的更高端攀升，将对劳动者的技能和创造力提出更高的要求。目前，中国人力资源结构问题较为突出，高端研发人才和技能人才短缺成为创新发展和转型升级面临的最大掣肘。[2]

从高端人才情况来看，根据麦肯锡《新兴市场人才报告》，中国工程和金融方面的毕业生只有10%左右具备全球化企业雇佣的价值，本土的MBA毕业生能够胜任管理工作的不到20%。以IT服务行业为例，由于缺乏创新型人才支撑，中国IT服务业总收入中65%来源于附加值较低的一般市场，高附加值的跨国服务收入只占总收入的10%，而印度的这一比例为75%。高端的创新型人才不足是制约创新发展战略实施的瓶颈。[3]

从技能人才情况来看，截至2013年底，中国技能劳动者仅占就业人员的19%，高技能人才占技能劳动者的比重仅为25.1%，而发达国家这一比重通常超过35%。中国2.67亿农民工中有近80%未接受过高中以上教育，67.3%未参加过任何技能培训。根据麦肯锡报告的预测，到2020年，中国用人单位将需要1.43亿受过高等教育的高技能人才，如果劳动者的技能不

---

① 代安娜，刘斌：《中国土壤污染现状及应对方法》，《科技创新与品牌》，2012年第10期。

② 刘敏：《当前中国人力资本发展现状和主要问题》，国家信息中心国家电子政务外网管理中心，2016年，http://www.sic.gov.cn/News/455/5823.htm。

③ 同上。

能进一步得以提升，中国将面临 2300 万的人才供应缺口。[1]

5. 中国收入差距仍然很大

在中国特色社会主义市场经济不断发展的同时，政府一直密切关注收入分配方面的问题，采取了很多方法和措施。但目前中国居民的收入差距仍然很大，分配制度仍存在不合理的地方。具体表现在以下几方面[2]：

第一，基尼系数偏高。基尼系数是分析和观察居民收入差距状况的重要指标。国际上普遍将数值 0.4 作为收入差距的警戒线，0.4 及以上说明社会当中存在收入差距过大的问题。据中华人民共和国统计局公布的数据，2012 至 2016 年全国居民人均可支配收入基尼系数分别为：0.474，0.473，0.469，0.465。基尼系数均在 0.46 以上，说明中国收入分配不合理，收入差距过大。

第二，东、中、西部地区居民收入差距明显。2017 年 11 月 6 日，《今日头条》发布了 2016 年中国各省份、直辖市、自治区人均收入排名情况。位居前边的是上海、北京、浙江、天津、江苏、广东等，排名靠后的是广西、青海、云南、贵州、甘肃、西藏。分析发现，排名靠前的多位于东部沿海地区，排名靠后的多位于西部地区，中部地区的省份则排在中间位置。地区间的居民收入差距明显，比如上海年人均可支配收入为 54305 元，西藏年人均可支配收入为 13639 元，后者仅为前者的 25.12%。

第三，城乡居民收入差距明显。中华人民共和国国家统计

---

[1] 刘敏：《当前中国人力资本发展现状和主要问题》，国家信息中心国家电子政务外网管理中心，2016 年，http://www.sic.gov.cn/News/455/5823.htm.

[2] 翟伟希：《中国居民收入差距问题及对策》，《华北水利水电大学学报（社会科学版）》，2018 年第 3 期。

局公布的 2016 年城乡居民收入数据显示，城镇居民年人均收入为 33 616 元，农村居民年人均收入为 12 363 元。分析近几年的数据可以发现，城镇居民和农村居民人均收入都在不断增加，但二者增加的幅度不同，城乡绝对收入差额均比上一年高，城镇居民人均收入基本上是农村居民人均收入的 3 倍。这说明中国城乡居民收入差距较为悬殊，农村居民收入偏低。

第四，不同行业间收入差距明显。中华人民共和国国家统计局公布的 2016 年各行业城镇就业人员年平均工资数据显示，信息传输、计算机服务和软件业人均工资为 122 478 元，金融业人均工资为 117 418 元，住宿和餐饮业人均工资为 43 382 元，农、林、牧、渔业人均工资为 33 612 元。科技含量高以及具有垄断性质的行业平均工资较高，而就业充足、科技含量低的农业、服务业以及基础设施管理等相关行业的工资水平较低。由此可见，不同行业的收入差距较为明显。

（二） 世界银行同样需要中国

1. 中国的发展经验丰富了世界银行的全球智慧宝库

如同所有历久弥坚的关系，中国与世界银行的合作与时俱进。在初期阶段，世界银行帮助中国引进国际理念——如何评估和实施重点项目、如何鼓励创新和引进新技术、如何为搞好经济管理而建立规章制度、开发政策工具等。改革开放 40 年来，中国贫困发生率从 97.5％下降至 3.1％，2020 年，中国将实现全面小康社会。联合国千年发展目标的各项指标都已实现或即将实现，中国的经济规模跃居世界第二。这些成就对于任何国家来说都是巨大的，更何况对于中国这样一个大国。这些成就不仅有益于中国，也惠及全世界。中国一国的努力确保世界能够如期实现千年发展目标减贫任务。[①]

随着中国改革开放进程的不断推进，学习逐渐从单向变为相互。现在是世界银行来借鉴中国的经验，包括基础设施建设、教育、农村发展、林业、能源等各个方面，通过利用这些经验来帮助其他发展中国家战胜贫困。中国与东亚邻国以及撒哈拉以南非洲等地区分享其成功经验。

中国 40 年来的经济增长和国内转型，重塑了其国内经济乃至全球经济。中国明智地应对国内各种新的挑战，包括在储蓄与消费之间实现进一步平衡，提高产品附加值从而提高劳动力工资，努力规避可能危及繁荣的"中等收入陷阱"，构建惠及全民的和谐社会等。在这些方面，世界银行可以通过分享知识和经验来助中国一臂之力。相信获得的经验对其他发展中国家也有益处。

中国在世界上的影响力不断扩大，现在成为世界银行的第三大股东国，这也带来了新的责任、机会和期待。中国需要权衡如何在国际体系中作为一个负责任的利益攸关者发挥更佳作用。在设计有效的气候变化应对之策、确保稳定的全球增长、帮助其他国家战胜贫困等方面，中国都在发挥更大、更有效的作用。

2. 提升世界银行帮助其他发展中国家的能力

中国在与世界银行知识合作的过程中，一边通过世界银行积极汲取世界上先进的项目管理的知识与技术，一边也在不断总结自身改革与发展的经验和教训，并通过世界银行向其他发

---

① 佐利克：《世界银行行长：三十年成功合作典范》，《人民日报（海外版）》，2010 年 9 月 14 日。

展中国家传播成功的发展经验，为这些国家摆脱贫困提供有效途径。中国灵活调整和推广成功试点项目的经验以及基于本国国情的、具有中国特色的发展理念、道路和模式，对世界银行的减贫与发展工作都产生了积极的影响。

一是推广试点项目成功经验，帮助其他发展中国家战胜贫困与发展经济。中国在利用世界银行先进的发展知识和专长来推进经济体制改革、减少贫困和实现经济与社会发展等方面表现突出，已经引起了全球广泛瞩目。中国在试点项目获得成功后加以推广的经验模式对世界各国公共融资项目管理产生了重大影响。目前，许多发展中国家都将中国视为知识和经验的重要来源之一。此外，世界银行也在向中国学习如何调整和推广成功的项目，帮助其他发展中国家采取类似的项目管理方法减少贫困和发展经济。[①]

二是与其他发展中国家分享成功经验，传播多元化的发展理念与模式。借助世界银行这一平台，中国可以向其他发展中国家分享其成功的发展经验与做法。中国与世界银行自 2008 年起每年都举办"中非共享发展经验高级研讨会"，促进了中非发展经验与模式的相互借鉴。此外，中国还通过世界银行宣传了富有中国特色的发展道路，强调尊重发展中国家的自主权和发展模式的多样性。这些不仅丰富和完善了世界银行的发展理论，而且也为世界银行落实全球减贫和发展目标做出了积极的贡献。[②]

---

① 谢世清：《中国与世界银行合作 30 周年评述》，《宏观经济研究》，2011 年第 2 期。
② 同上。

二、 可持续发展的机制

（一） 推进市场经济和财政改革

1. 改善竞争环境和私营发展环境

高质量营商环境对促进生产率增长至关重要。虽然经济的整体营商环境取决于多重因素，但透明和有效实施的法规是推动增长和创造就业的关键。2017 年，中国开始加大这一领域的工作力度。在世界银行的支持下，《营商环境报告》的两个样本城市——北京和上海，在营商环境 10 个评估领域中的 7 个领域进行了一系列改革：从开办企业到办理施工许可证、获得电力，再到纳税和登记财产。由于这些改革，2018 年中国成为全球营商环境领域改革速度第二快的国家。世界银行的支持包括以下几个方面[①]：

（1）世界银行将根据《营商环境报告》的方法论和国际良好实践，扩大支持范围，以降低营商成本，在国家和地方层面建立更具竞争性和更有活力的营商环境。

（2）为促进向创新驱动的增长方式转变，世界银行还将通过规划提供意见和建议，以完善中国的创新政策，与开放型国际贸易投资体系和竞争性市场保持兼容。

（3）世界银行（IFC/世界银行金融、竞争力与创新全球实践局）将协助中国加强数字金融（金融科技）的发展基础，包

---

① 国际复兴开发银行国际金融公司多边投资担保机构：《中华人民共和国国别伙伴框架》，世界银行官网，2019 年 11 月 11 日，https：//www.worldbank.org/。

括建立面向不断扩大的数据与分析产业的监管制度，制定或调整部分金融科技领域的法规，完善电子仓单金融体系的制度要素等。

（4）在世界银行政策性工作的基础上，IFC将支持私营部门投资者引入新技术，以提升效率和生产率，缩小区域和社会差距，提高资源利用效率和环境可持续性。IFC还将重点支持面向服务不足群体的普惠金融发展。

（5）IFC将通过提供信贷额度和咨询服务，与致力于支持女性企业家的伙伴进行投资合作等方式，继续促进创业精神和中小微企业的成长与发展，尤其是对女性企业家的支持。[①]

2. 扩大市场的"决定性作用"与国企改革

中国限制竞争的监管壁垒较高，私营企业进入油气、电力、金融和通信等关键产业依然受到限制。经合组织的产品市场监管（PMR）指标衡量特定领域监管政策的严格程度，分值在0到6之间，数值越高，意味着该领域的政策越不利于竞争。进一步消除市场准入障碍从而提高生产率，为此中国需要促进民间投资发展，其中特别要扩大民间资本进入电信、电力和油气勘探等行业的市场渠道，并且深化国有企业改革，包括公共资源的重新定位，引入包含所有权和经营权分离措施在内的现代公司治理，在必要情况下实施所有制结构多元化。

建立更公平的竞争环境，将会给包括国企在内的现有企业带来更大竞争压力，促使企业提高生产力。对中国来说，需要确保为国有企业和非国有企业建立公平的竞争环境。为此需开展相关改革，如要求国有股权资本收益率达到市场水准，打破

---

① 国际复兴开发银行国际金融公司多边投资担保机构：《中华人民共和国国别伙伴框架》，世界银行官网，2019年11月11日，https：//www.worldbank.org/。

国企贷款具有政府隐性担保的观念等。国有企业和非国有企业要能平等获得土地、自然资源和政府补贴，并在监管、税收、政府采购和行政审批方面享受公平待遇。在经济体向完全市场经济体制转型过程中，需要通过设计完善、有效实施的措施来确保公平竞争。[①]

3. 实现更加高效和更可持续的地方财政管理与基础设施融资

提高生产率的改革需要中央和地方层面的财政体制改革予以配合。地方政府动员资金快速投资的积极性，在中国过去几十年经济发展中发挥了重要作用。但是，近年来经济增长放缓，地方政府债务迅速积累，信贷分配效率降低。中国的经济转型要求地方政府的导向和能力发生重大转变，以实现更加高效和更可持续的财政管理和基础设施融资。为此，中国批准了2015年1月生效的预算法修正案，将财政可持续性责任下放给地方政府，同时引入债务管理的基本制度，以及更具战略性和更加高效的中期预算制度和措施，目的是让地方政府走向更加财政审慎和可持续的基础设施融资之路。与此同时，中国的基础设施需求，特别是绿色基础设施需求仍然很大，不能仅靠公共资源融资建设。过去，地方政府通常利用城投公司这类预算外融资平台向商业银行借款，但新预算法不允许地方政府通过城投公司进行融资，而是鼓励利用PPP（但中央对地方政府财政支出责任占比做出限制）发展城市基础设施。世界银行可以在以下几方面为政府提供支持[②]：

[①] 世界银行集团：《中国系统性国别诊断：推进更加包容、更加可持续性的发展》，2018年，https：//www.worldbank.org/。

[②] 同上。

（1）协助新预算法的贯彻执行，实现地方财政可持续性。2017 年 12 月已经关账的湖南省和重庆市大渡口区公共财政改革项目对新方式进行了试点，以实现债务可持续性，合理安排公共投资，监测地方政府财政状况，增强透明度和问责制。目前正在讨论可能的后续合作，重点是提高专项转移支付的有效性，加强地方政府财政支出对服务质量的重视。另外，世界银行还将通过正在执行的技术支援项目，继续帮助中国加强中央和地方公共财政体系的关键要素。

（2）帮助中国建立有助于推进 PPP 的政策环境和指导方针，支持地方政府按照国际良好实践开发 PPP 项目。世界银行正在支持两个 PPP 示范项目的准备工作，这些项目可在其他地方推广复制：第一个是城市间交通项目；第二个是由 IFC（国际金融中心）提供交易支持的水环境治理 PPP 项目，以便在一个历来难以吸引私人投资的行业，建立健全的合同、价格和监管框架。世界银行将从潜在的 PPP 备选项目中探索其他合作机会，示范项目融资机制和分担适当的风险分配机制对于项目成本、质量及地方政府债务管理的价值。另外，IFC 还将向基础设施、互联互通和物流领域的私营企业投资，特别是促进竞争和提升效率的投资。

（3）世界银行在通过 2019 财年批准的一个项目，将协助建立城市基础设施融资基金，利用资本市场筹集资金，为小城镇绿色基础设施项目提供转贷。这是中国首个此类性质的基金。该项目以世界银行贷款和研究工作为基础，并借鉴国际上关于集合融资机制的经验，开启了中国基础设施融资基金的先河。①

---

① 世界银行集团：《中国系统性国别诊断　推进更加包容、更加可持续性的发展》，2018 年，https://www.worldbank.org/。

（二）促进更加绿色的增长

1. 加强可持续自然资源管理

伴随中国经济快速增长的是稀缺自然资源的退化。中国是世界上水资源最匮乏的国家之一，人均水资源不到全球平均水平的三分之一。水资源短缺已成为中国部分地区经济发展的掣肘，而且受需求增加、水污染和气候变化影响，短缺形势日趋恶化。20 世纪 80 年代中期，中国通过政策措施成功实现了森林覆盖率翻番，但森林总覆盖率仍然相对较低且质量参差不齐。森林可以吸收大量二氧化碳，在中国的"国家自主贡献"中占重要地位。森林对贫困农村地区的就业和收入也很重要。荒漠化影响中国四分之一以上的土地面积和约 4 亿人口，阻碍了中国西北地区的发展。中国的决策者和社会各界都高度重视可持续自然资源管理，而且中国的收入和生活水平已经达到有能力也有意愿转变政策的程度。世界银行可以帮助中国加强这一领域的政策制度[①]：

（1）世界银行将在与国务院发展研究中心合作完成的《中国水治理研究》报告基础上，继续就水治理问题提出政策建议。一些正在实施的项目开展了水资源综合管理示范。世界银行还将帮助中国利用市场化方式应对水资源短缺和水污染挑战，包括使用经济手段提高用水效率和生产率、改善水质。未来世界银行将以长江流域和黄河流域为重点，通过建立新的财务模式，激励跨辖区的水治理统筹协调，在水资源管理和污染控制方面

[①] 世界银行集团：《中国系统性国别诊断：推进更加包容、更加可持续性的发展》，2018年，https://www.worldbank.org/。

发挥公共支出的杠杆作用，提高支出效率。世界银行还计划开展一项关于水价值评估以及如何将其纳入经济规划和决策的新课题研究。

（2）世界银行通过正在执行的世界银行贷款项目，示范如何更好地管理和恢复生态系统、保护生物多样性，包括中国东北地区野生动植物保护、宁夏回族自治区荒漠化治理。宁夏是全国荒漠化治理的示范区。

（3）世界银行将通过拟议中的林业项目，帮助中国提高森林生态系统应对自然灾害和气候变化的韧性，与欧洲投资银行的平行融资项目形成互补。GEF（全球环境基金）将通过一个规划项目，开展气候智慧型草原管理实践试点。

（4）IFC（国际金融中心）将支持私营部门投资建设水环境卫生项目。IFC与高耗水行业的私营企业合作，致力于改善市政和工业用水效率和水质，尤其是在缺水地区。

（5）IFC将通过咨询服务和投资业务，在目前由公共部门主导的领域吸引更多私营部门投资，让私营部门参与风险分担和服务提供，包括供水、污水治理和垃圾发电等。①

2. 促进低碳交通和城市发展

交通部门对温室气体排放继续增长、低碳交通发展的紧迫性更加凸显。尽管交通部门对中国温室气体排放总量的贡献低于能源和工业部门，但由于私家车数量不断增加、交通管理体系不健全、货运效率低下等原因，交通部门成为排放贡献率增长最快的部门之一。鉴于机动车保有量预计会继续增长，中国需要大力发展低碳高效的交通运输系统。虽然中国已经建立

① 世界银行集团：《中国系统性国别诊断：推进更加包容、更加可持续性的发展》，2018年，https://www.worldbank.org/。

了基本的公共交通基础设施，但仍需更多地利用基于市场的政策管理交通需求，在大都市区建设一体化城市交通系统，减少交通拥堵和碳排放，从重建设转向更加注重资产管理和维护，包括鼓励私营部门参与。中国还需要提高货运的质量和效率，目前货运行业主要由高污染卡车主导，占机动车二氧化碳排放的比例较大。物流行业集中度不高且呈碎片化，多式联运发展不足，导致货运主要依赖卡车，而铁路和内河航运等更加绿色的运输方式未能得到充分利用。中国海运船队规模位居世界第三，其温室气体减排十分重要。海运船队主要使用重质燃油，已成为中国许多港口城市大气污染的主要来源①。

　　中国正在向可持续的新型城镇化模式转型，需要引入新的城市规划方式并加强机构能力建设，尤其是在二线城市。到2030年，中国将有3亿新增转移人口进入城市，城镇化率将从目前的50％提高至70％左右——约有10亿人生活在城市。城镇化的进一步发展将推动经济增长和生活水平提高，但重要的是要建立避免城市陷入高排放、高能耗发展模式的城市规划体系。2015年，中国政府颁布了《国家新型城镇化规划》，强调建设更加以人为本和可持续的城市，倡导公交导向型开发模式（TOD），为包括外来转移人口在内的所有居民提供基本城市服务。中国的城市政府愿意向其他国家学习，通过创新型城市规划方式，削减污染，节约能源和自然资源，增强韧性以抵御因气候变化而加剧的自然灾害。②

---

① 世界银行集团：《中国系统性国别诊断：推进更加包容、更加可持续性的发展》，2018年，https：//www.worldbank.org/。
② 同上。

3. 减少空气、土壤、海洋的塑料污染

污染危害中国经济和人民健康，并具有全球溢出效应。在政府各部门的共同努力下，过去几年中国的空气质量有所改善，但污染水平仍然较高，健康危害带来的经济成本不断攀升，其中部分原因是人口增长地区的污染暴露程度较高。水污染是一个严峻的问题，而水资源严重短缺又使问题更加复杂。土壤污染对食物链、地表水和地下水都有影响，也对环境和健康构成重大威胁。即使采取措施避免产生新的土壤污染，中国仍须解决过去几十年来积累的大量污染遗留问题。世界银行可在以下几个方面支持中国加强环境政策与制度[①]：

（1）世界银行支持中国政府减少城市空气污染，包括通过正在实施的河北省大气污染防治结果导向型贷款项目——京津冀地区70％的空气污染物来自河北。今后，世界银行将继续与大气污染防治的重点地区合作，帮助引入区域性方式和综合性计划，减少空气污染和温室气体排放。

（2）世界银行通过几个正在执行的贷款项目，示范以基于风险的方式修复受污染的工业用地和农业用地，引入并试点新的修复技术，帮助地方政府建立更加灵活和经济有效的模式，重建污染场地，修复污染农田，减少公众对重金属和持久性有机污染物的暴露。

（3）作为一个新的合作领域，世界银行将支持海洋塑料污染治理，在多捐助方信托基金"PROBLUE"的支持下，通过制定塑料污染防治路线图提供政策信息——该基金将用于维护健康和具有生产力的海洋环境。这一合作可以演变为对中国部分省

---

① 世界银行集团：《中国系统性国别诊断：推进更加包容、更加可持续性的发展》，2018年，https：//www.worldbank.org/。

市的资金支持，以帮助减少流入河流和海洋的塑料和微塑料，促进循环经济发展。中国的无废物城市倡议也可为固体废物减量化和资源化提供重要的国际经验。

（4）世界银行还通过正在实施的贷款项目，帮助减少排入鄱阳湖的污染物。鄱阳湖是中国最大的淡水湖，对全球生物多样性具有重要意义。项目还引入了国际最佳实践，并开展现代环境监测系统试点。

（5）GEF（全球环境基金）将通过正在执行的项目，支持中国制定汞污染防治国家战略和行动计划，根据《水俣公约》要求，加强对汞及相关产品生产、使用和处置的管理，减少汞向环境的排放和释放，降低公众对汞污染的暴露。中国是大气汞排放量最大者之一。

（6）世界银行将根据《蒙特利尔议定书》和2016年基加利修正案的要求，继续协助中国加快淘汰消耗臭氧层物质（ODS），包括淘汰强效温室气体氢氯氟碳化物（HCFC）。中国是世界最大的ODS相关化学品生产国、消费国和出口国。

（7）在世界银行支持农业体制改革的基础上，IFC国际金融中心将继续投资于智慧型农业企业和供应链，以提高生产率，鼓励食品安全，促进农业节水，为农民和小农户开拓新的市场和销售渠道，尤其是在前沿地区。在全球范围内，IFC对农业企业的支持重点是：加强食品安全与粮食安全，促进包容性增长和共享繁荣，让可持续性和能效/水效成为企业发展的驱动力。在这些优先领域里，食品安全是IFC特别关注解决的一个问题。这一领域的合作也将优先鼓励女性参与农业企业和从农田到市场的整个价值链。

（三） 共享经济增长效益

1. 提高优质卫生和养老服务的可及性

深化医疗卫生改革对中国未来的经济社会成就至关重要。尽管中国在卫生领域取得了重大进展，包括 2009 年启动的一轮改革，但仍然面临新的挑战，尤其是人口迅速老龄化和非传染性疾病的增加。中国以医院为中心、以数量为导向的碎片化服务体系导致卫生支出不断攀升，引发了对未来负担能力的担忧。为深入当前的改革，中国政府、世界银行和世界卫生组织在 2014—2016 年期间联合开展了一项题为《健康中国：深化医药卫生体制改革，建设基于价值的优质服务提供体系》的重大课题研究，提出一揽子综合措施，以进一步深化医疗卫生改革，建立一个以可负担的成本提升健康水平的体系。这项研究为中国政府制定医疗卫生事业发展规划提供了参考。该规划确立的一项议程是：到 2020 年实现人人享有公平、有效和可负担的医疗卫生服务。[①]

为应对人口快速老龄化，中国需要建立一个可持续的高效优质养老服务体系。由于生育率下降和预期寿命延长，到 2040 年，中国 65 岁及以上人口将占到总人口的四分之一。与此同时，传统的家庭式养老模式被削弱，因为提供非正规护理的成年子女逐渐减少，而且国内人口转移也减少了几代人同住的情况。除了面向富裕城市老人的高端服务和面向贫困老人的公共养老服务，正规养老服务产业和市场仍不发达。为此，政府正在制定框架，建立针对个人需求和资源限制的养老服务市场。中国

[①] 世界银行集团：《中国系统性国别诊断：推进更加包容、更加可持续性的发展》，2018 年，https：//www.worldbank.org/。

拟构建以居家为基础、社区为依托、机构为补充的三级养老服务体系，其中重要的是要明确服务提供者的职责，以及国家作为监管者、部分出资人和行业管理者的职责。人口老龄化也给中国的社会保护体系带来了挑战，尤其是养老保险体系和主要面向年老体弱贫困人口的社会救助体系。世界银行将在以下几个方面支持中国的医疗卫生、养老服务和社会保护体系改革[①]：

（1）世界银行将继续支持中国推进卫生服务模式转型的改革，包括通过正在执行的结果导向型贷款项目支持安徽、福建两省落实医改；通过拟在海南省开展的新项目，深入推进一体化服务体系和医疗保险统筹改革，提高服务质量和服务效率。项目中的知识与学习内容将确保省级经验在全国推广，并与其他国家分享。世界银行还将与国家医疗保障局合作，帮助其加强政策和监管能力。

（2）IFC将支持私营部门在一些领域提供可负担的医疗卫生服务，这些领域的私营部门服务比公立机构服务更加高效和有效，也有助于在一定程度上缓解公立医疗体系的压力。例如，IFC将向前沿地区的私人诊所和医院提供投资和咨询服务，这些地区可能存在公立医疗服务的市场缺口。更广泛而言，IFC还将寻找机会与从事伤病诊断、治疗和预防的企业合作，包括医疗设备生产商和分销商、制药/生物制药企业以及生物科技、数字/移动医疗等新兴市场企业。

（3）世界银行将支持中国养老服务体系建设。目前正在实施的两个项目以近期关于中国养老服务业和养老服务融资的分析研究为基础，帮助安徽省制定养老服务业发展总体规划，促进

[①] 世界银行集团：《中国系统性国别诊断：推进更加包容、更加可持续性的发展》，2018年，https://www.worldbank.org/。

贵州省养老服务业改革。世界银行可能会考虑在这一领域额外支持一个贷款规模不大的项目，以深入推进改革，促进各省之间关于政策改革的知识分享。IFC 将与世界银行密切协调，利用其国内和国际养老服务提供商网络，将最佳实践引入中国市场，促进私营部门参与养老服务。

（4）世界银行将在长期参与中国养老保险和社会保护改革的基础上，继续支持社会保护体系的制度建设。①

2. 提高儿童早期教育的质量

中国在改善受教育机会方面取得了显著进展，但城乡之间的教育差距仍然很大，尤其是在学习结果方面。中国已经普及义务教育（1—9 年级）并正在加快普及高中阶段教育（10—12 年级）。然而，中国的"人力资本指数"显示，与享受完整教育和完全健康的状况相比，今天出生的孩子长大后的劳动生产率只有前者的 67%。中国孩子到 18 岁时可以完成 13.2 年的学前、小学和中学教育，但如果根据学习质量调整教育年限，实际只相当于 9.7 年，两者之间 3.5 年的差距是由多种因素造成的。农村地区儿童早期教育（学前教育）的可及性很低，使农村儿童和农民工子女处于相对劣势。此外，由于基础教育不平等以及后续阶段教育费用问题，农村儿童在义务教育阶段学到的知识较少，升入更高阶段教育的可能性较低。尽管改革要求地方政府接纳农民工子女入读本地学校，但由于能力有限及其他原因，这些孩子进入城市公立学校仍有困难。其结果是：部分城镇区县和富裕省份学生的学习结果名列世界前茅，而农村地区和贫困省份则远远落后。中国政府致力于解决教育不平等问题，包括

---

① 世界银行集团：《中国系统性国别诊断：推进更加包容、更加可持续性的发展》，2018 年，https://www.worldbank.org/。

通过经费保障机制改善贫困地区义务教育。政府还大力发展职业技术教育与培训（TVET），以培养符合更复杂的地方产业技能需求的劳动力队伍，尤其是在欠发达地区。世界银行将通过以下几个关键领域的干预试点提供帮助①：

（1）世界银行通过正在执行的项目，在中国最不发达省份之一的云南试点提高儿童早期教育质量和可及性。这是世界银行首次贷款支持中国儿童早期教育。世界银行的两份研究报告为项目提供了信息。未来世界银行可以帮助中国应对儿童早期教育的其他挑战，解决优质教育机会不平等问题，特别是在最不发达的省份。

（2）世界银行通过正在执行的项目，在广东省试点减少教育不平等，包括满足留守儿童需求，让残疾儿童进入小学和初中课堂等。试点项目经验将有助于其他发展中国家了解如何通过教育体系减少不平等。世界银行将通过规划型 ASA，评估有效的教学实践，了解当地关于残疾儿童教育主流化的政策和看法，以便为试点项目提供信息。此外，世界银行还通过正在执行的中国经济转型与机构能力建设项目，推进落实国家教师教育与支持政策。

（3）世界银行通过几个正在执行的项目，支持旨在改善职业技术教育培训质量和实用性的改革与投资。世界银行贷款职教项目的经验为中国利用国内资源改革职教体系提供了可靠的实证依据。今后，世界银行将不再支持传统的职教项目，但仍将继续参与中国的技能发展改革议程。

（4）IFC（国际金融中心）将支持以就业为导向、技能为基础的可负担的私立高等教育和职业教育发展，重点关注女性教育，以增加可负担的优质教育机会，填补中国向服务型和技能

---

① 世界银行集团：《中国系统性国别诊断：推进更加包容、更加可持续性的发展》，2018年，https：//www.worldbank.org/。

型经济转型过程中出现的技能缺口。除了向教育培训机构提供直接投资和咨询服务外，IFC 将通过为教育融资的合作伙伴金融机构，促进可负担的私立高等教育和职业教育发展。IFC 还将重点关注能够在前沿地区提供良好就业和岗位培训机会的项目——如高附加值制造业，帮助服务不足的群体提高技能和收入水平。IFC 和世界银行将合作研究高等教育和职业教育领域的政策和制度改革。[1]

三、 可持续发展的对策

（一） 加强贷款项目机构建设，有效继续申请贷款

中国正处在经济社会发展的关键时期，随着世界银行贷款项目的增多和规范化发展的需要，项目管理由原项目准备、评估、谈判、执行、评价等工作扩展到了项目完工后的营运管理及贷款偿还。为此，必须进一步加强世界银行贷款管理机构的建设，以适应世界银行贷款项目管理工作规范化的需要。按照财政部《世界银行贷款项目管理暂行规定》的要求，成立由副省长为组长的利用国际金融组织贷款领导小组，加强对贷款资金"借、用、还"过程中的重大决定和重点问题的协调和领导。为了保持已执行项目工作的延续性，原有的世界银行贷款各分项目领导小组，应在综合性贷款领导小组的统一领导和协调下工作，原定职能行使到各该执行期结束。省级各有关部门和各地应根据利用世界银行贷款的情况和机构改革"三定"方案，

---

[1] 世界银行集团：《中国系统性国别诊断：推进更加包容、更加可持续性的发展》，2018年，https://www.worldbank.org/。

为管理机构和项目办调配得力领导，配备素质较高的管理工作人员，并保持相对稳定，进一步完善各项管理制度，规范管理行为，进行有计划的业务培训，从整体上提高管理机构和项目人员的管理水平。[①] 中国通过加强贷款项目机构建设，从而能够更有效地继续申请世界银行贷款。

（二）制定明确的中期目标结果，落实配套资金

确定制定一套优先的中期目标结果，使现有的核心额援助活动都围绕着这些既定目标进行。这些结果主要应该以中国政府的政策和制度改革为角度，而不是中央或省政府发展指标或服务提供目标的变化，它有助于把关注重点放在将现有核心的世界银行援助项目形成一个更加有机的整体。结果目标的表述需要对世界银行的影响力有一个现实的预期，要认识到世界银行的援助、中国政府的行动和结果之间的因果关系并不明确，而且最终结果取决于中国政府的活动，同时还受无法控制的外部因素影响。

目前，在中国利用世界银行贷款项目中，由国家预算解决配套资金的只占少部分。因此，在项目谈判中，应积极争取提高世界银行贷款在项目总投资中的比重；争取使世界银行为贷款协定签字前的有关项目开支提供贷款；提高项目总投资中外汇资金数量，为提高世界银行贷款创造条件；将世界银行贷款所需配套资金纳入国家基建年度财务和国家流动资金年度信贷计划；多渠道地筹措配套资金，如地方预算安排、专项基金、

[①] 四川省人民政府：《四川省人民政府关于进一步加强世界银行贷款项目管理工作的通知》，中国人民法院，https://wenku.baidu.com/view/7da3c3cb2a160b4e767f5acfa1-c7aa00b42a9dd2.html。

社会集资、银行贷款等。

（三）整合国内资金和世界银行贷款资金，形成有效合力

探讨将世界银行贷款纳入省政府预算管理的办法。要有效地将政府外债资金纳入财政资金管理，在政府预算中统筹考虑，并同财政预算资金结合起来使用，发挥资金的整合优势和乘数效益，集中力量解决一些需要解决的问题。要建立政府外债预算管理体系，将贷款资金的运作从当前的临时、独立的管理方式纳入规范、统一的预算管理体系，从根本上消除贷款资金和财政资金结合使用的体制缺陷和障碍。

加大发改委、财政部门、项目办与相关部门间的沟通协调力度，使世界银行贷款项目申报审批程序、采购方式逐步同财政资金项目的相关程序和方式趋向一致。在预算安排上，适当拿出部分资金配合贷款资金使用。特别是对于社会发展的扶贫、教育、卫生、环保及水利等项目，要在财政配套资金上给予支持，以降低贷款成本，发挥资金使用的乘数效应。作为一项鼓励政策，省级财政应把市县对财政资金与贷款资金配合使用的表现和效果作为安排其他专项资金的依据之一，以鼓励各市县整合财政资金与贷款资金。[1]

（四）选择好招标窗口与国际咨询公司

选择好招标公司和国际咨询公司是项目实施成败的关键因

---

[1] 辽宁省发展改革委员会外资处：《关于辽宁省利用国际金融组织贷款城建项目综合效益的研究》，2019年。

素之一。近年来不少城市的世界银行贷款项目实施不力，没有选择好招标人员和咨询专家，或由于某种原因，咨询专家在项目启动后迟迟未能到位是主要原因。根据国内一些地区项目办的经验，选择好的招标人员的关键是：在选择招标公司的招标文件中不仅仅要求招标公司的业绩，更应强调负责招标的具体工作人员，特别是项目经理的经验、业绩。要进行核实和调查，并在合同中规定具体工作人员不得随意更换。

聘请好的国际咨询专家，是引进国际先进技术和管理经验的重要渠道。利用国际金融组织贷款，不仅仅是弥补建设资金的不足，更重要的是引进、借鉴和利用国外的先进经验，借以提高项目管理水平、人员素质和管理理念。世界银行在筛选、审查和批准项目的过程中，不但包括了工程建设的技术内容，而且还包括一部分政策对话等政策、环境保护和社会内容。在世界银行贷款项目的实施阶段，要求使用贷款聘请一家国际咨询公司提供设计审查、标书编制、合同管理、施工管理、撰写项目进度报告、机构加强和专题研究等咨询服务。选择合格的国际咨询公司是项目实施成败的重要因素之一。根据中国30多年来聘请咨询专家的经验，聘请咨询公司需要重点关注如下[1]：

首先，要聘请具有国际工程咨询水准，并且有多个国际金融组织在华贷款成功项目经验的国际咨询公司。因为只有具有国际工程咨询的经验和水准的公司，才具有国际咨询的管理理念和企业文化，才能真正为咨询专家提供强有力的技术和管理支持，才能达到国际金融组织要求的"技术和知识转让"的目的。此外中国有中国的特殊国情，中国的市场化改革尚在进行

---

[1] 辽宁省发展改革委员会外资处：《关于辽宁省利用国际金融组织贷款城建项目综合效益的研究》，2019年。

之中，完全照搬国际上成熟市场经济国家的做法，往往难以实施。我们需要的是能够将国际金融组织的政策、规定和做法与中国的具体实践相结合。只有"有国际金融组织在华技援项目成功经验"的公司和咨询专家才能起到良好的"桥梁"作用。

其次，要重视专家组长和驻地咨询专家的经验。咨询专家组通常有 10 名左右的由各学科（如工程、环境、社会、财务、监理等）专家组成的专业队伍。其中选择好的专家组长和驻地咨询专家（有时为专家组副组长）是项目成败的关键。选择上述专家的重点资质要求为：

（1）必须是本项目领域的资深专家；

（2）该公司的长期雇员（不是临时外聘的）；

（3）熟悉并能灵活运用 FIDIC 条款、世界银行和亚洲发展银行的采购指南，以及中国招标投标法；

（4）至少有三个以上的类似在华项目的成功经验；

（5）最好为双语人才（英文和中文），以减少翻译的工作量；

（6）除非在非常特殊的情况下不得更换。

当然，选择好其他专家对项目实施质量和进度也很重要。

（五）强化科学的世界银行贷款管理措施

首先，要加强宏观管理，建立综合的项目管理机构，完善各项规章制度。宏观管理对于世界银行贷款项目的管理是十分必要的，它可以进行宏观的指导，完善各部门的职责。在管理过程中应建立综合性的项目管理机构，解决项目管理中出现的政府部门过多、职责不清、监管不力等问题，减少项目投资的盲目性。政府管理部门应增强服务意识与法制观念，建立健全有效的规章制度，制定必要的奖惩措施，以确保制度的正常执行。

其次，要理顺部门关系，切实保证配套资金的按期到位。政府管理部门应加大宏观调控力度，工作中搞好各有关部门的协调，充分发挥各方面的作用。部门之间要做到职责分明，加强内部约束机制，学会用经济、法律手段管理经济，特别要搞好物资、设备的招标、供应工作，促进廉政建设，并且要做到统筹兼顾，确保配套资金按期到位，避免资金拨付中的"寅吃卯粮"现象。

再其次，对世界银行贷款项目进行科学的预测。对世界银行贷款项目的管理是通过目标决策、程序安排、目的要求、奖惩措施等对组织参与者产生刺激，并以必要的监督形成诸制约因素，从而形成管理与被管理的关系。其中的目标决策离不开预测。世界银行贷款项目的评估、立项应搞好预测，严格管理，以减少各种风险，提高项目成功率。

最后，转变政府职能，提高项目效益。政府是管理世界银行贷款项目的主要负责部门，所以要想更好地利用世界银行的资金就要转变政府职能。各级管理部门要改变旧的管理体制，提高管理水平，实实在在地为项目实施解决一些实际困难，并从发挥项目效益出发，搞好综合平衡，真正管好、用好世界银行资金，努力提升效益，促进经济发展。

（六）做深、做透可行性研究，提升人力资源队伍建设水平

项目可行性研究的科学性和严谨性直接决定着整个项目实

施的成败。项目单位要充分意识到世界银行贷款项目是代表政府对外形象的工程,为了克服申请项目时的盲目性,提高项目的科学合理性,项目单位在可行性研究的过程中要充分参与、密切配合,强化项目风险意识,增加项目执行的责任感;应积极利用有丰富世界银行项目经验的社会中介力量对新上项目的可行性进行评估;要遵循国际惯例,聘用优秀的咨询专家,成立专家技术指导小组对项目的可行性研究进行指导;要充分重视外方的项目论证程序,加强与外方专家密切合作。①

　　资金的利用效果如何关键在管理和运用人员,因此,必须培养一批既懂金融财会知识,又掌握相关技术的专业人才。为此必须加强对项目管理人员的业务培训,提高管理人员工作效率,做好立项的可行性研究工作和资金的筹集、引入、使用和回收等工作。一直以来,世界银行都在和各国政府合作,积极开展世界银行贷款项目管理的人员业务培训,这样做一定程度上缓解了中国项目管理人员匮乏的问题。但是,世界银行的业务培训往往局限于世界银行的某一项业务,力度有限,在总体上并不能全面提高管理人员的综合素质。中国应该结合世界银行的业务培训,一方面开展世界银行业务的管理人员的专业培训,另一方面可在各高校开展相关课程,进行项目管理及世界银行贷款知识的介绍,培养高素质的业务管理人员。

---

① 杨麟:《中国世界银行贷款城建项目存在的问题与对策》,《时代金融》,2013年第8期。

主要参考文献

1. 世界银行官网：《世界银行环境和社会框架》，2017 年，https：// www. worldbank. org/。

2. 世界银行官网：《世界银行集团中国业务概览》，2018 年 7 月，https：// www. worldbank. org/。

3. 国际复兴开发银行国际金融公司多边投资担保机构：《中华人民共和国国别伙伴框架》，世界银行官网，2019 年 11 月 11 日，https：//www. worldbank. org/。

4. 世界银行官网：2012 "CPSCR Review Independent Evaluation Group" Accessed October 26. https：//www. worldbank. org/。

5. 世界银行官网：《推动新型的伙伴关系》，https：//www. worldbank. org/。

6. 世界银行官网：《迈向财政可持续之路：中国湖南省和重庆市大渡口区的经验》，2019 年 3 月 11 日，https：//www. worldbank. org/zh/results/ 2019/03/11/road-to-fiscal-sustainability-experience-of-chinas-hunan- province-and-chongqing-dadukou-district。

7. 世界银行官网：《社区主导型发展和社区发展基金使农民受益》，2017 年 10 月 16 日，https：//www. worldbank. org/zh/results/2017/10/16/piloting- community-driven-development-and-financing-with-chinese-farmers。

8. 世界银行官网：《中国：参与式扶贫让农民当家作主》，2013 年 4 月 9 日，https：//www. worldbank. org/zh/news/all? displayconttype ＿ exact ＝ Results&lang ＿ exact ＝ Chinese&count ＿ exact ＝ China。

9. 世界银行集团：《中国系统性国别诊断：推进更加包容、更可持续性的发展》，2018 年，https：//www. worldbank. org/。

10. 何勇，潘良君，王蔚：《世界银行贷款项目管理实务精解》，东南大学出版社，2017 年。

11. 谢世清：《中国与世界银行合作 30 周年评述》，《宏观经济研究》，2011 年第 2 期。

12. 辽宁省发展改革委员会外资处：《关于辽宁省利用国际金融组织贷款城建项目综合效益的研究》，2019 年 7 月。

13. 韩震：《中国仍是世界最大发展中国家》，《人民日报》，2018 年 4 月 30 日。

14. 李莉：《世界银行贷款项目对中国的影响》，《价值工程》，2006 年第 12 期。

15. 何丽：《国际组织在华金融扶贫经验和启示》，《甘肃金融》，2018 年第 10 期。

16. 谢世清，李丽霖：《世界银行在中国公共投资项目管理中的十大制度创新》，《财政研究》，2012 年第 11 期。

17. 陈绍军：《国际贷款项目社会评价的关注点》，《中国投资》，2013 年第 11 期。

18. 宋全成，国爱文：《论世界银行的非自愿移民政策———以农民为主要对象的工程移民为例》，《淄博学院学报》，2000 年第 3 期。

19. 宋全成：《论世界银行贷款项目移民安置工作的创新与问题———兼与国内项目移民安置工作的比较研究》，《人文杂志》，2011 年第 1 期。

20. 龙腾飞，董铭，施国庆：《中国城市更新项目移民监测评估》，《水利经济》，2008 年第 1 期。

21. 翟伟希：《中国居民收入差距问题及对策》，《华北水利水电大学学报》，2018 年第 3 期。

22. 四川省人民政府：《四川省人民政府关于进一步加强世界银行贷款项目管理工作的通知》，中国人民法院，https：//wenku. baidu. com/view/7da3c3cb2a160b4e767f5acfa1c7aa00b42a9dd2. html。

后　记

　　写这部世界银行贷款项目研究的书已经酝酿多年，现在终于问世。其目的主要有三：一是纪念中国与世界银行合作40周年；二是将我主持参与世界银行贷款工作15年的经验进行总结分享；三是希望将世界银行贷款项目中的社会创新机制在未来的本土项目中得到更好的借鉴与运用。

　　本书是我主持参与世界银行贷款项目并进行环境与社会评价研究15年来所积累的成果，其中主持并参与完成的贷款项目有：辽宁中等城市基础设施项目（P099992）、中国可再生能源规模化发展项目（P067625）、辽宁省第三期中等城市基础设施项目（P099224）、太原城市交通项目（P081615）、辽宁沿海经济带城市基础设施和环境治理项目（8236-CN）。项目总共投资额60.16亿美元，其中利用世界银行贷款26.09亿美元，遍布全国30多个市县。完成各项调研2500多次，其中问卷调查12000多份，召开座谈会2000余人次，组织访谈小组调查5000余人次，弱势群体调查500余人次。项目组提交世界银行相关报告100多份，内容主要包括公众参与、社会影响评价、征地移民安置计划、移民外部监测、绩效评价等报告。

　　根据多年的调查研究最终形成了本书的基本框架结构。

　　在这里我要感谢世界银行的相关专家，他们在项目的准备、实施期间都给予我大力的支持和指导,让我对世界银行贷款项目有了更加深刻的理解;尤其要感谢世界银行安保方面的专家曾俊老师、周爽老师,对我主持的世界银行贷款项目中安保的相关报告都给予了非常大的帮助。

还要感谢世界银行贷款项目的项目单位和业主单位,特别是辽宁省城市建设改造项目办公室、辽宁省发展和改革委员会利用外资项目办公室,在多年的项目合作中给予的支持和配合。世界银行贷款项目的调查研究不仅得到了省领导和省市有关部门的支持,还得到很多基层单位的配合,还有很多没有留下姓名朋友们的热情支持与帮助,在此一并表示由衷的感谢!

多年来项目的完成及本书的出版更要感谢辽宁社会科学院党组的高度重视和相关部门的全力配合:以辽宁社会科学院前院长孙洪敏研究员为总负责人、辽宁社会科学院社会学所前所长沈殿忠研究员为首席专家组成的团队,由以辽宁社会科学院社会学所为主逐渐转变成多单位、多部门、多学科的专业团队。希望未来我们这一团队能更多地参与完成世界银行贷款以及国际金融组织贷款的环境与社会评价工作,更希望为中国各类项目在社会创新方面献出自己的一份力量!

本书在撰写过程中得到孙洪敏院长的指点和修改,她为本书的框架和内容都提出了很多有高度、有深度的建议,让我在写作中有了更加清晰的思路!同时还要感谢辽宁社会科学院副院长梁启东研究员、产业经济研究所所长张天维研究员,他们在本书的内容和策划方面给予我很多帮助,为本书提出许多宝贵意见,让我得到很多启示!更要感谢辽宁社会科学院城市发展研究所所长韩红研究员,多年来她在哲学社会科学研究方面给予我很多指点,让我在研究道路上不断走向成熟。

　　在这里我要特别感谢我的父亲沈殿忠，他是我国社会学领域的知名学者，他是省内乃至国内最早从事国际组织合作项目的带头人，他主持完成过50余项与国际组织合作的项目，曾被世界银行有关报告称为"在中国处于领先地位"。父亲是我做世界银行贷款项目研究的领路人，更是我人生的导师、学术研究之路的推动者，这本书最初我就是受到他的启迪。他将自己全部的心血和经验传授于我，让我从一个懵懂少年逐渐变成一个有学术追求、有人生目标的成熟女性。本书也是我献给父亲的周年祭。

　　本书的出版得到了生活·读书·新知三联书店有关领导、有关部门、有关工作人员、特别是责任编辑付出的辛勤细致努力。本书在撰写过程中还参阅了大量的国内外著作和文献，吸收了很多学者的研究成果，限于篇幅等原因，未能一一列出，在此谨表深深的歉意和敬意。同时，由于我的研究领域和研究水平有限，书中存在的不足之处，恳请各位学者和读者批评指正。